Klaus-Helge Donath   Das Kreml-Syndikat

Klaus-Helge Donath

DAS KREML-SYNDIKAT

Rotbuch Verlag

ISBN 978-3-86789-013-7

1. Auflage
© 2008 by Rotbuch Verlag, Berlin
Umschlaggestaltung: www.buchgestalter.net
Umschlagabbildung: Composing aus den Bildern von
picture alliance / akg und picture alliance / epa / chirikov
Druck und Bindung: Salzland Druck, Staßfurt

Ein Verlagsverzeichnis schicken wir Ihnen gern:
Rotbuch Verlag GmbH
Neue Grünstraße 18, 10179 Berlin
Telefon 01805 / 30 99 99
(0,14 Euro/Min. aus dem deutschen Festnetz,
abweichende Preise für Mobilfunkteilnehmer)

www.rotbuch.de

INHALT

Vorwort

Ich ende mit dem, Eure Hoheit, womit ich begonnen habe:
Russland ist ein großes Schauspiel, das ich immer mit Bewunderung
und Schauder gleicherweise betrachten werde.

Joseph de Maistre

»Was für ein Irrwitz, hier steht die Logik kopf!« Ähnliche Gedanken kommen wohl jedem, der sich in Russland etwas länger
aufhält. Hier langweilt man sich nie. Immer ist etwas los, und
in den meisten Fällen hat dies auch großen Unterhaltungswert.
Russland lässt einen auch nicht kalt, dafür bietet es zu viele
Reibungsflächen. Russland ist ein Faszinosum. »Ist das nicht
ein herrliches Chaos? Mein Gott, wie hab ich das vermisst«,
schwelgte ein Diplomat, der nach Jahren außer Landes wieder
in Moskau gelandet war. Hier gibt es viele Unterschiede. Auch
die Uhren ticken anders. Selbst die Literatur ist nicht das, wofür
wir sie halten. Die Groteske ist nicht Fiktion, sie ist eine nüchterne Bestandsaufnahme des alltäglichen Lebens, vorurteilsfreie
Chronistenarbeit.

Die Russen verfluchen und lieben es gleichermaßen, Chaos
und Unvorhersehbarkeit binden alle Kräfte. Eine Planung über
den Tag hinaus ist in dieser Welt kaum möglich, deshalb gehören
die Russen auch zu den begeistertsten Planern auf diesem Pla-
neten. Die Kommunisten entwarfen Fünfjahrespläne, Wladimir
Putin und Dimitrij Medwedew basteln gerade an der Perspektive 2020.

Das Ziel wird unterwegs wieder abhandenkommen, vielleicht
haken die Europäer zwischendurch einmal nach, was aus dem
Vorhaben geworden sei. »Wieso fragt ihr?«, wird man ihnen er-

widern. Denn inzwischen hat man längst die alten Vorhaben vergessen und zigfach neue Pläne ausgeheckt.

»Ihr versteht uns sowieso nicht«, sagt der Kreml heute wieder, »deshalb redet uns auch nicht hinein.« Die Russen sind überzeugt, ihr Land lasse sich mit dem Verstand nicht greifen, schon gar nicht von Fremden. »Was sich nicht begreifen lässt, gibt es nicht«, würde Hegel dem entgegenhalten. Dafür, dass es eigentlich nicht existent ist, ist Russland ziemlich lebendig. Ein Nachbar, der nicht nur uns auf Trab hält. Es gibt ihn, aber er ist anders, und die Unterschiede sind weitaus größer, als sich Europa nach dem Ende des Kalten Krieges eingestehen wollte. Nur eine hauchdünne Elite in Russland war über alle Epochen europäisch gebildet und ausgerichtet – die Mehrheit des Riesenreiches bewegt sich seit Jahrhunderten nach anderen Gesetzen. Bis heute hat sich daran nicht viel geändert. Die Fassaden haben sich angeglichen, vor allem in den Metropolen Moskau und Sankt Petersburg. Hinter den Kulissen liegt aber die konturlose russische Weite, die sich einer fremden Kultivierung widersetzt.

Diese Zerrissenheit, einerseits zu Europa gehören zu wollen und es andererseits als wesensfremd zu empfinden, quält Russland seit 300 Jahren. Manchmal scheint dieses Land daran irre zu werden. Es rühmen sich zwar auch so bekannte Russen wie Dostojewski, dass sie, im Unterschied zu Europäern, mühelos mit Widersprüchen und Rissen leben könnten. Das stimmt sogar, hat aber einen Nachteil: Auch Russland ist rastlos auf der Suche nach sich selbst, ohne sich jemals zu finden. Das Ergebnis ist eine geniale Nachahmungskultur, die wir für das Original halten, die Russen aber unbefriedigt lässt. Zwar erleichtert diese Annäherung die Kommunikation, doch die Ähnlichkeit trügt. Wir sprechen die gleiche Sprache, meinen aber nicht dasselbe. Beide Seiten sollten sich das eingestehen. Russland ist einfach anders.

Moskau, im März 2008

Kapitel 1
STABILER RAUSCH

Was uns Russen besonders erstaunt und betrübt,
ist die Erkenntnis, dass wir uns nach so
vielen großen und mannigfachen Reformen kaum
gewandelt haben. Wie sind sich doch in der Regierung
und im Volke, in den Machthabern und in den
Untertanen die Gedanken und Gewohnheiten gleich geblieben.

Ein Russe in Anatole Leroy-Beaulieus
L'Empire des tsars et les Russes (1881–1889)

Sparen ist Schande — Nicht nur Reiche leisten sich etwas

Vera wird umgarnt. Die junge Frau ist die einzige Kundin beim
Kinderausstatter Daniel in Downtown Moskau. Dem seriösen
Verkäufer im Maßanzug fällt es nicht leicht, die assoziative
Sprunghaftigkeit der Kundin adäquat zu parieren. Er gibt sein
Bestes. Am Ende liegen ein paar Kleinigkeiten für das Neuge-
borene im Körbchen. 3000 Euro kostet der Spaß. Eine Stram-
pelhose für 250 Euro, eine Mütze, Leinenschühchen und noch
einige kleinere Accessoires. Den von 5000 auf 2500 Euro herab-
gesetzten Overall nahm Vera nach reiflicher Überlegung wieder
aus dem Korb. Eins komme zum andern, sagt sie und lacht. Die
Daniel-Filiale im Zentrum ist im »Stil modern«, dem russischen
Jugendstil, wiederhergerichtet worden. Die Kindersachen liegen
hinter Säulen, in Erkern und Apsiden, ausgestellt wie museale
Kleinode. Letzter Schrei ist die Kindermode à la 20er-Jahre des
vergangenen Jahrhunderts. Geschichtsverklärung und russische
Petrodollars gehen darin eine charmante Mischung ein.

Gelegentlich werde ihr schon schwindelig bei den Preisen, meint die hochgewachsene 30-Jährige. Ein Faible für Markenartikel hatte sie schon immer. Früher habe sie auf Märkten Imitate gekauft, inzwischen greife sie zum Original. Eine aufreibende Suche nach dem richtigen Mann sei dem vorausgegangen, lacht Vera, die aus einfachen Verhältnissen stammt. Letztes Jahr klappte es endlich, ein Millionär ging ins Netz. »Kein Superreicher«, sie sei aber zufrieden, sagt sie bescheiden. Die Lebensversicherung, das Baby, kam gleich hinterher. In der Stoleschnikow-Gasse im Moskauer Zentrum, unweit des hauptstädtischen Boulevards Twerskaja, reiht sich ein Markenhersteller an den nächsten. Hermes, Piaget, Cartier, Westwood, Chaumont, Cavallieri, Zara – you name it. Hier vertreibt sich Vera die Nachmittage.

In Berlutis Schuhparadies werden auch Männer schwach. Ab 1000 Euro schlüpft der Kunde in eine neue Identität. In Fußleder von Berluti empfiehlt es sich jedoch nicht, vor die Tür zu treten. Die Eislandschaften des Trottoirs verlangen derbes Schuhwerk. Gewarnt sei auch vor überstehenden Dachfirsten, die mit Wasser und Eis immer mal wieder für Überraschungen sorgen. Die Welt der Wohlhabenden in Ost und West unterscheidet sich, auch wenn sich die Begehrlichkeiten ähneln. Sicherheit ist in Russland für kein Geld der Welt zu haben, und auch das Schicksal lässt sich nicht domestizieren. Generationen haben diese Erfahrungen gemacht – mit Politik, Bürokratie und Rechtsunsicherheit. Daher neigen viele Russen eher zum Geldausgeben und Genießen, Prassen und Protzen. Wer weiß schon, was morgen sein wird? Ein dionysisches Wesen, vernunftfremd wie der Naturmensch Nietzsches, bevölkert die russischen Weiten, könnte man meinen. Luxushersteller sind von dieser Spezies begeistert, die ihnen jährliche Zuwachsraten von mehr als 10 Prozent beschert.

Im Westen mag Luxus ein Ersatz für Sinnstiftung sein, der gelegentlich auch zum Innehalten einlädt. Nicht so in Russland: Dort treibt die Melancholie des Erreichten den Wachstumsmotor an. Ein russischer Witz veranschaulicht die abweichende

Logik: Zwei *bisnesmenij* unterhalten sich über den Erwerb einer neuen Krawatte: »3000 Dollar? Um die Ecke gab es die gleiche für 5000!« Je teurer, desto glücklicher. Über die aufgeschobene Begierde, das hegelianische Entwicklungsprinzip der bürgerlichen Gesellschaft, lacht Russland schallend. Denn morgen könnte *roskusch* (Luxus) schon der Vergangenheit angehören. In die Zukunft investieren bedeutet in Russland nicht selten, das Geld zum Fenster hinauszuwerfen.

Marktforscher vom Romir-Institut in Moskau ermittelten, dass ein Drittel der Befragten eine gewonnene Dollarmillion sofort in Edelkarossen, Immobilien und Luxusartikel anlegen würden.

Der Stoleschnikow-Gasse schräg gegenüber liegt das ZUM: Auch das »Zentralnij Universalnij Magasin« ist ein Luxustempel. Früher beherbergte der unansehnliche Nutzbau den sozialistischen Mangel. Hinter der verhüllten Fassade neben dem Bolschoi-Theater entsteht eine neue Außenhaut. Auf vier Stockwerken Brands, Hunderte müssen es sein. Schmetterlinge in Pastellfarben suggerieren den kalendarischen Frühling. Im ZUM hat indes ein sozialistisches Phänomen überdauert. Verkäufer bedrängen den Kunden nicht, sie tun so, als seien sie Teil der Staffage. Gestylt wie Schaufensterpüppchen, regungslos wie chinesische Tonsoldaten wachen sie vor den Labels. Myriaden von Angestellten sind es. Der Kunde macht sich dagegen rar wie in einem City-Parkhaus in der Mittagspause. Die Firmenstände wahren großzügigen Abstand, was das Begehen vergnüglich macht. Niemand stört, denn auch ein teilnahmsloser Verkäufer hat den Flaneur längst taxiert: *Ne po karmanu*. Was so viel heißt wie: Kann sich das nicht leisten. Teilnahmslose Tonsoldatenmimik hat auch etwas für sich.

Bei Juicy Couture im ZUM greift Natascha zu einem lindgrünen Kleidchen für die zweijährige Tochter. 60 Quadratzentimeter Leinen kosten 220 Euro. »Nun nimm es schon«, drängt der Mann. Vera würde für das Baby auch Einfaches kaufen, sie kön-

ne sich dies nur nicht leisten, erklärt sie. Die »Gesellschaft«, in
der sie sich bewegt, würde sie scheel anschauen. Wer nicht mit-
ziehen will oder kann, verwirkt den Status des VIP. Etikette, so
transparent wie die Abendgala von Kara.

Der Kaufrausch hat inzwischen auch weniger Begüterte erfasst. Sie bevölkern die zahlreichen Megamalls am Stadtrand
der Metropole. Ikea eröffnete 2002 seine erste Großkaufstelle im
Südwesten Moskaus. Ein kostenloser Zubringer von der letzten
Metrostation sorgt für anhaltenden Zustrom. Über zwei Kilometer Schaufensterfront mit einer Verkaufsfläche von 150 000 Qua-
dratmetern und 250 Geschäften warten auf den Besucher. Rund
800 Euro hat eine Moskauer Durchschnittsfamilie im Monat
zur freien Verfügung, schätzen Marktforscher. Durch die hohen
Weltmarktpreise für Rohstoffe stiegen auch die Realeinkommen.
2005 legte der Einzelhandel zwölf Prozent zu. Tendenz steigend.
Auch Konsum auf Pump bürgert sich langsam ein. »Vertage das
Leben nicht auf morgen! Superkredit in 15 Minuten!«, wirbt die
Bank Russischer Standard. Dass der effektive Jahreszins 34 Prozent beträgt, spürt der Schuldner erst später.

Bei Mega ist alles zu haben. Von Luxuskarossen im Unterge-
schoss über Datscha-Zubehör bis zu Geschenkartikeln bei Le
Cadeau oder Louvre. Für jeden Geschmack etwas. Pyramide mit
Pharao aus Zedernholz als Schreibset mit Federhalter in Form
eines Insignienstabs von Montegrappa (15.000 Euro). Ein Lieb-
haberstück auch die batteriebetriebene Ölplattform mit Hub-
schrauberlandeplatz oder der vergoldete mobile Förderturm.
Kostenpunkt: 500 Euro. Tiefer in die Tasche greifen − 2000 Euro − muss man für einen lackierten Holzkasten, der zwei mecha-
nischen Uhren als Ablage dienen soll. Das 2-Speed-Mobile für
Kinder von Gaucho Grande gibt es nebenan im Sonderangebot
für 700 Euro und bei Aedelschtal (Edelstahl) den elektrischen
Zylindersamowar zum Kennenlernpreis von 550 Euro. Auch
hier sind Markenfirmen vertreten, aber eher aus dem zweiten Glied. Erschöpfte suchen zwischendurch Russlands größ-

ten Kinokomplex auf, der unter demselben Dach beheimatet ist, oder gönnen sich im Café Kofetum 120 Gramm *tscherni les*, Schwarzwälderkirschtorte für sechs Euro nebst einem Hupferl Trüffel (25 Gramm) zum Selbstkostenpreis von 1,25 Euro. Für bewegungshungrige Kinder steht im Zentrum eine Eislaufbahn zur Verfügung – kostenpflichtig, versteht sich. Die Mall ist kein architektonisches Glanzstück. Unter dem Glasdach, das Ambiente eines südländischen Atriums simulierend, laden Inseln von meterhohen Kunstpalmen und Eukalyptusbäumen jedoch zum Verweilen ein. Besonders Damen in Pelzverschalung trotz Zimmertemperaturen laufen diese gern an – ohne die geringste Spur von Tortur.

Superreiche und der Elendskick

Doch Geld ist nicht alles. Russlands Reiche langweilen sich. Nach zehn Jahren gepflegter Öde auf gehobenem Niveau in Nizza, Davos oder auf den Seychellen verlangt es sie nach einem Kick. Und dafür sind sie auch bereit zu zahlen, wie üblich generös und ohne zu feilschen. Calvinismus ist ihnen fremd, Verlangen lässt sich nicht vertagen. Auch der Westen kennt das Phänomen, Topmanager steigen auf Zeit aus und blättern für eine Woche Erniedrigung und Überlebenskampf nennenswerte Summen hin.

In Moskau hat der Psychologe Sergej Knjasew aus dem Bedürfnis der Finanzelite, einmal arm, dreckig oder auch nur menschlich sein zu wollen, ein – zugegeben – auf die Besonderheiten Russlands zugeschnittenes, lukratives Geschäft entwickelt. Seine Firma Producers Center hüllt die Gutbetuchten in Flick- und Fetzenmode mit einem Schuss *fragrance eau des sans-logis*, die Stylisten und Make-up-Artisten von Fall zu Fall kundenspezifisch zusammenbrauen. Ein Nachmittag als Obdachloser ist so für rund 5000 Dollar zu haben. Die meisten Oligarchen,

Moskaus Superreiche, favorisieren die Bahnhöfe der Hauptstadt
als Bettelground. Auch daraus machen sie noch eine Wette. Wer
nachweislich das meiste Mitleid erregt, dem winkt der Gewinn
des rein symbolischen Einsatzes der Mitspieler von 500 Dollar.
Auf mehr als 17 US-Dollar Kollekte brachte es bisher keiner der
Superreichen. Das verwundert nicht, da die wenigsten je Geld
mit eigener Hände Arbeit verdient haben.

Polizei und echte Obdachlose hält Knjasew für die Zeit des
Freilaufs seiner Kunden von ihnen fern. Trotz der Ruhehaltepau-
schale, die die Polizei verlange, sei die Verständigung schwieriger
als mit der Obdachenlosengemeinde, die sich recht diszipliniert
verhalte.

»Ich habe zum ersten Mal mein Gewissen gespürt«, hatte ein Superreicher Knasjew gestanden, als eine arme Frau ein
paar Rubel in den Hut legte. Das hat Schule gemacht, immer
mehr begeben sich seither auf die Suche nach dem verlorenen
Gewissen. Für gehörige Irritationen sorgte ein Großmogul, der
sich mit Gleichklassierten als Polizist verkleidet an Moskaus
Ausfallstraßen postiert hatte. Sie hielten einen Autofahrer gleich
dreimal hintereinander an. Der erste monierte den verdreckten
Wagen und schenkte ihm 100 Rubel für die Reinigung, der zweite schickte ihn zum Friseur und steckte ihm ein paar Scheinchen
zu, während ihn der dritte in ein längeres Gespräch verwickelte,
zu guter Letzt gab auch er etwas mit: ein Geschenk für die Frau
Gemahlin. Wer Russlands Polizisten kennt, den mag ein derartiger Vorfall um den Verstand bringen. Es gehört zum Prinzip
des Unternehmens, das Geheimnis der Gutmenschen auf Zeit
nicht zu lüften.

Apropos lüften: Unter den wohlsituierten Damen in Moskau
ist es beliebt, auf den Straßenstrich zu gehen. Allerdings fällt
der Rock, sobald ein Kunde angebissen hat. Ehemänner sollen
dabei außerordentlich ehrgeizig sein und auch nicht davor zu-
rückschrecken, den Rocksaum ihrer Gattinnen zu lüpfen, muss
der Klient noch überzeugt werden. Auch hier gilt: Gewonnen

hat die Dame mit den meisten Freiern. Für leicht degoutant befindet Knjasew dagegen die Romantiknummer aus dem eigenen Sortiment. Eine Frau, die aus einer Lonely-Hearts-Rubrik ausgewählt wurde, wird an drei Abenden von attraktiven Schauspielern in ein vornehmes Restaurant eingeladen. Jedes Mal geben die Traummänner ihrem Date einen Kuss und verschwinden auf Nimmerwiedersehen. Fernab sitzt ein reicher Klient, für den dies veranstaltet wurde und der wohl hofft, sich auf diese Weise von zahllosen Wunden heilen zu können.

Wer landet im gut bewachten Supermarkt den Superklau?, ebenfalls ein Spiel im Angebot des Psychologen, ist dagegen eher eine fade Nummer …

Wohlstand und Reichtum treiben verrückte Blüten. Seit Veras Einkauf bei Daniel sind einige Monate vergangen. Bei unserer nächsten Begegnung kommt die junge Frau nicht mehr allein. Ihrem schwarzen Range Rover vogue folgt ein schwarzer Toyota-Geländewagen. Ledernackige Bodyguards springen heraus und begleiten sie bis an die Haustür. Was war passiert? Wurde sie bedroht, erpresst? »Ach was«, lacht sie. Das sei nicht einmal ein Liebesbeweis ihres Mannes. »Ohne bewaffnete Security bist du einfach nichts mehr in diesen Kreisen.«

Nach dem Niedergang der Sowjetunion suchte Russland angestrengt nach einer neuen nationalen Idee zur Orientierung. In Wettbewerben waren Bürger und Intelligenz aufgerufen, der Zukunft gedanklich auf die Beine zu helfen. Die Ergebnisse waren eingestandenermaßen bescheiden. Den Traktaten fehlte Massenappeal, die Ideen waren einfach nicht sexy, und auch die sprichwörtliche Macht des Wortes befand sich längst auf dem Rückzug. Die Auftraggeber hatten vergessen, dass der Überbau einer Basis bedarf. Die hat nach der urwüchsigen Akkumulation des Kapitals inzwischen Gestalt angenommen – und siehe da: Die Idee kam von allein. Luxus ist der neue Leitwert, *glamur* Russlands nationale Idee, die die herrschende Klasse ausnahmsweise auch einmal vorlebt und zur Nachahmung empfiehlt. Ihre

Sprache ist universal, jeder versteht sie, die Grammatik ist simpel.
Die Ideologie des Glamour kennt nur Gewinner und Verlierer
und keine Parteien mehr.

Als Transmissionsriemen, um es mit Lenin zu sagen, kommen Girls mit hohem Glamour-Rating zum Einsatz. Die Iko-
nen des Reichtums sind keine Pin-ups für Spind und Kombü-
se. Weder haben sie das nötig noch die ganz natürlichen Reize.
Aufmachung, Auftreten und mediale Inszenierung sind viel
entscheidender. Erfolgreichste von allen ist die 26-jährige Xenia
Sobtschak, mit Beinamen »russische Paris Hilton«. Keine *Tus-
sowka*, so nennen sich die Szenepartys der Jeunesse dorée, die sich
nicht mit dem Glamourgirl schmücken möchte. Sie ist die unbe-
strittene Königin der Klatschspalten. Auch ihr Vater war einmal
eine Ikone. Anatoli Sobtschak stand an der Spitze des demokratischen Aufbruchs unter Michail Gorbatschow. Der Rechtspro-
fessor war der erste demokratisch gewählte Bürgermeister von St.
Petersburg und Ziehvater Wladimir Putins. Er starb vor sieben
Jahren. Tochter »Xjuscha« hält sein immaterielles Vermächtnis
nicht gerade hoch: »Mein Vater war ein politischer Romanti-
ker und glaubte an die Möglichkeit liberaler Werte in Russland.
Das ist nicht der Fall«, sagt sie kühl. Die Russen bräuchten eine
starke Hand. Xenias Umgebung bekommt diese auch zu spüren.
Als Moderatorin der Fernsehshow *Dom 2* versucht sie seit Jahren,
die Teilnehmer dieses Big-Brother-Verschnitts zu domestizieren.
Geliebt, gehasst, gestritten und intrigiert wird dort, Xenia belehrt
mit ernster Miene. Nicht Lebenserfahrung, die gesellschaftliche
Position erlaubt es ihr. Davon macht die Skandalnudel auch sonst
kräftig Gebrauch. Einmal weigert sie sich auf dem Flug von Nizza nach Moskau, beim Landeanflug den DVD-Player auszuma-
chen, ein andermal schnauzt sie einen Verkehrspolizisten an, der
es wagte, sie anzuhalten: »Hast du nicht begriffen, mit wem du es
zu tun hast?« Kurzum, das asoziale »Barbie-Monster« verkörpert
die herrschende Klasse. Vater Anatoli hätte sie wohl eine Rechts-
nihilistin gescholten, eine infantile obendrein. Doch der Vater ist

tot, die Zeiten haben sich gewandelt, und Infantilismus ist so etwas wie Staatsdoktrin, Teil der nationalen Idee geworden.

Im vergangenen Jahr schrieb Xenia auch ein Buch, das sofort zu einem nationalen Bestseller avancierte. *Wie man einen Millionär heiratet* heißt das Werk. Geholfen hat ihr die Erfolgsautorin und Hofporträtistin der Moskauer Upperclass, Oxana Robski. Xenia ist noch ledig, die Koautorin weiß unterdessen, wovon sie schreibt. Sie ist zum vierten Mal verheiratet, zwei Ehemänner hat sie schon zu Grabe getragen. Ganz unverschuldet, Auftragskiller mähten die betuchten Gatten nieder. Auf dem Cover posiert Xenia im dunklen Rüschenkleid, mit Kalaschnikow im Anschlag und Pistole im Strumpfband – dominante Lolita und noch keine Domina. Das Buch will Ratgeber sein für arme Mädchen aus der Provinz, die vom reichen Prinzen träumen. Immerhin leben unter Moskaus Dächern mehr als 300 000 Dollarmillionäre und knapp drei Dutzend Milliardäre, darunter einige, die sich nicht nur eine Frau leisten. Der lustvoll-zynische Materialismus hat etwas Vergnügliches. Familienglück und großes Geld im Paket, diese Flausen sollten ernsthafte Bräute vergessen. Eiserne Faustregel: »Das Wichtigste ist, sich schon am Hochzeitstag Gedanken über die Scheidung zu machen.«

Vera hat Xenias Buch auch gelesen. Sie war entsetzt, vieles erinnerte sie an ihre Ehe. Ein Hinweis schockierte sie besonders: Schlägt der Gatte Frau und Kind vor, nach Italien, Südfrankreich oder sonst wo in eine angenehmere Welt umzusiedeln, dann, so Robski & Sobtschak, sei dies ein sicheres Indiz, dass »schon was Neues am Laufen« sei.

Poschlost — Die nationale Idee

Poschlost nennt man diesen Stil in Russland. Banalität oder Abgeschmacktheit zu Deutsch. Die Übersetzung greift jedoch zu kurz. Mit *poschlost* beschreibt das Russische eine Lebenshaltung, in der

Trivialität und Vulgarität, Schlüpfrigkeit und ein Mangel an Spiritualität zusammenfließen. All das noch ein wenig angereichert mit folkloristisch eingefärbter Metaphysik und einem Schuss Promiskuität. Wir würden es mit »Trash« oder »Kitsch« umschreiben, dabei aber der vergeistigten Dimension, die der Begriff trotz allem enthält, verlustig gehen. Der Kampf gegen *poschlost* war seit Mitte des 19. Jahrhunderts bis in die 1970er-Jahre eine kulturelle Obsession der russischen und sowjetischen Intelligenz, die glaubte, das bildungsferne Volk guten Geschmack lehren zu müssen. Für den Sowjetdissidenten und Literaturnobelpreisträger Alexander Solschenizyn unterschritten sogar Jugendliche, die sich westliches Outfit zulegten, die zulässige Geschmacksgrenze. Das ist noch gar nicht so lange her. An der ästhetischen und sittlichen Front hat die Intelligenz die schwerste Niederlage ihrer Geschichte erlitten, von der sie sich nicht mehr erholt hat. Sie hat ihre Stimme verloren.

Poschlost, gewöhnlich sein, ist in Russland keine typisch kleinbürgerliche Unart und wie im Westen eher ein Phänomen des sozialen Aufsteigers, sondern ein Mentalitätszug, der Arm und Reich, Mann und Frau, Jung und Alt gleichermaßen zu eigen ist. »Der gemeine Mensch dieses Typs hat weder Skrupel noch Minderwertigkeitsgefühle, vielmehr rechnet er sich seine Unbedarftheit und Niedertracht als einen Vorzug an, er ist durchaus selbstbewusst, zumindest selbstzufrieden – Spießer und Philister zugleich. Es geht um jenen gemeinen Menschen, jenen allgemeinen, namenlosen dumpfen Menschen, der sich in jedem von uns eingenistet hat und der ständig im labilen Gleichgewicht zwischen Langeweile und Horror verharrt«.[1]

Vladimir Nabokov hielt den spießigen Normalverbraucher ungeachtet seiner Klassenzugehörigkeit gar für den Phänotyp des Russentums. Für den Schriftsteller und Literaturwissenschaftler war Poschlismus nicht nur offenkundiger Schund, sondern vor allem etwas, das mit falscher Gravität daherstolziert kommt, alles unecht Schöne, unecht Kluge und unecht Attraktive. Eine

Sache mit dem tödlichen Etikett »Poschlismus« zu versehen bedeutet nicht nur ein ästhetisches Urteil, sondern auch eine moralische Anklage. Das Echte, das Offen-Unschuldige, das Gute
ist nie *poschlost*. Man kann sogar sagen, dass ein einfacher, unkul-
tivierter Mensch selten, wenn je, *poschlost* ist. Denn Poschlismus
setze den Firnis der Zivilisation voraus, so Nabokov. »Ein Bauer
muss erst Städter werden, bevor er vulgär sein kann. Ein grellfar-
bener Schlips muss den ehrlichen Adamsapfel verstecken, damit
Poschlismus entstehen kann.«[2]

Die Hauptstadt boomt und mit ihr die Geschmack- und Maßlosigkeit. In der Moskauer Metro, der U-Bahn, wird der Passa-
gier von einer weiblichen Schmeichelstimme umgarnt: »Fühlen
Sie sich wirklich wohl, Ihre Bewegungsfreiheit schränkt nichts
ein …?« Pause: »Sie kaufen doch besser unsere Slipeinlagen!«
Draußen wirbt ein Mobilhändler mit den »allzeit bereiten Top-
modellen«. In den angesagten Klubs der Stadt sind es die großen
Lettern, »Oooh … Aaah … Oooh …«, die Aufmerksamkeit er-
zwingen. »Wär doch schön, von der Freundin auch mal solche
Töne zu hören«, wirbt das Wundermittel »Ogon« – »Feuer« – gegen Impotenz. Prüde war Russland nie, auch das kommunistische
nicht, das Sexualität nur öffentlich tabuisierte. Was heute jedoch
verblüfft: Die Freizügigkeit klagt nichts ein, verlangt auch nicht
nach einem anderen Lebensstil. Sie konserviert überkommene
Geschlechterverhältnisse. Moskaus äußerliche Hülle hat sich
verwestlicht, sie ist frech und wild geworden, verführerisch und
aufreizender als die manch anderer Metropole. Im äußerlich ge-
lifteten Körper schlägt jedoch ein altersschwaches Herz. Im Wesen ist das neue glitzernde das alte hölzerne Russland geblieben,
das jenseits des Moskauer Autobahnrings beginnt.

Auf *poschlost* stößt man auch im renovierten Erbe der späten
Zarenzeit, an deren imperialen Glanz das gegenwärtige Russland
anzuknüpfen versucht. Die architektonischen Restbestände der
dynastischen Vergangenheit sind wieder zu Markierungen im
Weichbild der Stadt geworden. Frische Fassaden, Insignien und

opulente Wappen signalisieren das neue Selbstbewusstsein. Wo
der grelle Firnis der Embleme Risse wirft, kommt jedoch unweigerlich auch die unrühmlichere Geschichte wieder zum Vor-
schein. Erst einmal hat sich Moskau aber in dieser Kulisse wohlig
eingerichtet. Moskau sei die »Welthauptstadt des Kitsches« geworden, meint der englische Historiker Perry Anderson. Selbst
die Postmoderne wirke in Moskau wie eine Karikatur ihrer selbst.
Der unermessliche physische Plunder reflektiert eine Landschaft
des Imaginären.[3]

Welt des Scheins

Moskau kennt kein Maß, hat aber immer ein Ziel. Kleine Bröt-
chen werden hier nicht gebacken. Die *stoliza* (Hauptstadt) will
kein normales Leben führen. Sie putzt sich heraus, donnert sich
auf und möchte doch nur eins: Eindruck schinden und Fremden
die Sinne rauben.

Wer sich nur kurz in der Hauptstadt aufhält, glaubt, in einen ewigen Karneval geraten zu sein. *Bella figura* macht Moskau nicht erst, seit der Rubel wieder rollt. Den Superlativ pflegt
die Hauptstadt von alters her. Sie beherbergt die größte Kanone
und die gewaltigste Glocke der Welt. Die Kanone hat nie Pul-
ver gesehen, die Glocke nie geläutet. Doch ist das von Belang?
Was zählt, sind die Gesten, der Wille, Undenkbarem Gestalt zu
verleihen. Die Stadt war immer Schaufenster dessen, was der
russische Geist an Ideen ersann, oftmals Geniales, in jedem Fall
aber Ambitioniertes. Schwierigkeiten tauchten stets erst bei der
Feinausführung auf.

Dem Fürsten Dolgorukow war dies schon im 19. Jahrhundert
nicht ganz geheuer, und so mahnte er den Petersburger Hof, doch
ein wenig Maß zu halten: »Mit unseren enormen Ausgaben für
Paläste und dergleichen imponieren wir den Europäern keineswegs. All die Ausgaben mit dem Stempel eines orientalischen

Luxus dienen eher dem Gespött. Europa hält uns für Halbzivi-
lisierte, die die asiatische Absicht haben, durch Luxus zu blen-
den.«[4] Der Appell zur Selbstbescheidung verfing nicht.

2005 gab die neue Klasse der *golden collars* 300 Milliarden Dollar für Luxusgüter aus, dreimal mehr als im Jahr 2000.

Heute ruft das sagenhaft luxuriöse Outfit bei westlichen Ex-
pats keinesfalls Spott hervor, eher ungläubiges Staunen. Fonds-
und Finanzmanager zieht es in Scharen in das östliche Eldo-
rado. Der Geldrausch wirkt wie weiße Magie. Eine Kunst mit
Tradition, auf die sich Russland schon früher gut verstand. Gern
verfallen Fremde diesem Zauber, und dies nicht erst in der Gegenwart. »Wenn ein Ausländer das Reich besucht, lässt man
vor seinen Augen eine gewisse weiße Magie spielen, über deren wunderbares Geheimnis die russischen Behörden verfügen.
Man führt den Fremden, man schmeichelt ihm, und so gut wie
immer schickt man ihn uns geblendet zurück«, wunderte sich
schon vor mehr als hundert Jahren der französische Diplomat
Marc Fournier in seinem Werk *Russie, Allemagne et France* von
1844. Sein Landsmann und Kollege, der Marquis Astolphe de
Custine, glaubte bemerkt zu haben, dass »Reisende besondere
Wertschätzung in Russland genießen, die sich am ausgiebigsten
und längsten zum Narren halten lassen«.[5] Die Magie zeigt auch
heute Wirkung. Als besonders anfällig unter den EU-Nationen
gelten wir Deutsche. Der Marquis bereiste Ende der 30er-Jahre
des 19. Jahrhunderts auf der Suche nach den Vorzügen des An-
cien Régime das Zarenreich. Er kam als Republikaner zurück. In
den anschließenden Betrachtungen riet er dem Leser: »Wenn
Ihr Sohn mit den Verhältnissen in Frankreich nicht zufrieden
ist, so geben Sie ihm den Rat: Fahre nach Russland. Solch Reise
gereicht jedem Europäer zum Wohle … danach wird er mit dem
Leben an jedem beliebigen Ort zufrieden sein …«[6]

Der Kaufrausch kompensiert Vorahnungen

»Geld ist wie Wasser, es kommt und geht«, sagt der Volksmund. Man hat's oder eben auch nicht. So sieht es auch Vera, die in vollen Zügen genießt, solange es möglich ist. Den meisten Menschen ist ein bescheideneres Leben nicht fremd, sie kosten lieber den Augenblick aus, anstatt sich mit sozialen Abstiegs- und Zukunftsängsten zu plagen. Wenn nötig, können sie sich im Nu auch wieder umstellen.

Mit Geld gehen sie einfach gelassener und entspannter um als wir, was auch mit einem ambivalenteren Verhältnis zum Reichtum in der Kultur zusammenhängt. Im russischen Bewusstsein sei das Geld Inbegriff des Bösen – aber eben ein »heiß begehrtes Böses«, meint die Schriftstellerin Tatjana Tolstaja. Durchschnittsbürger bringen Erspartes jedoch auch aus einem anderen Grund nicht auf die Bank oder legen es langfristig an.[7] Sie misstrauen allen Strukturen, staatlichen wie privaten, und glauben nicht an einen evolutionären Gang der Geschichte. Zumindest nicht im eigenen Land. Zukunftsvorsorge erübrigt sich daher nach dem Motto: »In Russland reich zu werden war nie ein Problem, reich zu bleiben schon.«

Ein Bonmot, fürwahr. An schwarzem Humor stehen die Russen den Engländern in nichts nach. Nur speist sich der Humor der Russen aus einer leidvolleren Erfahrung. Allein in den 1990er-Jahren verlor die Bevölkerung im Abstand von sieben Jahren zwei Mal alles Ersparte. Die historische Erinnerung reicht indes viel tiefer: Schon im alten Russland neigten Kaufleute mehr zum Geldausgeben als zum langfristigen Investieren. Prassen war ihnen nicht fremd, und dies vor allem aus einem Grund: Händler und Fabrikanten konnten nie sicher sein, ob Zar und Bürokratie morgen nicht nach ihrem Vermögen trachteten. Rechtsinstitute, Vertragswesen und deren staatliche Überwachung waren nur rudimentär entwickelt. In den Augen vieler Ausländer glich die russische Geschäftswelt einem Dschungel, in dem es von Gau-

nern und schamlosen Betrügern nur so wimmelte. Daher blieb
Russland zum größten Teil ein Land der Heimindustrie und des
lokalen Gewerbes ohne größere Manufakturen. Die Unsicherheit beruhte vor allem aber auf einer russischen Besonderheit: Bis
Ende des 18. Jahrhunderts wurden fast alle einträglicheren Ge-
werbe zu Monopolen der Krone erklärt. Unternehmer waren so
gleichzeitig als Verwalter der Krone tätig, der sie feste Abgaben
unabhängig von den Einnahmen leisten mussten. Das betraf vor
allem den profitablen Handel mit Wodka, Salz, Farbstoffen, Pel-
zen, Getreide oder auch Leder. Im Grunde genommen steckte
in den teuren Gewändern eines Händlers ein rechtloser und er-
pressbarer Steuerpächter. Diese enge Verknüpfung von Staat und
Wirtschaft herrscht bis heute in verschiedenen Spielarten vor.
Die direkteste Ausformung ist die Übernahme der wichtigsten
Wirtschaftssektoren durch die politische Führung, wie sie unter der Ägide Präsident Wladimir Putins betrieben wird. Doch
auch wo das bislang noch nicht der Fall ist, mischt der Kreml
kräftig mit; größere Geschäfte müssen Russlands superreiche
Oligarchen mit der Führung im Kreml abstimmen. Ein unab-
hängiges Unternehmertum, das seine organisierten Interessen
gegenüber dem Staat vertritt, kennt Russland nicht. Ohne enge
Beziehungen zum Staat wären die Oligarchen in den Jahren des
Umbruchs auch nicht in den Besitz der Filetstücke der sozialistischen Volkswirtschaft gelangt. Den Selfmademan – den klassischen Unternehmertyp – kennt Russland nicht.

Die Monopole der Krone boten die Möglichkeit, schnell ein
sagenhaftes Vermögen anzuhäufen. Geoffrey Hosking erzählt
das Schicksal des Kaufmanns Wassilij Slobin aus Saratow.[8] Der
Sohn eines Kronbauern erwarb die Gunst des Fürsten und Ge-
neralprokurors Wjasemski, der ihm die Leitung einer Schnaps-
brennerei und die Geschäftsführung seiner Steuerpacht übertrug. Slobin nutzte den Reichtum und kaufte Lizenzen für den
Vertrieb von Salz und Spielkarten landesweit. »Bald verdiente
er eine halbe Million Rubel jährlich und fuhr in einer pracht-

vollen Kutsche, in Prunkgewändern, mit einer Brillantmedaille am Hals, dem Titel eines namhaften Bürgers und Millionen in den Taschen.« Der Reichtum sollte jedoch nicht von Dauer sein: Über Nacht fiel Slobin beim Zaren in Ungnade, man bezichtigte ihn geschäftlicher Unregelmäßigkeiten und pfändete seinen gesamten Besitz. 1814 starb er als Bankrotteur.

Abrupte Veränderungen der Vermögensverhältnisse waren für das von Zwietracht und Instabilität geprägte Milieu der Händler und Kaufleute eher Regel denn Ausnahme. In jüngster Zeit widerfuhr dem früheren Ölmagnaten Michail Chodorkowski ein ähnliches Schicksal. Der Kreml zerschlug den Ölkonzern Yukos und verleibte dessen lukrative Einzelteile dem eigenen Energieunternehmen Rosneft ein. Chodorkowski wurde wegen Steuerhinterziehung und Betrugs vor Gericht gestellt und in einem der Rechtsstaatlichkeit hohnsprechenden Verfahren zu acht Jahren Lagerhaft in Sibirien verurteilt. Die Vorwürfe waren nicht unbegründet. Nur hatte er sich auch nicht mehr als andere Superreiche beim Zusammenklauben des Staatseigentums in den 1990er-Jahren zuschulden kommen lassen. Jene ließ der Kreml gewähren. Dem Öltycoon wurde zum Verhängnis, dass er Kremlkritische Kräfte unterstützte und selbst seine Kandidatur für das Amt des Präsidenten anmeldete.

Einige wenige Privatunternehmer erwirtschafteten Ende des 18. Jahrhunderts dennoch ein gewaltiges Vermögen. Sie schufen aber kein Fundament für eine einheitliche und einflussreiche Industriellenschicht. Im Gegenteil: Erfolgreiche Geschäftsleute bemühten sich, so schnell wie möglich in den Adel aufzusteigen, um ein Landgut kaufen und die unternehmerische Tätigkeit zurückschrauben zu können. Nicht allein die höheren Einnahmen des Adels verlockten, sondern vor allem die mit der gesellschaftlichen Stellung verbundene Sicherheit.

Ähnliches ist heute auch zu beobachten. So entschloss sich ein Bekannter nach Jahren, die gut dotierte Stelle bei einem Energieunternehmen gegen den Posten in einem Ministerium einzutauschen. Dort sei er auf der richtigen Seite und erziele mit weniger Aufwand größere Gewinne. Anfang der 1990er-Jahre gehörte er noch zu den Vorkämpfern der Demokratie und war einer der Vorzeigedemokraten des Umbruchs.

Seit Katharina II. kamen auch russische Kaufleute in den Genuss gewisser Privilegien, wie es in Europa schon lange üblich war. Die Vorrechte verpflichteten sie aber zu zusätzlichen Aufgaben, denen der Kaufmann auf eigene Kosten nachkommen musste. Sollten die Geschäfte einmal schlechter laufen, blieben die Verpflichtungen bestehen, ohne dass die Krone Sicherheiten gewährte. Finanzielle Einbußen führten unterdessen zu Degradierung und Abstieg in der Kastenordnung. Kaufleute drängten daher nicht darauf, öffentliche Ämter zu übernehmen. Um nicht gewählt zu werden, zahlten sie ihren Mitbürgern sogar Bestechungsgelder. Aber einmal im Amt, waren sie selbst gegen staatliche Willkür nicht gefeit. Als sich im Jahr 1800 der »namhafte Bürger« und Bürgermeister von Kaluga, Iwan Borissow, Kaufmann der ersten Gilde, beim regierenden Senat darüber beschwerte, dass der Stadt gesetzwidrige Steuern auferlegt worden waren, kam ihn das bald teuer zu stehen. Gouverneur und Polizei prüften, ob er für die Beschäftigung von Leibeigenen in seiner Fabrik überhaupt eine Genehmigung besäße und den Ehrentitel zu Recht trage. Er wurde für schuldig befunden, verlor Amt, Titel und Fabrik. Verständlich, dass reiche und angesehene Leute nur mit größtem Widerwillen bereit waren, öffentliche Ämter zu übernehmen.[9] Jede selbstständige gesellschaftliche Regung empfindet die russische Bürokratie bis in die Gegenwart als unzulässige Einmischung und Bedrohung des alleinigen Herrschaftsanspruchs. Nach ermutigenden Anfängen wird die Zivilgesellschaft immer wieder im Keim erstickt. Grundsätzlich gilt: Je schwächer die Bürokratie, desto erfolgreicher entwickelt sich die Bürgergesellschaft. Die 1990er-Jahre erbrachten dafür den Beweis. Sie waren wild, setzten aber zivile Energien frei, die Russland bis dahin in dem Maß nicht gekannt hatte.

Rechts- und Eigentumsunsicherheit lassen sich sogar bis
in die Strukturen der russischen Sprache verfolgen. Der Russe
kann nicht sagen: »Ich habe ein Haus und einen Hof.« Will er
denselben Inhalt auf Russisch ausdrücken, muss er formulieren:
»Bei mir sind ein Haus und ein Hof.« »Ich«, das Subjekt im Nominativ, geht verloren. Wer in Russland etwas haben will, muss
also auf den Nominativ, sprich seine Souveränität verzichten.
Ein ganzes Volk kann nicht sagen: »Ich habe.«

Das bleibt nicht ohne Auswirkungen auf das Verständnis von
Stabilität: Beinhaltet sie im Westen immer auch einen Auftrag
an die Zukunft, haftet ihr in Russland etwas Statisches an, das
aufs Engste mit der Gegenwart verknüpft bleibt. Die Zukunft
gilt als unberechenbar, schon allein deswegen, weil der Einzelne an ihrer Gestaltung nicht teilhat. Schicksalsergebenheit und
Zukunftsskepsis, die sich in Russland beobachten lassen, spei-
sen sich aus ein und derselben Quelle: der ewigen Entmündi-
gung von oben. Zwei wesentliche Komponenten fehlen dem
Verständnis von Zukunft: Zum einen die Gewissheit, Erfahrung
hinzugewinnen zu können und sich in einen Reifeprozess zu begeben; und zum anderen stellt die Zukunft kein klares Ziel dar,
vielmehr geht sie unterwegs verloren.

Wenn in solcher Atmosphäre etwas trefflich gedeiht, ist es
Misstrauen. Politiker können Zuversicht verbreiten, der Staat
kann in Petrodollars schwimmen, und die wirtschaftlichen Rah-
mendaten mögen gar glänzend aussehen. Skepsis bleibt.

Wirtschaft im Höhenflug

Dabei kann Russlands Wirtschaft eine beeindruckende Leistungsbilanz vorweisen. Seit 1999 wuchs das Bruttoinlandsprodukt jährlich zwischen sechs und sieben Prozent. Die Wäh-
rungsreserven betrugen 2006 an die 280 Milliarden Dollar,
und nebenbei legte der Kreml noch einen Stabilitätsfonds von

80 Milliarden Dollar an. Auch die aus sowjetischer Zeit stammenden Auslandsschulden beim Pariser Club hat Moskau inzwischen beglichen. Die Kapitalisierung des Börsenmarktes erreichte 80 Prozent des Bruttoinlandsproduktes, in Deutschland beträgt sie 40 Prozent. Seit Wladimir Putin vor acht Jahren das Präsidentenamt übernahm, haben sich auch die Löhne verdoppelt. Der Durchschnittsverdienst liegt bei 500 Dollar im Monat, in der Kapitale Moskau, die zu den teuersten Städten der Welt gehört, sind es um die 800 Dollar. Auf den ersten Blick ein Hungerlohn: Die Realeinkommen sind jedoch meist wesentlich höher, da Angaben für die Steuer mit stiller Duldung des Staates und im Einvernehmen zwischen Arbeitgebern und -nehmern nach unten korrigiert werden. Renten und Krankenbeiträge sinken ebenfalls entsprechend. Zur erheblichen Entlastung des Familienbudgets trägt bei, dass die Mehrheit der Bevölkerung in den eigenen vier Wänden wohnt. In den 1990er-Jahren privatisierte der Staat den Wohnraum, gegen eine geringe Verwaltungsgebühr wurden Mieter zu Eigentümern. Das kam einer Schenkung gleich. Den meisten Russen geht es in der Tat wesentlich besser als vor dem Amtsantritt Präsident Putins vor acht Jahren.

Dennoch ist nicht zu übersehen: Die Schere zwischen Arm und Reich öffnet sich mit jedem Jahr weiter. Die zehn Prozent der Reichsten verfügen über das 25,3-fache Einkommen der ärmsten zehn Prozent. In Moskau liegt der Index nach Schätzungen sogar bei 45. Entwickelte Industrieländer gehen bereits bei einem Wert von zehn von einer Gefahr für den Erhalt des sozialen Friedens aus. Trotz des ökonomischen Aufschwungs leben 25 Millionen (18 Prozent) von den 145 Millionen Menschen nach wie vor unterhalb der Armutsgrenze. Ihr Anteil hat sich im letzten Jahr nicht verringert.

Da die Angaben der staatlichen Statistikbehörde notorisch unzuverlässig sind, ist durchaus möglich, dass sich die Datensammler zugunsten der freundlicheren Version noch ein wenig verzählt haben.

In einer Erhebung des unabhängigen soziologischen Forschungsinstituts Lewada-Zentrum gaben zwölf Prozent der Befragten an, ihr Einkommen reiche nicht für die notwendigsten Lebensmittel, fast ein Drittel kann sich nicht neu einkleiden, und 41 Prozent müssen auf größere Anschaffungen verzichten.

Drei Viertel der Bürger zählen zu den Armen oder Bedürftigen. Die Mittelschicht hat sich in den letzten fünf Jahren zwar verdoppelt, ist mit 15 Prozent jedoch nur schwach entwickelt.[10]

Im Juli 2007 waren 55,5 Prozent mit der gegenwärtigen Situation im Land und 57 Prozent mit der Wirtschaftspolitik nicht zufrieden. Mehr als die Hälfte der vom Fonds für Öffentliche Meinung (FOM) Befragten waren der Ansicht, dass die Wirtschaft bereits stagniere. Und in einer Erhebung der RosBusinessConsulting gaben 16 Prozent an, drei Viertel ihres Einkommens für Lebensmittel aufbringen zu müssen, 41 Prozent gaben die Hälfte bis drei Viertel für das Lebensnotwendigste aus.[11]

Wirtschaft im Vergleich

Den Vizepremier Sergej Iwanow veranlasste der Aufschwung 2007 dennoch zu einer kühnen Prognose: Schon 2020 will Russland zu den fünf führenden Wirtschafsmächten der Welt gehören, meinte der Exgeheimdienstler.

Bislang bewegt sich die volkswirtschaftliche Leistung in absoluten Zahlen jedoch noch auf dem Niveau der Niederlande, beim Pro-Kopf-Einkommen (11.000 Dollar) liegt Russland auf gleicher Höhe mit Botswana, und der Anteil am weltweiten Exporthandel entsprach 2005 dem Hongkongs. Auch die weiterverarbeitende Industrie hat den Produktionsstand des letzten Jahres der UdSSR noch nicht wieder erreicht. Der Maschinenbau hat zurzeit weniger als die Hälfte des damaligen Outputs. Weniger als einer von fünf Dollar ausländischer Direktinvestitionen fließt in die Produktion und dort auch nur in die technologisch anspruchslosen Lebensmittel- und Metallsektoren, die für den heimischen Markt produzieren.[12]

Wie man die Zahlen auch dreht und wendet: Noch beruht der Höhenflug auf den Energieressourcen und dem exorbitanten Ölpreis. Erfolgreich sind zudem Wirtschaftssektoren, die sich gegen Importe abschotten.

Auch die schnelle Tilgung der Auslandskredite stellt sich anders dar, sobald die Verschuldung der Monopole dagegengerechnet wird. Der korporative Schuldenberg wuchs von 30 Milliarden Dollar im Jahr 1998 auf 216 Milliarden im Jahr 2005.

Den Supermachtaspirationen der Elite können nüchterne Daten zurzeit nichts anhaben. Das Land befindet sich in einer Art kollektivem Rausch. Wer die Ziele eigentlich umsetzen soll, das wird oftmals schon als blasphemische Frage empfunden. Energie-Gigant Gasprom steigerte die Produktion zwischen 1999 und 2005 um zwei Prozent. Im selben Jahr wuchs das Fördervolumen noch einmal um 0,8 Prozent. Dreistellige Milliardenbeträge wären indes für die Erneuerung der Infrastruktur erforderlich, soll der Supermachttraum Wirklichkeit werden. Die Hälfte des Pipelinenetzes ist nach mehr als 25 Jahren Betrieb verschlissen, und 80 Prozent der Ausrüstungen in der Erdölindustrie entsprechen nicht mehr dem Stand der Technik. Überdies sind drei Viertel der nachgewiesenen Erdöl- und Gasreserven bereits angezapft und dürften in spätestens 25 Jahren versiegen.

Bislang ist es Russland auch auf dem internationalen Ölmarkt noch nicht gelungen, sich als selbstständige und tonangebende Kraft zu etablieren. Die Förderkapazität reicht einfach nicht, um bei der Preisgestaltung mitbestimmen zu können. Ton und Preis werden von den OPEC-Staaten vorgegeben. Sollte der Ölpreis eines Tages wieder fallen, könnte sich auch die dominante Rolle der Bürokratie im Energiebereich rächen. Eingedenk der Gewinn- und Absahnmentalität der staatlichen Rentiers scheint es recht wahrscheinlich, dass sie auch bei einem niedrigeren Ölpreis einfach weiterpumpen und den Preisverfall noch anheizen.

Ein nicht geringes Problem stellt auch der immense Eigen-
verbrauch dar: Russland verschlingt mehr Gas als Japan, Großbritannien, Deutschland, Frankreich und Italien zusammen.
Chefökonom Jewgenij Gawrilenko von der Troika Dialog, der
größten russischen Investmentbank, warnt bereits vor einer mit-
telfristigen Eintrübung des Szenarios: »Das Wachstum wird von
externer Schuldenaufnahme angetrieben, die im ersten Halb-
jahr 2007 immerhin 400 Milliarden Dollar (1998 30 Milliarden)
erreichte. Größte Kreditnehmer sind die staatlichen Monopole
Gasprom, Rosneft und die Russischen Eisenbahnen.« Trotz
Schuldenaufnahme sind die Unternehmen nicht in der Lage, mit
dem allgemeinen Wachstum Schritt zu halten, da sie nicht ausreichend in die Produktion investieren. Die Reformfähigkeit dieser Unternehmen schätzt der Banker »eher skeptisch« ein. Offen
bleibt, wie lange die Zentralbank der Inflationsentwicklung noch
gegensteuern kann. Vor dem neuen Schuldenberg stellt sich auch
die rasche Tilgung der Auslandskredite in einem etwas anderen
Licht dar.

Gegenwärtig bestreitet der Energiesektor 54 Prozent des Ex-
ports und schluckt 70 Prozent aller Investitionen. Energiereich-
tum ist bekanntlich keine Garantie für gesamtgesellschaftlichen
Wohlstand. Bislang scheiterten Erdöl produzierende Staaten an
dem Pro-Kopf-Einkommen von 30.000 Dollar, das als Kriterium
für den Einzug in die Liga der führenden Wirtschaftsmächte gilt.
Der ausbleibende Erfolg liegt vor allem an der Einschränkung
politischer und gesellschaftlicher Freiheiten, auf die diese Staaten
(Rohstoffe: 10 Prozent des BIP und 40 Prozent Export) nach ge-
raumer Zeit verfallen. Unabhängig vom politischen System, dem
kulturellen Umfeld und der geopolitischen Lage treten in den
sogenannten Petro-Staaten ähnliche Deformationen auf: Nicht
nur die Ineffektivität des öffentlichen Sektors ist beklagenswert,
die Bürokratie weitet sich zudem noch aus, da ihr immer neue
Verteilungsaufgaben zufallen. In der Folge verkommt die Innenpolitik zu einem bloßen Kampf um den Zugang zu den Ressour-

cen. Verlierer sind die staatlichen Institutionen, deren Schwäche und Versagen durch Machtkonzentration in wenigen Händen kompensiert werden soll. Entscheidend ist aber: Der Reichtum verleitet die Eliten zu ordnungspolitischer Untätigkeit, während die weitgehend rechtlosen Gesellschaften ebenfalls zur Lethargie verdammt sind. Wo sollte sich da Dynamik entwickeln? Außerdem ist in Russland innerhalb kurzer Zeit eine Klasse von Rentiers entstanden, deren bloße Existenz die Korruption in selbst für Russland ungekanntem Ausmaß anheizt. Dazu parallel verläuft eine staatliche Monopolbildung, die in alle wichtigen volkswirtschaftlichen Sektoren vordringt und die Ökonomie für Schocks von außen noch anfälliger macht.

Im Vergleich: Trotz politischer Krisen gelang es der Ukraine 2006, auch ohne Energievorkommen das russische Wachstum zu überflügeln. Zwölf der vierzehn früheren Sowjetrepubliken, 1999 hinkten sie Moskau noch hinterher, haben ebenfalls die einstige Vormacht überholt. Unter ihnen die Erdölexporteure Kasachstan und Aserbaidschan, aber auch die auf Importe angewiesenen drei baltischen Staaten, Armenien und Tadschikistan schneiden besser ab.

Unter Putins Leitung verleibte sich der Staat den Energiesektor wieder ein und weitete die Kontrolle auch auf andere Industriezweige aus, die aus Sicht des Kreml strategischen Interessen entsprechen. Dazu zählten anfangs Unternehmen aus dem Rohstoffbereich und der Rüstungsindustrie. Inzwischen wird die Liste immer länger.

Jobs in der Bürokratie und in staatlichen Betrieben sind seither sehr begehrt und immer härter umkämpft. In den 1990er-Jahren haftete einem *tschin* – dem Bürokraten – eher der Nimbus eines Verlierers an, heute ist es genau umgekehrt. Ein recht verlässlicher Gradmesser hierfür ist die Wertschätzung dieses Milieus unter jungen Russinnen. Ein Bräutigam im Staatsrock gilt als exzellenter Fang. Der *tschin* hat Geld, garantiert Sicherheit und genießt Prestige. Glanz- und Boulevardblätter feiern schon den neuen Typus Traummann. Aber auch trockene soziologische Erhebungen unterstreichen den Trend.

Für Zukunft und Sozialstruktur des Landes dürfte dies allerdings unerfreuliche Folgen zeitigen. Die Russische Akademie der Wissenschaften (RAN) geht, wie oben erwähnt (im Unterschied zum Lewada-Zentrum, das 15 Prozent veranschlagt), von 20 Prozent der Bevölkerung in der Mittelschicht aus. Die eine Hälfte stellen Beamte, die andere setzt sich aus Gewerbetreibenden in der Schattenwirtschaft zusammen. Beide Gruppen sind an einer Veränderung des Status quo nicht interessiert und zählen zu den konservativsten Kräften der Gesellschaft.

Hinzu kommt, dass mittelständische und kleine Unternehmen ohnehin mit der staatlichen Auflagenlast schwer zu kämpfen haben. Der bürokratische Kapitalismus vereitelt den Erfolg, anstatt ihn zu fördern. Daher ist dieses Segment im europäischen Vergleich auch nur schwach ausgebildet. In der EU kommen auf 1000 Bürger 30 Kleinunternehmen, in Russland sind es ganze sechs. Bei den Beschäftigten sieht es ähnlich aus: Russland erreicht nur ein knappes Drittel des EU-Durchschnitts. Langfristig dürfte sich dies auf Wachstum und Diversifizierung der Wirtschaft negativ auswirken.

Apropos *stabilnost* — Russlands Stabilität

Präsident Wladimir Putin war ein Glückspilz. Seit seiner Amtsübernahme 2000 stieg der Ölpreis auf das Siebenfache und mit ihm auch das politische Kapital des Kreml-Chefs, den die Aura eines Wohltäters umgibt.

Als der Schwarzmeerstadt Sotschi im Sommer 2007 die Austragung der Olympischen Winterspiele 2014 zugesprochen wurde, erreichte Putins Zustimmung mit 85 Prozent einen erneuten Höhenrekord. Wirklich zufrieden waren aber nur 17 Prozent. Die Mehrheit ist der Meinung, wesentliche Aufgaben seien nicht erfüllt worden, und schaut skeptisch auf die innenpolitischen Errungenschaften der Putin-Ära. Außenpolitisch schneidet der Präsident indes glänzend ab. Den Bürgern gefällt es, wenn der Chef auf der internationalen Bühne auftrumpft. Noch immer ist es für viele Russen ein Zeichen der Achtung und ein Beweis für Macht und Größe, wenn das Ausland Moskau fürchtet. In der Diskrepanz zwischen Zuspruch und Erfolg manifestiert sich jedoch ein Paradox, das auf die Schwächen des politischen Systems als solches verweist. Je höher die Zustimmung ausfällt, desto geringer ist das Vertrauen in die Lebensfähigkeit der politischen Ordnung. Der Bürger unterstützt Putin ohne Wenn und Aber, gleichzeitig stellt er ihm aber bescheidene Noten aus. Dahinter verbergen sich Wunsch und Sehnsucht nach einer starken Führungsfigur, gepaart mit einem Gefühl von Verunsicherung und Unsicherheit. Eine ungute Vorahnung beschleicht die Menschen, dass die Fähigkeiten des Pantokrators, dessen Macht und Mittel, auch begrenzt sein könnten. Dennoch bleibt er der einzige Garant des Status quo, da das autokratische System des Kreml alle personellen Alternativen in den letzten Jahren gezielt beseitigt hat. Solange die Rahmenbedingungen stimmen, finden sich die Menschen damit ab, sie klammern sich an den Präsidenten wie an ein Totem. Wertschätzung und Treue zu Wladimir Putin sind keineswegs geheuchelt oder gestellt. Sie spiegeln aber auch keine Zuversicht wider, vielmehr eine allgemeine Rat- und Hoffnungslosigkeit sowie das Fehlen einer Perspektive. Deshalb hatten vor den Präsidentschaftswahlen zwei Drittel der Bürger auch nichts gegen eine dritte Amtsperiode einzuwenden. Das wäre ein Verstoß gegen die Verfassung, die keine dritte Kandidatur vorsieht. Auch die Möglichkeit, mithilfe einer parlamentarischen Zweidrittelmehrheit die Verfassung zu ändern, stieß nicht auf Widerspruch. Der Umgang mit Recht offenbart ein grundlegendes Problem der politischen und gesellschaftlichen Verfasstheit: Recht ist kein Wert an sich, kein verbindlicher Rahmen, der Ordnung garantiert, sondern ein Instrument, mit dem

Interessen und Macht des Stärkeren scheinlegitimiert werden.
Der Bürger teilt diese Rechtsauffassung meist und macht sie sich
bei der Lösung persönlicher Probleme nicht selten auch zu eigen.
Der Rest findet sich einfach damit ab.

Kreml-Chef Putin präsentiert sich in der Öffentlichkeit hart,
unbeugsam und rücksichtslos – Qualitäten, die das Volk seit je
an ihren *gosudari*, den Herrschern, zu schätzen wusste. So wurde
Gewalt im historischen Rückblick, wenn sie der Aufrechterhal-
tung von Ordnung dienen sollte, denn auch häufiger bewundert
als gefürchtet. Putins Auftritte in der Öffentlichkeit suggerieren
beinharten Willen, die Fähigkeit, sich durchzusetzen und Ordnung zu schaffen.

Am Anfang der Putin-Ära stand ein Versprechen. Mit der
magischen Formel von der »Diktatur des Gesetzes« verhieß der
angehende Präsident dem Volk, Recht und Gesetz zum Durchbruch zu verhelfen. Die Botschaft verfing in der von Umbrüchen
und Chaos erschöpften Gesellschaft der Jelzin-Jahre. Als beglei-
tende Maßnahme brachte Putin überwiegend Vertreter der sogenannten *silowiki* in Schlüsselpositionen der Staatsapparate unter:
Kader aus den Sicherheits- und Ordnungsstrukturen, die intern
militärisch organisiert sind. Dazu zählen der FSB-Geheimdienst,
in dem sich der Präsident als Spion erste Sporen verdiente, das
Verteidigungs-, Innen- und Justizministerium.

2007 ist die Wahrscheinlichkeit, in Russland einem Mord zum
Opfer zu fallen, fast doppelt so groß wie in Ruanda. Von hun-
derttausend Bürgern sterben an die 20 eines gewaltsamen Todes.
Damit belegt Russland von 112 Staaten zwischen Ekuador und
Guatemala einen der letzten Plätze (7) in der Statistik. Die Kriminalität gelangte nach dem Amtsantritt Putins zu neuer Blüte
und erreichte 2005 und 2006 einen Rekordstand. Der Kreml-
Chef sprach das Problem im November 2006 vor Vertretern
der Sicherheitsorgane selbst an und kritisierte das Versagen bei
der Verbrechensbekämpfung: Trotz des wachsenden Potenzials
der Rechtsschutzorgane steige die Zahl schwerer und besonders

schwerer Verbrechen, monierte er. Auch die Straßenkriminalität sei im Vergleich zum Vorjahr 2005 um mehr als ein Drittel angestiegen. Unterdessen wird nur die Hälfte der Straftaten aufgeklärt. Raub, Diebstahl und Betrug wuchsen im selben Zeitraum um fast 30 Prozent. Als Russland 1998 von einer schweren Wirtschaftskrise heimgesucht wurde, die mit Zahlungsunfähigkeit des Staates und Rubelverfall einherging, betrug die Mordrate das Zwölffache des OECD-Durchschnitts (Organisation für wirtschaftliche Kooperation und Entwicklung), 2004 war sie aufs 14-fache geklettert.[13]

Spektakuläre Morde sorgten 2006 auch international für Aufsehen und schürten den Verdacht, dass der Staat nicht in der Lage sei, das Gewaltmonopol zu behaupten. Im September wurde der stellvertretende Zentralbankchef Andrej Koslow, zuständig für die Bankenaufsicht, auf offener Straße von einem gedungenen Killer erschossen. Im Oktober streckte ein Meuchelmörder die Journalistin und Putin-Kritikerin Anna Politkowskaja im Hausflur ihrer Moskauer Wohnung nieder. Im November erlag der ehemalige Mitarbeiter des FSB-Inlandsgeheimdienstes Alexander Litwinenko in London einem heimtückischen Giftanschlag mit Polonium. Keiner dieser Morde ist bisher aufgeklärt.

Nicht viel besser steht es um die Kompetenz des Staates, seinen Bürgern physische Unversehrtheit und Sicherheit zu gewährleisten. Von 185 Staaten rangiert Russland an Stelle 175, gleichauf mit Zimbabwe, Sudan, Haiti und Nepal.

Rückläufig ist auch der Schutz der Eigentumsrechte. 2002 erreichte Moskau 54 Prozent des in hoch entwickelten Staaten üblichen Wertes, 2006 waren es gerade noch 14. Das schlägt sich natürlich auch im Justizwesen nieder, das so verlässlich ist wie das Burundis, Äthiopiens, Swasilands und Pakistans. Die Bürokratie hat ebenfalls wenig Grund, stolz zu sein. An Effektivität kann sie sich mit den Kollegen (Platz 115 von 203) in Niger, Kamerun, Pakistan und Saudi-Arabien messen. Von den Staaten mit vergleichbarem oder gar niedrigerem wirtschaftlichen Entwick-

lungsstand – Indien, China, Mexiko und Brasilien beispielsweise – liegt Russland in der Kategorie »Regierungseffektivität« laut
World Bank Report 2007 weit abgeschlagen an letzter Stelle. Im
Index of Economic Freedom, der von der US-amerikanischen
Heritage Foundation in Kooperation mit dem *Wall Street Journal*
erstellt wird, sank Russland 2008 im Vergleich zum Vorjahr noch
einmal ab, und zwar von Platz 120 um 14 Punkte auf Rang 134, in
unmittelbarer Nachbarschaft zu der Ukraine und Vietnam.[14]

Was bürgerliche Freiheiten und Menschenrechte betrifft, so
dürfen Russen diese in gleichem Maße für sich reklamieren wie
Togolesen, Pakistani und Swasi (Platz 157 von 187).

Nach acht Jahren Stabilitätspolitik à la Putin hat die aufgedun-
sene Bürokratie die Macht, die sie nach dem Zusammenbruch der
UdSSR 1991 vorübergehend einbüßte, in einem Revanchefeld-
zug wieder zurückerobert. Die Bereitschaft, gesellschaftliche
Probleme zu lösen, Bürgern zu Diensten zu sein und Rechenschaft abzulegen, hat seit dem Krisenjahr 1998 noch einmal erheblich nachgelassen. Schon damals tat sich der Staatsapparat
nicht durch Fleiß, Kompetenz und Bürgernähe hervor.

Abzulesen ist dies an den Werten für politische Stabilität, die
seither von 53 auf 42 Prozent gesunken sind. Putin begründete
die Einschränkung der Pressefreiheit, die Beschneidung der politischen Rechte und die Rezentralisierung des Staates mit der
Notwendigkeit, das angeschlagene System zu stabilisieren. Nun
ist das Gegenteil eingetreten: trotz exorbitanter Öl- und Gas-
preise, eines bestechenden Wirtschaftswachstums und unbe-
grenzter Machtfülle von Präsident und Staatsapparaten. Nicht
einmal im ureigenen Bereich – der Sicherheit – waren die Silowiki in der Lage, für Ordnung zu sorgen. Stattdessen wurde
eine Willkürordnung etabliert, die sie zu Herren erhebt und sich
mit verheerenden Folgen für die Gesellschaft von Recht und Gesetz ausnimmt: Verrohung und Rechtsnihilismus grassieren, die
gewöhnlich die Geißeln revolutionärer Nachwehen und nicht
Merkmale einer Konsolidierungsphase sind.

So entpuppt sich die »Diktatur des Gesetzes« als das, wovor Experten von Beginn an gewarnt hatten. Die »Diktatur« hintertrieb die »Herrschaft des Gesetzes« und desavouierte zum wiederholten Mal Recht und Gesetz in den Augen der Bürger.

Die Berichte von Freedom House, Transparency International, Human Rights Watch, aber auch die der Weltbank oder der OECD rufen regelmäßig erboste Reaktionen der politischen Elite hervor. Weniger die beanstandeten Demokratiedefizite sind dabei der Stein des Anstoßes, sondern die wenig respektable Nachbarschaft, in der sich Moskau wiederfindet.

Besonders verärgert reagierte das russische Außenministerium auf die letzte Studie (Juli 2007) der Weltbank, »World Bank Study of Worldwide Governance«. Die Website des Ministeriums zog die »Neutralität und die politische Unparteilichkeit der Autoren« in Zweifel. Dass Russland für »Verantwortlichkeit und Rückbindung« der Bürokratie schlechtere Noten erhielt als »einige absolute Monarchien« und Staaten, die gerade Krisen durchlebt hatten, einen höheren Stabilitätsindex erreichten, »verblüffte« den Kommentator. Dies war wohl eine Anspielung auf die Nachbarn Ukraine und Georgien, die sich in »farbigen Revolutionen« korrupter Führungen entledigt hatten.

Dass Freiheit und gesellschaftliche Offenheit die Stabilität eines politischen Systems langfristig fördern, eine politikwissenschaftliche Binsenweisheit, will dem Kreml nicht einleuchten. Stattdessen soll nun ein verlässlicherer russischer Demokratieindex entwickelt werden, dem wohl das Gegenteil zu entnehmen sein wird.

In diese Pläne fügt sich auch die Absicht, in Brüssel ein »Russisch-europäisches Institut für Freiheit und Demokratie« zu gründen, das sich mit der Lage von Minderheiten und der Überwachung von Wahl- und Bürgerrechten befassen wird.

Das Gründungsvorhaben ist nicht taufrisch. Der Wunsch, im Herzen Europas ein Institut für russische Gegenaufklärung einzurichten, geisterte schon seit längerem durch die Korridore der

Macht. Das treibende Motiv dürften nicht so sehr Forschung
und Lehre als vielmehr die Suche nach neuen Verbündeten sein.
Vor dem Hintergrund der antiamerikanischen Stimmung in vielen EU-Mitgliedsstaaten scheint die Aussicht, an alte Erfolge
des KGB aus Kalten Kriegszeiten anknüpfen zu können, auch
gar nicht so aussichtslos.

Geldwäscher im Kreml und die Angst vor der Zukunft — Der Fisch stinkt vom Kopf her

Dass die politische Lage alles andere als stabil ist, wer wollte dies
besser wissen als Politiker und Bürokraten im Umfeld der Macht?
Bereits zwei Jahre vor den Präsidentenwahlen begann die Beamtenschar das eigene Vermögen außer Landes zu schaffen. Die
Kapitalflucht erreichte 2006/2007 ungekannte Höhen. »Der Prä-
sidentschaftswechsel treibt die politische Elite um. Sie schätzt
die Lage keineswegs so stabil ein, wie sie nach außen vorgibt«,
meint Kirill Kabanow vom oppositionellen Nationalen Antikor-
ruptionskomitee. Der Unmut in der Bevölkerung über die wachsende soziale Ungleichheit sei den Politikern nicht verborgen
geblieben. Für den Fall, dass die Entwicklung nicht nach dem
Szenario des Kreml verlaufe, hätte die Elite im Ausland schon
einmal vorgebaut. Im wahrsten Sinne des Wortes: Hoch im Kurs
stehen Villen und Anwesen im europäischen Mittelmeerraum.
    Nach vorsichtigen Schätzungen der Staatsanwaltschaft sind es
240 Milliarden Dollar, Experten beziffern das Korruptionsvolu-
men indes auf 300 Milliarden Dollar, die die russische Bürokratie
jährlich abpresst. Nur ein Teil davon gelangt ins Ausland. Für
den Transfer derart gigantischer Summen stehen einfach nicht
genügend Banken zur Verfügung, die einen unauffälligen Ab-
fluss garantierten.
    Insgesamt sollen rund 100 russische Banken im Geldwäschege-
schäft tätig sein, darunter auch die führenden Kreditinstitutionen

des Landes. Eines dieser Bankhäuser war die Diskont-Bank in
Moskau, über die von Ende Juni bis Ende August 2006 1,5 Milliar-
den Dollar ins Ausland geschafft wurden. Seit Jahresbeginn 2006
waren vermutlich 5 Milliarden außer Landes gelangt. Der für die
Bankenaufsicht zuständige Vizechef der russischen Zentralbank,
Andrej Koslow, war dem Schema der Geldwäscher dicht auf die
Spur gekommen. Im ersten Schritt überwiesen rund 50 Banken
Gelder auf die Konten von 17 Scheinfirmen. Von dort wurde das
Geld an drei Scheinfirmen weitergeleitet, die die Diskont-Bank
extra für diesen Zweck gegründet hatte, darunter die Briefkas-
tenfirmen Solansch und Saturn M. Die Diskont überwies die
Gelder dann an drei in Zypern und auf den British Virgin Islands
ansässige Offshorefirmen über Korrespondenzkonten bei der
österreichischen Raiffeisenbank AG, die die Eingänge sofort an
50 Offshoregesellschaften über den ganzen Erdball verteilte. Neben der Diskont-Bank müssen auch eine lettische und die russische Tochter einer großen europäischen Bank am Geldwäsche-
geschäft mit eigenen Scheinfirmen beteiligt gewesen sein. Deren
Namen gaben die russischen Ermittler jedoch nicht preis. Die russische Zeitschrift *The New Times (TNT)* recherchierte über Monate, nachdem Koslow im September in Moskau ermordet worden war[15] – knapp zwei Wochen nachdem er der Diskont-Bank
die Lizenz entzogen hatte und fünf Tage nachdem strafrechtliche
Ermittlungen gegen Diskont-Manager eingeleitet worden waren.
Koslow sah seine Verdachtsmomente bestätigt, als am 29. August
von 27 Moskauer Banken auf einen Schlag 60 Millionen Dollar
bei der Diskont eingingen, die umgehend nach dem bewährten
Schema weitergeleitet wurden. Kurz vor dem Lizenzentzug hatte
der Banker die Raiffeisenbank in Österreich unterrichtet, dass es
sich bei den Transfers um Geldwäsche handelte, und sie gebeten,
die Eingänge zu blockieren und zurückzubuchen. Gleichzeitig
informierte er die A-FIU, die Austrian Financial Intelligence
Unit, und bat die Österreicher um Amtshilfe. Das geht aus dem
im April 2007 veröffentlichten Jahresbericht der FIU hervor.[16]

»Durch einen Angestellten der russischen Zentralbank wurde
der österreichischen Bank bekannt, dass die russische Bank unter
anderem der Steuerhinterziehung und Geldwäsche beschuldigt
wird und der russischen Bank alle weiteren Zahlungen ab sofort
durch die Russische Zentralbank untersagt werden … Bei den
von der A-FIU durchgeführten Kontoauswertungen konnte festgestellt werden, dass innerhalb von nur vier Tagen auf dem Korrespondenzkonto der russischen Bank insgesamt 112.056.492,02
US-Dollar eingegangen sind, welche im Auftrag von drei Offshoregesellschaften bei 189 Einzeltransaktionen sofort wieder
zugunsten weiterer 50 Offshoregesellschaften mit Firmenadres-
sen und Bankverbindungen über den gesamten Erdball verteilt
abdisponiert worden sind.« In einem weiteren Fall bestätigen
die österreichischen Finanzfahnder den Eingang von mehr als
44 Millionen Dollar, »die mittels 34 Aufträgen innerhalb eines
Tages zugunsten mehrerer Offshoregesellschaften abdisponiert
worden sind«. Die auf dem Korrespondenzkonto der russischen
Bank befindlichen Gelder von rund drei Millionen Dollar wurden mit »einstweiliger Verfügung vorläufig gesichert«.

Wegen des umfangreichen Offshore-Konstruktes sei es zum
damaligen Zeitpunk nicht möglich gewesen, den Personenkreis
zu ermitteln, der sich hinter den Geldtransfers verbergen könnte,
heißt es in dem Bericht. Die Österreicher weisen ausdrücklich
darauf hin, dass der Leiter der Bankenaufsicht der Russischen
Zentralbank mit der A-FIU »unmittelbar vor dem Schussatten-
tat in telefonischem Kontakt« gestanden habe. Verwundert äußern sich die Fahnder über das mangelnde Interesse seitens der
russischen Behörden. So sei der A-FIU auf dringende Anfragen
lediglich mitgeteilt worden, dass gegen die Verantwortlichen
der russischen Bank wegen ungesetzlicher Unternehmensführung und Geldwäsche Strafverfahren eingeleitet worden seien.
Erstaunt hält die A-FIU fest: »Ebenso erfolgten bisher von den
russischen Behörden trotz oftmaliger Urgenzen keinerlei Mittei-
lungen über die kriminelle Herkunft der über das in Österreich

geführte Korrespondenzkonto gelaufenen Gelder und wurden auch die Hintergründe, die zur Ermordung des Leiters der Russischen Zentralbank geführt haben könnten, nicht bekannt gegeben.« Die österreichischen Ermittler machen keinen Hehl daraus, dass sie eine Verbindung zwischen der Diskont-Affäre und dem Mord an Andrej Koslow vermuten. Auch die ausbleibende Amtshilfe der russischen Kollegen macht stutzig und scheint diese Version zu stützen. Die russische Staatsanwaltschaft ermittelt in eine ganz andere Richtung. Im Januar 2007 nahm sie den Bankier Alexej Frenkel fest, der angeblich hinter dem Mordkomplott stecken soll, weil Koslow auch seiner Bank die Lizenz entzogen hatte. Der Banker bekundet seine Unschuld.

Die Diskont-Version wird überhaupt nicht verfolgt und taucht in den Ermittlungsakten nicht einmal am Rande auf. Im Juni stellte das russische Innenministerium das Verfahren gegen die Diskont-Bank mit der Begründung ein: »In den Aktionen der unbekannten Mitarbeiter der Diskont-Bank wurde kein Verstoß gegen das Geldwäschegesetz festgestellt.« Die österreichischen Ermittler wurden darüber nicht informiert. Der Major der Justiz, Sergej Soljanow, der der Bank die Unbedenklichkeitsbescheinigung ausstellte, erwarb unmittelbar danach eine teure Moskauer Wohnung und legte sich einen neuen Volvo zu.

Welche Fährte soll verwischt werden? Laut Recherchen der *TNT,* die sich auf Informanten im Innenministerium berufen, sitzen die Auftraggeber der Transaktionen im Kreml. Genauer: in der Administration Präsident Wladimir Putins. Der Vizechef der Präsidialkanzlei und Aufsichtsratsvorsitzende des staatlichen Ölkonzerns Rosneft, Igor Setschin, soll einer der Drahtzieher sein. Setschin ist im Kreml für die Kontrolle der Rechts- und Ordnungsorgane verantwortlich. Mit von der Partie sind auch der stellvertretende Chef des FSB-Geheimdienstes, Alexander Bortnikow, der im FSB die Abteilung für Wirtschaftssicherheit leitet, und Wiktor Iwanow, seines Zeichens Supervisor der Personalpolitik im Kreml. Ganz nebenbei wurde Iwanow auch noch

mit der Umsetzung der UN-Konvention gegen Korruption be-
traut.

Es könnte aus einem billigen Drehbuch stammen. Die Sache
ist ziemlich verwirrend. Die Generalstaatsanwaltschaft wollte die
Einstellung des Diskont-Verfahrens nicht hinnehmen und stellte
gegen Soljanow Strafanzeige wegen Kompetenzüberschreitung.
Der Staatsanwaltschaft wurden die Ermittlungen daraufhin
aber aus der Hand genommen und einem neuen Ermittlungs-
komitee (SK) übertragen. Das SK ist eine Parallelorganisation,
die aus den Klankämpfen innerhalb der Sicherheitsstrukturen
hervorgegangen ist und in der der Geheimdienst die Oberhand
gewonnen hat. Der Leiter des SK, Alexander Bastrykin, zählt zu
den engen Gewährsmännern Igor Setschins und unterhält beste Kontakte zum FSB. Die Untersuchungen der Affäre, in die
die FSB-Führung verstrickt sein soll, finden nun unter Aufsicht
derselben Behörde statt. So erhält das SK direkten Zugang zu
den Unterlagen, die eine Verwicklung der Führung beweisen
könnten. Inzwischen ist das Verfahren gegen Soljanow von einer
höheren gerichtlichen Instanz niedergeschlagen worden.

Kapitalflucht hoher Staatsbediensteter wurde schon 2001 im
Frühstadium der Putin-Ära beobachtet, allerdings in geringerem
Umfang. Für die Verfolgung der Geldwäsche war ab 2001 Wiktor Subkow, Chef des Föderalen Dienstes für Finanzkontrolle,
zuständig. Im September 2007 ernannte Präsident Putin den
langjährigen Vertrauten und Freund zum Premierminister.

Die unsauberen Finanztransaktionen in der obersten Etage
des Kreml sind ein Indikator instabiler Verhältnisse, die jederzeit
in einen offenen Machtkampf ausarten können.

Die Hintergründe der Diskont-Affäre recherchierte die Journalistin Natalja Morar im Auftrag der *TNT*. Im Dezember wurde der Journalistin auf Betreiben des FSB die Wiedereinreise
nach Russland verwehrt. Morar ist Staatsbürgerin Moldawiens,
besaß aber eine unbegrenzte Aufenthaltserlaubnis und hatte
sechs Jahre in Moskau gelebt, studiert und gearbeitet.

Stabilität — Je nachdem, je nach wem

Wiktor Schenderowitsch ist Russlands bekanntester Satiriker, der in den 1990er-Jahren auf dem privaten TV-Sender NTW mit der dem englischen Vorbild *Spitting Images* abgeschauten satirischen Sendung *Kukly* (Puppen) riesige Erfolge feiern konnte. Nach Wladimir Putins Amtsübernahme wurde der Sender gleichgeschaltet und *Kukly* aus dem Programm genommen. »Dass für uns beide, Putin und mich, der Platz in einem Fernseher nicht reichen wird, war mir sofort klar«, meint der Satiriker im Rückblick. Schenderowitsch entwirft ein eindrückliches Bild der in den letzten Jahren erzielten Ordnung:

»Es gibt verschiedene Formen von Stabilität. Ein Baum ist stabil: Er lebt, Teile sterben ab, andere wachsen nach. Das ist Stabilität durch Veränderung. Unsere Stabilität hingegen ist die eines Leichenschauhauses, in dem die Toten immer an derselben Stelle liegen, mit einem gelben Schildchen an den Zehen. Nichts tut sich, alles ist leblos. Dafür weiß aber jeder, wo die Schildchen zu finden sind und die Leichen hingehören. Stabilität auf Russisch bedeutet, dass es keine Politik gibt und die Atmosphäre eines Kühlfachs herrscht«.[17]

Als der Gouverneur der fernöstlichen Region Chabarowsk, Wiktor Ischajew, dem Präsidenten die Leistungen der letzten Jahre schilderte, bemühte auch er ein irritierendes Bild. Die Wirtschaftsaktivitäten seiner Oblast erinnerten ihn an den *sastoi*. So nennen die Russen den gesellschaftlichen Stillstand unter KPdSU-Generalsekretär Leonid Breschnew in den 70er- und Anfang der 80er-Jahre des vorigen Jahrhunderts. »In den besten Zeiten des Stillstands wurde nicht so viel gebaut, wie wir in der jüngsten Vergangenheit in Angriff genommen haben.«[18] Der Staat gönnte den Bürgern in den 1970er-Jahren erstmals ein bisschen Wohlstand, lebte aber auf Pump. Es war eine bleierne Zeit, die den Zusammenbruch der UdSSR einleitete.

Im Verständnis der russischen Bürokratie herrscht Stabilität, solange sich am politischen Lenkungsmechanismus nichts verändert.

Das deckt sich auch mit der Sicht westlicher Unternehmen in Russland, denen an personeller Kontinuität in der Staatsspitze viel gelegen ist. Mitunter erfasst dieser Wunsch auch die Vertreter einiger westlicher Außenministerien. Der Gewinn steht im Vordergrund, was die russische Propaganda bestens zu instrumentalisieren versteht. Auf die Fallstricke dieses Ansatzes weist Carsten A. Holz in seinem Artikel »Im Bett mit der Mafia« am Beispiel Chinas hin: »Die Parteipropaganda ist tief in unser Denken eingedrungen. ›Gesellschaftliche Stabilität‹ und neuerdings eine ›harmonische Gesellschaft‹ werden vorbehaltlos als wichtig für China akzeptiert. Aber ist ein Land mit mehr als zweihundert Fällen sozialer Unruhe pro Tag wirklich gesellschaftlich stabil und seine Gesellschaft harmonisch? Oder bedeutet ›gesellschaftlich stabil‹ nur, die Herrschaft der Mafia hinzunehmen?«[19]

Diese Bedenken lassen sich ohne Einschränkungen auch auf Russland übertragen. Stabilität ist zum Mantra der Putin-Ära geworden, das in Berlin, Paris und Rom bereitwillig nachgebetet wird. Weder sind die politischen Verhältnisse stabil, noch ist der russische Staat wieder erstarkt. Im Gegenteil: Er zeigt eher die Schwächen mittelalterlicher europäischer Feudalstaaten, die nicht in der Lage waren, Zentralgewalt auszuüben. Ein Grund dafür war die Korruption von der Spitze abwärts. Wie im heutigen Russland nahmen die Menschen im Mittelalter die Unfähigkeit des Staates, sie zu schützen, und die allgegenwärtige Bestechung als ein unabänderliches Phänomen hin.[20] Das sollte jedoch nicht mit gesellschaftlicher Stabilität verwechselt werden.

Niemand kann garantieren, dass die Nachsicht gegenüber Rechtsverletzungen aus wirtschaftlichem Kalkül durch die Hintertür nicht auch auf unsere politische Ordnung und unser Verständnis von Bürgerrechten Einfluss nimmt.

Kapitel 2
AUTOEROTISCHE GROSSMACHTFANTASIEN

Am triumphierenden Blick und der geschwellten Brust sind Moskauer Emissäre auf internationalem Parkett wieder leicht zu erkennen. Sie platzen fast vor Stolz. Russlands politische Elite ist überzeugt, dass es nur noch eine Frage der Zeit sei, bis Moskau die Supermachtrolle wieder zufällt und es die Geschicke der Welt federführend mitbestimmen wird.

Diese Vision beruht weniger auf realistischer Einschätzung eigener Stärke als auf der Schwäche konkurrierender Mächte, der USA und der EU, die ihre Verwundbarkeit und Kraftlosigkeit nicht kaschieren können. So ist der Kreml der felsenfesten Überzeugung, die USA werden nach dem Debakel im Irak nicht mehr in der Lage sein, die Rolle der einzigen Supermacht auszufüllen. Für die um ihre innere Einheit ringende EU hegt Moskau ohnehin mehr Spott denn Anerkennung. Die im geopolitischen Denken des 19. Jahrhunderts verhafteten Politiker halten die EU für ein tot geborenes Kind. In diesen Zirkeln dominiert die Auffassung, dass die Union unweigerlich eines Tages an ihren inneren Widersprüchen zerbrechen muss. Nicht zuletzt begegnet Moskau der EU mit Geringschätzung, weil die Europäer militärisch und mental weit davon entfernt sind, Großmachtinteressen auch aggressiver wahrzunehmen. Für die ambitionierten Neo-Geopolitiker stellt die EU eine Quantité négligeable dar.

Außenpolitische Analyse folgt in Moskau nicht nur einer anderen Interessenlage: Ihr liegt die prinzipielle Annahme zugrunde, alles, was sich in Russland ereignet, habe Bedeutung von welthistorischer Reichweite. Zu beobachten ist dies nicht nur in der russischen Kultur, auch im Alltagsbewusstsein des Durchschnittsbürgers hat sich diese Überzeugung eingenistet. Der Chefredakteur des Boulevardblattes *Moskowski Komsomolez,*

Pawel Gusew, eigentlich einer der kühleren Köpfe des Landes, brachte es folgendermaßen auf den Punkt: »Wir können der Europäischen Union einfach nicht beitreten … weil die Seele unseres Ichs allen Abkommen und Allianzen überlegen ist, über ihnen steht. Wir sind nicht an die Gleichheit zwischen Staaten gewöhnt. Wir sind ein großes Land, aber nur wenige Menschen. Jeder sollte deshalb unsere Macht anerkennen.«

Moskaus Triumph ist süß – und auch nachvollziehbar. Nach dem Zerfall der UdSSR fühlte sich Russland vom Westen gedemütigt und erniedrigt. Die Auflagen des Internationalen Währungsfonds, der den Haushalt mitdiktierte, schlugen tiefe Wunden. Die Schuldenlast engte nicht nur die Manövrierfähigkeit des Kreml ein, der Westen nahm auch wenig Rücksicht auf die Sensibilitäten des strauchelnden Riesen. Die militärische Intervention im Jugoslawienkrieg und die Osterweiterung der Nato Ende der 1990er-Jahre gegen den Willen Moskaus gaben der antiwestlichen Stimmung erheblichen Auftrieb. Auch durchaus gut gemeinte Hilfestellungen hinterließen bei den Russen einen schalen Nachgeschmack und kränkten genauso wie Schadenfreude und Gönnerhaftigkeit des Westens. »Obwohl der Frieden nicht gefährdet ist, sammelt die Allianz um Russland herum nach und nach ein, was sie an Bruchstücken findet, quasi als Kriegsbeute«, gibt Fjodor Lukjanow, Chefredakteur der Zeitschrift *Russia in Global Affairs,* zu bedenken. Wie sollten russische Militärs damit umgehen?

Dennoch verfolgte auch Wladimir Putin zunächst noch einen auf Ausgleich bedachten außenpolitischen Kurs. Nach 9/11 räumte der Kreml den USA die Möglichkeit ein, in Zentralasien Truppen für den Afghanistanfeldzug zu stationieren. Er nahm auch die Entsendung von Militärberatern in die Kaukasusrepublik Georgien hin. Gerade der Verlust Georgiens, das 200 Jahre in den russischen Einflussbereich fiel, hatte Moskau Anfang der 1990er-Jahre ins Mark getroffen. Die Souveränität Georgiens und der Ukraine führte Russland vor Augen, dass das Imperium ein für alle Mal der Vergangenheit angehörte. Jeder Schritt dieser Länder in Richtung Westen ruft diese traumatische Erfahrung wieder wach und erklärt die hysterische Reaktion in Moskau. Andererseits nahm Russland die Aufnahme der baltischen Staaten in die Nato hin – wenn auch zähneknirschend. Das Baltikum war den Russen immer fremd geblieben, da es zivilisatorisch dem Westen zuzurechnen ist. Der Kolonialherr spürte das kulturelle Gefälle dort zu seinen Ungunsten. Als die USA zwei Monate nach dem Einmarsch in Afghanistan den ABM–Abrüstungsvertrag aufkündigten, steckte Moskau auch dies noch stillschweigend weg, obwohl es den Kern seines Selbstverständnisses traf. Die nukleare Parität mit den USA war das letzte Überbleibsel der Supermachtrolle, die eine exklusive Position auf gleicher Augenhöhe garantierte. Das einseitige Vorpreschen Washingtons entwertete dieses letzte Faustpfand. In Vietnam ließ der Kreml eine Militärbasis räumen, und auf Kuba schloss er einen Horchposten: Vorleistungen, für die es nie Gegenleistungen erhalten habe, moniert Moskau.

Die USA werteten das russische Entgegenkommen nicht als eine Geste der Konzilianz, sondern sahen darin eher ein Eingeständnis russischer Schwäche. Teilweise trifft dies auch zu, aber eben nicht ganz. Als Washington nach 9/11 in Zentralasien gegenüber einem erstarkenden radikalen Islam Sicherheitsaufgaben übernahm, lag das im russischen Interesse. Die eigenen Streitkräfte konnten dies nicht leisten. Moskaus Militärs waren schon an der Front in Tschetschenien gebunden und überfordert.

Auch wenn die Schließung nutzlos gewordener militärischer Stützpunkte von ökonomischen Erwägungen diktiert wurde, sandte Moskau damit versöhnliche Signale aus. Die außenpolitische Orientierungssuche in den ersten beiden Jahren der Präsidentschaft Putins ist daher aufschlussreich. Russische Politiker schienen erstmals den Gedanken zuzulassen, dass Kooperation mit den Amerikanern Moskaus Interessen nicht schaden muss, obgleich die USA zunächst nur eigene Ziele verfolgen.

Mittlerweile haben die russisch-amerikanischen Beziehungen den Gefrierpunkt unterschritten. Für Furore sorgte Putin, als er im Februar 2007 auf der Münchener Sicherheitskonferenz vor ausgesuchtem Publikum die unipolare US-Politik offensiv anprangerte. »Wir machen keine Kompromisse mehr«, lautete die Botschaft, die eigentlich nichts Neues enthielt. Darauf kam es auch nicht an. Dem Kreml-Chef war an der Präsentation gelegen, er gab sich entschlossen, unbeugsam unerbittlich und wirkte danach befreit. Die Form wurde zum Inhalt. Russland ist sich seiner wieder sicher, diese Botschaft verfing. Der Westen war irritiert und spürte erstmals, was bis dahin auf diplomatischem Parkett geleugnet wurde: Kultiviertheit und Kultur sind nicht dasselbe.

»Die Psychologie darf nicht unterschätzt werden«, meint Fjodor Lukjanow. Seit Gorbatschow fühle sich Russland zum ersten Mal wieder finanziell unabhängig. »Und das will raus. Bei uns ist es üblich, dies unverzüglich und lauthals rauszuposaunen. Unseren Politikern ist es egal, ob das zu Missstimmungen führt. Indien, China und Kasachstan haben in den letzten Jahren auch deutlich an politischem Gewicht zugelegt, ohne es anderen gleich ins Ohr zu brüllen. Sie verstehen: Je lauter du schreist, desto stärkere Gegenwehr triffst du. Das Gegenteil ist bei uns der Fall. Gerade haben wir uns ein bisschen erholt, schon gehen wir damit hausieren. Das Selbstwertgefühl scheint das zu verlangen.« Dahinter verberge sich eine kindische Aggressivität, der rationale Überlegung nicht gewachsen sei. »Erst mal einschüchtern, Stärke zeigen. Aber dann ist man auch wieder bereit, normal zu verhandeln.«[21] Dem Münchener Auftritt folgten unmittelbar Taten. Der Kreml verhängte ein Moratorium des KSE-Vertrages, der die Verteilung der konventionellen Streitkräfte in Europa regelt. In der Statusfrage des Kosovo blieb Moskau demonstrativ bei seinem Veto. Überdies kündigte es an, sich auch aus dem Nuklear-Vertrag der SNF (Short Range Nuclear Forces) zurückzuziehen.

Das waren erste laute Paukenschläge. Die Demonstration des Machtwillens nimmt Nachteile in Kauf oder blendet sie einfach aus, denn die Aufkündigung der Abkommen verschlechtert Russlands Position.

Aber auch unterhalb dieser Ebene ist der Umgang mit Russland mühseliger geworden und von ständigen Ärgernissen begleitet. Im November war der Lufthansa Cargo, einer Tochtergesellschaft der Lufthansa, der russische Luftraum ohne Vorankündigung gesperrt worden. Russen und Deutsche hatten sich zuvor nicht auf eine neue Vereinbarung einigen können. Es geht um Geld und Routen. Moskau will die Lufthansa dazu zwingen, ihr bisheriges Luftkreuz bei Asienflügen von Astana in Kasachstan nach Sibirien zu verlegen. Das Transportministerium forderte die Lufthansa ultimativ auf, eine »erzwungene Zwischenlandung« entweder auf dem Flughafen Krasnojarsk oder Nowosibirsk einzulegen. Russland will so die sibirischen Flughäfen, die weder flugtechnisch noch klimatisch für derartige Aufgaben besonders geeignet sind, zu Drehkreuzen ausbauen. Delikat indes: Russland beruft sich bei den »Zwischenlandungen« auf die Luftfahrtkonvention von Chicago aus dem Jahr 1944. Eine Konvention, die Russland seit Jahrzehnten verletzt, da es westlichen Fluggesellschaften deutlich überzogene Überfluggebühren abpresst. 350 Millionen Euro wandern jährlich auf russische Konten, größtenteils auf die der staatlich kontrollierten Fluggesellschaft Aeroflot. Moskau betreibt ein Machtspiel. Recht, Gesetz und Vertragstreue werden bemüht, wenn es um die Durchsetzung eigener Interessen geht. Die Reihe der Erpressungsversuche ließe sich beliebig fortsetzen. Moskau kommt mit dieser Masche durch. Zwar verhängte auch Berlin umgehend ein Überflugverbot, hob dies aber nach einem Tag kleinlaut wieder auf. Eine Ängstlichkeit, die Putins Bürokraten genauestens und schadenfroh registrieren. Sie wissen nämlich aus Erfahrung: Solange westliche Konzerne trotz Erpressung und Störmanöver in Russland Geld verdienen, werden sie auch vor dem Kreml kuschen.

Fjodor Lukjanow hält den Richtungswechsel in Moskau nicht
für ein vorübergehendes Phänomen. Der Westen unterschätze
dies, meint er. Nach Putins Münchener Brandrede folgt Russland
einem anderen Ansatz. Weder bei der Kosovo-Regelung noch
beim KSE-Vertrag werde Moskau einlenken. Der neue Zugang
ist nicht auf eine spontane Überhitzung zurückzuführen, sondern
beruht auf einem wohlüberlegten Versuch, eine neue, auch für andere, dem westlichen Einflussgebiet nicht zuzurechnende Staaten
attraktive Ideologie der internationalen Beziehungen zu formulieren. Die Essenz dieser Doktrin skizzierte der russische Außenminister Sergej Lawrow in einem Beitrag für *Russia in Global Affairs*. Die Grundthese lautet: Mit fortschreitender Globalisierung
verliert der Westen im Wettbewerb um sein Entwicklungsmodell
zunehmend an Dominanz. Der Wettbewerb wird sich daher für-
derhin nicht mehr auf das Westmodell beschränken. Miteinander
konkurrierende Staaten sind gezwungen, unterschiedliche Werte
und Entwicklungsmuster zu berücksichtigen und anzuerkennen.
Die damit einhergehende neue Herausforderung bestehe darin,
»Fairness in dieser komplexen Konkurrenzsituation herzustellen«. Unipolarität, so Lawrow, befinde sich im »Widerspruch
zur göttlichen Ordnung«.[22] Der Außenminister spielte mit dem
transzendentalen Schlenker wohl auf die religiöse Verortung neo-
konservativer Ansprüche in den USA an.

Der Kreml schwebt auf Wolke sieben. »Das interne Selbstvertrauen ist gewachsen, und Putin ist zu einem echten Zar geworden, der nicht über die Schulter schauen muss. In der Innenpolitik waltet der Kreml völlig souverän, und auch international ist
Russland neben den USA und China einer der wenigen vollsou-
veränen Staaten«, erklärt Dmitri Trenin von der Moskauer Carnegie Stiftung das Verhalten der Elite. Bemerkenswert sei, dass
die herrschende Crew heute mehr Selbstgewissheit an den Tag
lege als noch die alte Sowjetelite, die in den 1970er-Jahren militärisch und politisch von den USA als gleichberechtigter Gegner
anerkannt wurde.

Das Primat der Politik

Zwar läuft der Kreml gegen US-Pläne Sturm, in Tschechien und Polen Raketenabwehrsysteme zu installieren, er fühlt sich aber nicht vom Westen bedroht und fürchtet auch nicht, dass seine Nuklearkräfte von dem Vorhaben entwertet werden, meint der unabhängige Militärexperte Alexander Goltz. Hinter den Kulissen sei man gelassen. Was können zehn US-Raketen gegen Tausende von russischen Sprengköpfen ausrichten? Mit dem Kalten Krieg sei der neue Konflikt nicht zu vergleichen. »Die ideologischen Grundlagen fehlen, und für ein erneutes Wettrüsten reichen die Mittel nicht. Die russische Führung will von den USA wieder als Weltmacht anerkannt werden, die zumindest als Nuklearmacht in der Lage ist, Paroli zu bieten. Der Status ging verloren, als sich die USA 2002 aus dem ABM-Vertrag zurückzogen. Niemand spielt mit dem Gedanken militärischer Konfrontation.« Gerade die Gefahrlosigkeit könnte dazu verleiten, die eigenen Kräfte und Möglichkeiten zu überschätzen. Wäre es denkbar gewesen, dass ein Generalstabschef der UdSSR die USA im Raketenstreit gewarnt hätte, dass der Abschuss von US-Raketen auf russischer Seite einen Fehlalarm auslösen könnte? Dem amtierenden Generalstabschef Jurij Balujewski kam nicht in den Sinn, dass er den eigenen Waffensystemen im aktuellen Raketenstreit ein Untauglichkeitszeugnis ausstellte.

Die aggressivere Gangart setzte Moskau erstmals im April 2007 in einer Auseinandersetzung mit Estland um. Es ging um die Verlegung eines sowjetischen Kriegerdenkmals in Tallinn. »Russland demonstrierte: Wir verteidigen Werte, nicht nur Interessen«, meint Lukjanow, »auch wenn man dabei nicht gerade geschickt vorging.« Tallinn wollte das Denkmal des »Bronzenen Soldaten« und die Gebeine der sowjetischen Gefallenen aus dem Stadtzentrum auf einen Soldatenfriedhof umbetten. Das Monument war zum Symbol einer vergangenen Ära geworden. Für estnische Nationalisten und russische Radikale war das Mahnmal ein Ort, wo sie abwechselnd ihre Sicht der Geschichte aggressiv zur Schau stellten. Nach russischer Deutung rückte die Rote Armee im Zweiten Weltkrieg als Befreier vom Faschismus in Estland ein, für die Balten ist der sowjetische Einmarsch lediglich Austausch des einen gegen ein anderes totalitäres System. Sie fühlen sich vom »Bronzenen Soldaten« an 50 Jahre Besatzung und sibirische Straflager erinnert. Dass die Nazis Tallinn 1944 kampflos räumten und die Esten kurzzeitig vor der Okkupation der Sowjets eine Interimsregierung bildeten, ist der russischen Bevölkerung nicht bekannt. Denn die russischsprachigen Schulen in Estland lehren dies im Geschichtsunterricht nicht. Als die Esten das Denkmal trotz russischer Proteste umsetzten, brachen in Tallinn Straßenschlachten aus, angeheizt von den staatlich kontrollierten Medien in Moskau, das den Esten, stellvertretend für den Westen, vorwarf, die Geschichte des Großen Vaterländischen Krieges umschreiben und den Beitrag der Sowjetunion schmälern zu wollen. Supermärkte strichen estnische Waren aus dem Sortiment, auch die Stadt Uljanowsk verhängte einen Boykott, der der Gemeinde am Ende mehr schadete als den Balten. In Perm solidarisierten sich Taxifahrer: »Esten nicht erwünscht«, klebte an einigen Fahrzeugen. Nun dürfte der letzte Este in dieser Stadt im nördlichen Ural ein in den 1950er-Jahren aus dem Gulag entlassener Häftling gewesen sein. Eine absurde und gespenstische Kampagne wurde entfacht, die an eine Massenpsychose erinnerte. Unterdessen schlugen Stoßtrupps der vom Kreml gesponserten Putin-Jugend, »Naschi«, vor der estnischen Botschaft im Moskauer Zentrum eine Zeltstadt auf. Tagelang belagerten die Jugendlichen der SA-light die Vertretung, kontrollierten den Eingang der Botschaft und drangen gewaltsam in eine Pressekonferenz der Botschafterin ein. Die Polizei schaute zu und schien ihre Rolle eher darin zu sehen, der protofaschistischen Truppe das Hinterland freizuhalten. Putins starker Staat teilte das Gewaltmonopol mit der Straße. Führt sich so ein Staat auf, der sich an der Schwelle zum Weltmachtstatus wähnt und als Ordnungsmacht Verantwortung übernehmen müsste? Auch die Esten waren natürlich nicht ganz unschuldig an der Zuspitzung. Wie empfindlich der Nachbar auf Korrekturen der Geschichte reagiert, und seien sie auch noch so berechtigt, ist Tallinn bekannt.[23]

Den Sieg über Nazideutschland hat der Kreml zum Kernelement bei der Suche nach einer neuen Identität für Russland erkoren. Das ruhmreiche Kapitel der Geschichte wird ergänzt durch die aktuellen Fantasien vermeintlicher westlicher Einkreisungspolitik. Historische Kontinuität wird so konstruiert. Der Rückgriff auf ein 60 Jahre zurückliegendes Ereignis als zentrales Moment der Identitätsbildung beschreibt das Dilemma des heutigen Russlands. Positive Bezugspunkte in der jüngeren Vergangenheit fehlen, oder man lehnt sie bewusst ab. Warum kann Russland auf die Anstrengungen der Demokratisierung in den 1990ern nicht stolz sein?

Bedenklich ist, dass die Abstände zwischen den Hysteriewellen immer kürzer werden. Sie sind von oben inszeniert und simulieren gesamtgesellschaftliche Mobilmachung. Noch gelingt es den Demagogen auf Knopfdruck, Volkes Seele zum Kochen und auch wieder zum Abkühlen zu bringen. Doch wie lange noch? Eine Kampagne reiht sich an die nächste. Mal sind die Ukrainer die Bösewichte, weil sie ihre korrupte Regierung zum Rücktritt zwangen. Dann übernehmen den Part wieder die Georgier, die russische Spione des Landes verwiesen. Immer wieder ins Fadenkreuz der Xenophobie geraten auch Polen, Esten, Letten, Kaukasier oder Gastarbeiter aus den zentralasiatischen GUS-Ländern. Rechtsextreme Tendenzen und Rassismus sind in der Ära Putin endgültig hoffähig geworden und haben längst auch in der Auslandsberichterstattung Einzug gehalten. Vertreter antisemitischer und rassistischer Ideologien gehören zu ständigen Kommentatoren in den elektronischen Medien. Selbst der noch halbwegs freie Radiosender Echo Moskau ist gezwungen, im Interesse der »Ausgewogenheit« rechtsextremen Publizisten

und Scharlatanen Sendeplätze einzurichten. Während der Mo-
bilisierungsphase rührt die Propagandamaschine die Trommeln,
als stünden die Heere der Zwergnachbarn schon vor den Stadt-
mauern.

Das beunruhigt die kleinen Anrainer. Präsident Putin hat dafür kein Verständnis.

»Wir sind jetzt groß und reich«, antwortet der Kreml-Chef in
solchen Fällen kurz und bündig. Die Logik ist einfach: Große
lehren das Fürchten. Schwache haben sich zu fügen. Recht auf
Klage gibt es nicht. Sicherlich schwingt da auch ein Revanche-
gedanke gegenüber der vermissten Empathie des Westens mit.
Grundsätzlich manifestiert sich darin jedoch eine Haltung, die
gröberen machtpolitischen Kategorien verhaftet bleibt. Dieses
Gefälle zeigt sich besonders deutlich im Umgang mit Europa.
Die Europäer haben nach dem mörderischen 20. Jahrhundert
begriffen, dass ein heroischer und expansionistischer Habitus
keinen Gewinn verspricht, eher kontraproduktiv wirkt. Die Um-
gangsformen sind vorsichtiger, umsichtiger und zivilisierter geworden und erleichtern die Kommunikation. Trotzdem verfolgen die Europäer untereinander hartnäckig die eigenen Vorteile,
sie sind sogar berechnender geworden.

Den unangefochtenen Spitzenplatz unter den »Feinden Russlands« halten aber immer noch die USA. Die politischen Kommentatoren der staatlichen Fernsehsender sind geradezu beses-
sen von der Supermacht. Anstandsgrenzen existieren nicht mehr.
Vielmehr scheinen die Moderatoren sich an Plattheit und pri-
mitivem Antiamerikanismus gegenseitig überbieten zu wollen.
Ein unbedarfter Zuschauer muss erschaudern. Nicht weil ihm
der Glaube eingeimpft wird, die USA verkörperten die Ema-
nation des Bösen. Das weiß er längst. Verheerender wirkt die
unterschwellige Botschaft. Alles Übel der Welt und Russlands
Misserfolge in der jüngeren Geschichte sind auf die Niedertracht der USA zurückzuführen. Gegen diese Infamie scheint
schlicht kein Kraut gewachsen. Russische Ohnmacht angesichts

amerikanischer Allmacht. Die innerrussische Litanei verkehrt das Gefühl der Unterlegenheit in scheinbare moralische Stärke. Russland mutiert zum leuchtenden Gegenentwurf der amerikanischen Gesellschaft. Das ist trügerisch und ein Taschenspielertrick.

Die Beziehungen der Russen zu den USA sind kompliziert und nicht auf Anhieb zu durchschauen. Eigentlich begegnen Russen Amerikanern mit Sympathie und Wohlwollen. In Umfragen des Lewada-Zentrums äußern sich sogar drei Viertel der Befragten freundschaftlich. Sie sind den Amerikanern eher wohlgesinnt, weniger als zehn Prozent fürchten militärische Aggressionen von jenseits des Ozeans.[24] Dennoch: Es sind auch drei Viertel, denen ökonomische Dominanz und Überlegenheit der USA nicht zusagen. Dahinter verbergen sich jedoch keine aktuellen politischen Dissonanzen. In der kollektiven Wahrnehmung der USA spiegelt sich vielmehr das Verhältnis der Russen zu sich selbst wider.

Nur drei Staaten können aus Moskauer Sicht Russland das Wasser reichen und einem Vergleich standhalten. Die USA, Deutschland und Japan. Vergleiche mit anderen Ländern werden selten angestellt, das gebietet allein die Selbstachtung. Zu den letzten beiden hegt das kollektive Bewusstsein ein gutes und gelassenes Verhältnis, denn Russland hat sie im Zweiten Weltkrieg besiegt. Nach wie vor sind die USA wichtigster Partner und Projektionsfläche. Im Kalten Krieg nannte die sowjetische Propaganda die USA »unseren potenziellen Gegner in einem Dritten Weltkrieg«. Eine Formulierung, die in den letzten Putin-Jahren von Kreml-treuen Kommentatoren und Agitatoren wieder häufig verwendet wird. Nicht die Wahrscheinlichkeit eines Krieges soll dadurch beschworen werden, das Ziel ist schlicht Selbstaufwertung.

Dass mit dem Ende der Ost-West-Konfrontation der »Gegner« abhandengekommen war, hatte für die überkommenen Organisationsmuster und Strukturen von Staat, Wirtschaft und

Gesellschaft viel schwerwiegendere Folgen, als man im Westen
gemeinhin vermutet. Die Funktion des gesamten Staates als Arm
der KPdSU war in der UdSSR darauf ausgerichtet, mit dem Op-
ponenten auf Augenhöhe zu bleiben. Dies gelang freilich nur auf
militärischem Gebiet. Der Druck, Anschluss zu halten, versetzte
Washington in die Position des heimlichen Organisators, der die
Vorgaben lieferte, an denen sich Moskau abarbeitete. Das fing
bei der Ausbeutung der Rohstoffe an, wirkte sich auf den Aus-
bau der Industrie und deren Standortwahl aus, fand Eingang in
den Unterrichtsstoff der Schulen und Universitäten, bestimmte
die Parolen für die staatlichen Feiertage und diktierte die Verga-
be von Prämien und Auszeichnungen. Auch wenn es ärgerlich
war, in der Mangelgesellschaft in der Schlange zu stehen: Jeder
wusste, warum und wofür er das tat. Nicht allein der Imperiums-
verlust brachte die Bevölkerung Anfang der 1990er daher gegen Michail Gorbatschow und Boris Jelzin auf. Die von ihnen
betriebene Öffnung und Demontage des Systems hatte das in
Fleisch und Blut übergegangene klar geregelte Ganze zum Ein-
sturz gebracht. Über Nacht. Plötzlich gab es nicht einmal mehr
einen Feind: Das Vorher erwies sich als sinnlos und nutzlos – zu-
sammengebrochen und entwertet, ohne einen einzigen Schuss –,
alles war umsonst.

Den traumatischen Erfahrungen folgte Orientierungslosigkeit.
»Vorgeführt haben sie uns, jetzt wollen sie sich uns auch noch
vom Hals schaffen«, lautete die Grundstimmung. Unter Putin
hat sich das langsam geändert. Auf die hypothetische Frage, ob
Russland einen kriegerischen Konflikt mit den USA überstehen
würde, antworteten 2006 58 Prozent zustimmend, räumten aber
ein, dass dies mit großen Verlusten verbunden wäre.

Der Glaube an sich selbst ist zurückgekehrt, und in diesem
Zusammenhang wird auch Amerika die alte Rivalenrolle auf Augenhöhe wieder zugewiesen. »Amerika – das ist unser einziges
›bedeutendes ANDERE‹«.[25] Die Rivalität beruht nicht so sehr
auf dem tatsächlichen Wirken in der internationalen Arena als

vielmehr auf dessen Widerspiegelung im russischen Massenbewusstsein. Für das Bewusstsein ist es nicht wichtig, dieses AN-
DERE auch zu besiegen. Man gibt sich – in einer symbolisch
wahrgenommenen Gegnerschaft – mit der Feststellung zufrieden: Wir sind nicht schlechter als sie. Die Überlegenheit der
USA im wirtschaftlichen und militärischen Bereich bleibt außen
vor. Die positive Einstellung zu den Amerikanern hält so lange
vor, wie Russland sich der annähernden Gleichheit sicher ist.

Kommen Zweifel auf, wird die Partnerschaft umgehend aufge-
kündigt. Weniger als ein Viertel der Bevölkerung ist dann noch
bereit, die USA außenpolitisch zu unterstützen. Häufig wird
dies der politischen Propaganda zugeschrieben. Die stereotype
Formel – die Völker wollen befreundet sein, die Politik zwingt
sie jedoch zur Feindseligkeit – trifft nicht zu.

Denn das Verhältnis zu den USA hat mit diesen nichts zu tun,
in ihm reflektieren sich lediglich die Beziehung der Russen zu
sich selbst und die Autorität, die sie in den eigenen Augen verdienen. Kurzum: Es ist die Maßeinheit ihrer Selbstachtung. Fatal
indes: Ohne Amerika – und sei es auch nur imaginiert – ist Russland nicht in der Lage, zu sich selbst zu finden. Es hat keinen
authentischen Begriff von sich, kann sich nicht begreifen und
verfällt immer wieder von neuem darauf, sich durch Negation
des Anderen und Ablehnung des Fremden zu definieren.

Auf dieses seltsame Phänomen der spiegelbildlichen Selbst-
wahrnehmung und des Rückgriffs auf Fremdurteile, um zur
Selbsteinschätzung zu gelangen, wies schon der Historiker und
Philosoph Konstantin Kawelin im 19. Jahrhundert hin. Er be-
schrieb die russische Kultur als das Ergebnis eines unaufhör-
lichen »Einsaugens« und »Einspeisens« fremder Ideen, was dazu
geführt habe, dass die Russen »sich selbst mit fremden Augen
zu betrachten pflegen«.[26] Die russische »Nachahmungskultur«
ist so beschaffen, dass sie den Anschein, der von außen auf sie
projiziert wird, als ihr eigentliches Sein begreift. Paradox: Das
Fremdverständnis ist zur wesentlichen Quelle des russischen

Selbstverständnisses geworden. Allerdings setzt dies voraus, dass
der Russe sich in das Fremde hineinversetzt, um durch dessen
Optik seine eigene Position zu bestimmen. »Die traditionell aus-
geprägten Mentalitäts- und Kulturdifferenzen zwischen Westeuropa und Russland wären, so betrachtet, nichts anderes als
wechselseitige Spiegeleffekte – Russland glaubt seine kulturelle
Eigenart im Spiegelbild des kulturellen Westens zu erblicken und
macht sich die Spiegelung auch tatsächlich zu eigen, der hoch
zivilisierte europäische Westen wiederum vermag im fremden
Land der Russen immer nur sein eigenes, bald barbarisches, bald
dekadentes Zerrbild zu erkennen: Resultat jahrhundertelanger
Missverständnisse aufgrund von idealisierenden beziehungswei-
se diffamierenden wechselseitigen Projektionen.«[27]

Mit Freude am Detail gräbt das Fernsehen Beiträge amerikanischer Provinzpostillen aus und zitiert obskure Quellen, die
Russland in einem eigentümlichen Licht darstellen. Bisweilen
wirkt dies wie ein befremdlicher Drang zur Selbsterniedrigung.
Was damit beabsichtigt ist, erschließt sich nicht auf Anhieb. Soll
es die vermeintliche Russophobie im Rest der Welt belegen und
die Bevölkerung langsam wieder auf Isolation einschwören?
Schon die sowjetische Propaganda bediente sich ominöser westlicher Quellen, jedoch mit dem Ziel, die Richtigkeit des einge-
schlagenen Kurses zu untermauern. Die Präsentation negativer
Bilder als Beweis eigener historischer Unfehlbarkeit wäre sowjetischen Ideologen zu riskant gewesen.

Wahrscheinlich sollen die Bürger einfach weiterhin glauben,
die USA seien noch immer auf Moskau fixiert und verfolgten
eine verdeckte Agenda. Tatsächlich spielt Russland in strategischen Überlegungen Washingtons nur noch eine Nebenrolle. Letzteres schaut auf China, dessen Potenzial als angehende
Weltmacht die USA weit mehr beunruhigt denn Moskaus vir-
tueller Griff nach der Supermachtrolle. Auf diese Verletzungen
reagiert der Kreml reflexartig. Die Parität des Kalten Krieges soll
partout künstlich aufrechterhalten werden.

»Die krankhafte Aufmerksamkeit für Amerika und das Bestreben, die Welt durch das Prisma der Beziehungen zu den USA zu sehen, sind Ausdruck sowohl der unermesslichen Ansprüche der russländischen Elite als auch ihrer Unsicherheit, ihrer Komplexe und des Versuchs, dies durch Selbstsicherheit zu kaschieren. Diese Elite schmerzt vor allem eines: die mangelnde Aufmerksamkeit Washingtons gegenüber seinem alten Gegner.« Die Geringschätzung könne der Kreml Amerika nicht verzeihen,[28] so Lilija Schewzowa von der Moskauer Carnegie Stiftung. Antiamerikanismus ist zum Synonym für Patriotismus geworden.

Die Fixierung auf den Kontrahenten des Kalten Krieges hat schwerwiegende Auswirkungen. Die dramatischen geopolitischen Verwerfungen, denen sich Moskau stellen müsste, werden nicht wahrgenommen. Im Westen rückte das wirtschaftlich mächtige Kontinentalgeflecht der EU bis an die Grenzen Russlands heran, im Osten erhebt sich die zukünftige Weltmacht China. Mehrere Tausend Kilometer Grenze. Strategische Überlegungen, wie sich Russland in der veränderten Gemengelage behaupten könnte, hat der Kreml bisher nicht angestellt, und auch in der Öffentlichkeit wird das Thema gemieden.

»Nur wenige Russen haben das ganze Ausmaß des ridimensionamento ihres Landes schon begriffen. Zum Westen hin sehen sich die russischen Eliten – gerade als sie nach der langen sowjetischen Isolation meinen, sich endlich Europa, zu dem das Land ja auch gehört, anschließen zu können – mit einer Lage konfrontiert, in der sie nicht wie im 18. oder 19. Jahrhundert eine europäische Macht unter anderen (und die größte) sein können, sondern in der sie einem riesigen, quasi vereinigten Kontinentalblock der EU gegenüberstehen, von dem sie formell – allem Anschein nach auf immer – ausgeschlossen sind.«[29]

Schon heute wartet die EU mit einem achtfachen Bruttoinlandsprodukt und dreifacher Bevölkerung auf. Die wachsende Potenz beunruhigt Moskau nicht wirklich, vielmehr belächelt der Kreml die Schwerfälligkeit des Gebildes. Die Versuche, Brüssel

zu umgehen und auf bilateraler Ebene mit den Einzelstaaten zu
verkehren, erweisen sich auch immer noch als recht wirksam.

Die historische Dimension der Überwindung der Nationalstaatlichkeit – mit all ihren Rückschlägen – ist aus russischer
Sicht auch schwer zu verstehen: Den Schritt vom Imperium zum
Nationalstaat, den die meisten europäischen Länder im 19. Jahrhundert absolvierten, hat Russland selbst noch nicht vollzogen.

Gleichwohl stellt China an der Ostflanke eine weit größere
Herausforderung dar als die EU. Peking erwirtschaftet das Fünf-
fache des russischen BIPs und verfügt über das Zehnfache des
Bevölkerungspotenzials. Den Aufschwung verdankt China nicht
der Rohstoffförderung, sondern der Grundlage seines Industrie-
potenzials, das jenes des Nachbarn längst aussticht. Die Chinesen sind auf den Rollentausch mit der früheren Weltmacht vor-
bereitet. Sie machen davon kein Aufheben und behalten es für
sich. Die asiatische Etikette erlaubt den Russen, vor der unauf-
haltsamen Konkurrenz noch ein wenig die Augen zu verschlie-
ßen. Manchmal hat es den Anschein, als seien sie dem Nachbarn
für das taktvolle Verhalten dankbar.

Das Gefälle in der Entwicklungsdynamik hat im Fernen Osten atemberaubende Dimensionen angenommen. Diesseits der
Grenze, auf der russischen Seite, liegt das Land brach, unzählige
Dörfer und verlassene Siedlungen rotten vor sich hin und verfallen. Ehemaliger Kulturraum versteppt und verödet. Jenseits
der Grenze wird dagegen Modernität in schwindelerregender
Geschwindigkeit aus dem Boden gestampft. Wo vor zehn Jahren noch Fisch- und Jagdgründe lagen, sind riesige Städte mit
modernen Wohn- und Bürotürmen in den Himmel gewachsen.
Russland liefert Rohstoffe, die Chinesen zu Fertigprodukten
verarbeiten und wieder nach Russland ausführen. Auch in den
reichen Energieregionen Russlands sind im letzten Jahrzehnt
moderne Städte entstanden, wo einst windschiefe Holzhäuser
Mitleid erregten. Städte, die auch in Kanada, Alaska oder Norwegen sein könnten. »Russlands Vereinigte Emirate« nennt sie

der Volksmund in einer Mischung aus Neid und Anerkennung. Im Vergleich zu den hypermodernen urbanen Zentren auf chinesischem Boden verblassen aber selbst diese Modernisierungsanstrengungen. Sie wirken wie Kopien en miniature und bestätigen eher die lähmende Apathie. Der Euphorie des chinesischen Aufbruchs hat Russland nichts entgegenzusetzen.

2005 fand im sibirischen Tjumen eine Konferenz zum Thema »Sibirien, die Zukunft Russlands« statt. Der Gouverneur der erdölreichen Region in Westsibirien trat als Schirmherr der Veranstaltung auf. Tjumen ist eines dieser russischen Emirate mit einem Durchschnittseinkommen, das weit über dem Landesdurchschnitt liegt. Chinesische Märkte und Chinatowns gehören in den boomenden Städten Sibiriens längst zum Stadtbild. Noch vor zehn Jahren waren die Chinesen nicht bis ins Landesinnere vorgestoßen und trieben Handel nur in den Grenzregionen. Inzwischen sind sie einige Tausend Kilometer nach Norden vorgerückt.

Wer über die Zukunft Sibiriens räsoniert, müsste eigentlich auch die Rolle des Nachbarn mit in die Überlegungen einschließen. Dies geschah aber seltsamerweise nicht. Erst die Reaktion der Verantwortlichen auf ein vorsichtiges Nachhaken am zweiten Konferenztag, welche Funktion den Chinesen in dem Zukunftsentwurf zugedacht sei, brachte Klärung. Der umtriebige Nachbar war in der Konzeption gar nicht vorgesehen, und so empfanden die Gastgeber bereits die Frage als eine unfreundliche und deplatzierte Geste. Niemand sagte es deutlich, doch es war zu spüren: Offensichtlich wollte der Gast den gegenwärtigen Boom und die zuversichtliche Stimmung einfach wieder einmal miesmachen. Die Veranstaltung sollte nicht Problemen vorgreifen, sondern schlicht das erfreuliche Jetzt feierlich begehen.

Der Verlust des Imperiums hat dem Selbstwert der Russen schwer mitgespielt. Der anstehende Rollentausch mit China droht dem eigenen Selbstverständnis einen noch herberen Schlag zu versetzen.

Seit Russland die europäische Bühne betrat, hegte die re-
gierende und intellektuelle Elite gegenüber dem Westen einen
Minderwertigkeitskomplex, der sich aus zivilisatorischer Rückständigkeit speiste. Russland hastete hinterher und war mit
Nach- und Aufholen beschäftigt. Daraus resultiert eine innere Zerrissenheit – ein Oszillieren zwischen dem europäischen
Schrittmacher und den Beharrungskräften des eigenen Zivilisationstyps. Der Widerstreit zwischen europäischer Bildung und
russischer Lebensweise konnte bis heute nicht entschärft und
auch nicht zu einer neuen Synthese verarbeitet werden. Der Topos »Russland und Europa« ist politisch und philosophisch seit
300 Jahren ein Dauerbrenner. Einmal greift man Europäisches
begeistert auf, ein anderes Mal weist man es indigniert zurück.
Als Blaupause ist Europa gleichwohl immer präsent.

Peking dagegen war nie Vorbild. Gegenüber China sieht sich
Russland in der Rolle des europäischen Lehrmeisters. Aus Moskauer Perspektive ist die chinesische eine »barbarische« Zivilisation. Rassistische Vorurteile sitzen tief und sind im Volk weit-
verbreitet. Noch immer herrscht die Überzeugung vor, die weiße
Rasse sei anderen überlegen.

Daher dürfte der chinesische Vormarsch noch schlimmere
Verheerungen im Psychohaushalt der Russen anrichten als der
Zusammenbruch des kommunistischen Imperiums. Durch den
Höhenflug in der jetzigen Trotzphase ist auch die Fallhöhe ge-
stiegen.

Das Dilemma der politischen Elite: Für die gehobenen Bedürfnisse der selbsternannten Nobilität stellt China keine ad-
äquate Alternative dar. Schon gar nicht, wenn Russland nur die
Rolle des altersschwachen Bruders zugedacht ist.

Die schwierige Bündnisgestaltung ist auch einer der Gründe,
warum der Kreml davon träumt, die Funktion eines weltweiten
Energie-Generalsekretärs – unabhängig von Bündnisverpflich-
tungen – zu übernehmen. Dazu gehörte das laute Nachdenken
Anfang letzten Jahres darüber, eine Art Gas-OPEC ins Leben zu

rufen. »Ich finde die Idee einer Gas-OPEC interessant«, meinte Putin Anfang 2007. Die Idee stammte aus dem Iran. Aus dem Vorhaben wurde nichts, doch das war auch nicht geplant. Die regionalen Märkte in Europa, Südostasien und Lateinamerika lassen sich nur schwer vernetzen. Putin spielt lediglich mit der Furcht der Europäer vor einer Kartellbildung und fördert deren innere Zwiste. Ihm geht es um viel mehr als eine OPEC. Der Kreml-Chef strebt nach vertikaler Hegemonie im Energiesektor. Von der Förderung über die Pipelines bis zur Preisabsprache will Russland alles kontrollieren mit dem Ziel, Konkurrenz unterein-ander zu verhindern, von der Verbraucher profitieren würden.

Trotz Konkurrenz buhlt Russland um Chinas Aufmerksam-keit. Die Schanghaier Organisation für Zusammenarbeit (SOZ) stellt einen Versuch dar, den Nukleus eines Anti-Nato-Bünd-nisses und darüber hinaus eine Institution mit internationalem Gegengewicht zu formieren. Der Organisation gehören neben Russland und China auch Kirgisien, Tadschikistan, Kasachstan und Usbekistan an; Indien, Pakistan, der Iran und die Mongolei genießen Beobachterstatus. Die SOZ vereinigt ein Drittel der Weltbevölkerung und umfasst 60 Prozent des eurasischen Groß-raums. Die Dimensionen sollten aber nicht über die tatsächliche Potenz dieses Bündnisses hinwegtäuschen. Denn die Umstruktu-rierung dieses Raumes zu einer Mischung aus eurasischer NATO und Gas-OPEC wird noch auf sich warten lassen, »da die po-litischen Rivalitäten der großen drei Regionalmächte Russland, China und Indien trotz Zusammenarbeit in- und außerhalb der SOZ beträchtlich sind«.[30] China lässt den Russen in der SOZ den Vortritt, Russisch und Chinesisch sind auch gleichberech-tigte Arbeitssprachen. Die Zurückhaltung der Chinesen spiegelt aber nicht die wahren Machtverhältnisse wider.

Schon die Bevölkerungsverteilung mit fünf Prozent russi-schem Anteil deutet darauf hin. Moskaus rabiate Realpolitik macht unterdessen auch vor den Bündnispartnern nicht halt und ruft Irritationen hervor. Nach wie vor beansprucht Moskau eine Vormachtstellung in Zentralasien. Aus Tadschikistan hat sich Russland nach dem Zusammenbruch des Imperiums nicht zurückgezogen. Inzwischen unterhalten aber auch die Inder in der tadschikischen Stadt Ayni eine Militärbasis. Indiens militärische Präsenz ist Russland ein Dorn im Auge, weshalb es massiven Druck auf das Regime in Duschanbe ausübt, die Inder aus dem Land zu vertreiben. Dies obwohl Indien nicht nur der SOZ assoziiert ist. Mit Russland gehört es auch dem losen Zusammenschluss der BRIC-Staaten an, hinter denen sich die aufstrebenden Wachstumsmärkte Brasilien, Russland, Indien und China verbergen. Nicht zuletzt ist Indien nach China auch Moskaus wichtigster Rüstungskunde. In der BRIC fungiert Russland als informeller Sprecher – erfährt aber auch in diesem Gremium keinen nennenswerten Rückhalt.

Vor allem wohl, weil Putins harte Bandagen auch die Gutwilligen verprellen. Indien war als blockfreier Staat während des Kalten Krieges stolz darauf, dem Druck der USA widerstanden zu haben. Warum sollte ein erstarkendes Indien heute bereit sein, sich von einem gebieterischen Moskau Vorschriften machen zu lassen? Viel wahrscheinlicher ist, dass die »traditionell engen Beziehungen« der Vergangenheit angehören und auch Delhi Moskau gegenüber zur Realpolitik übergeht.[31]

In der russischen Innenpolitik sind leitende Funktionen vornehmlich mit Prestige und Status verknüpft. Dem Inhaber eines Amtes werden weder Verantwortungsbewusstsein noch Rechenschaftspflicht abverlangt. Leistung und Qualifikation zählen nicht zu den vorrangigen Kriterien bei der Auswahl für den Staatsdienst. Ist man erst einmal im Amt, sichert der Status Macht und Einfluss. Im Auftreten in internationalen Organisationen setzt sich diese Attitüde ebenfalls durch. Moskau geht es ums Prestige, weniger darum, Verantwortung zu übernehmen und bei der Entschärfung internationaler Konflikte mitzuwirken. Bislang bestimmen russische Sonderinteressen die Agenda.

Von wenig Erfolg ist auch die Politik gegenüber den GUS-

Staaten gekrönt. Eigentlich wollte Präsident Putin den verlorenen Einfluss in den früheren Sowjetrepubliken wieder wettmachen. Die Rückeroberung der Hegemonie erklärte er bei Amtsbeginn zur vordringlichsten außenpolitischen Aufgabe. Mehr als sechs Millionen Gastarbeiter aus der GUS arbeiten im Land. Sie stellen ein gewaltiges Potenzial dar, das sich einsetzen ließe, um russische Interessen in der Region zu fördern, zumal die meisten Immigranten mit der russischen Kultur und Sprache noch vertraut sind und auch eine gewisse Dankbarkeit für die Verdienstmöglichkeiten empfinden. Lange Jahre retteten die Überweisungen der Gastarbeiter die Heimatländer vor dem Staatsbankrott. Zwar waren beim Zusammenbruch der UdSSR Anfang der 1990er-Jahre auch antirussische Untertöne zu hören, entscheidend für die Flucht in die Souveränität war aber der Überdruss mit dem System der Sowjets. Der als Patriotismus getarnte Chauvinismus der Putin-Ära beschleunigte die Entfremdung noch. Die Chance, an die kolonialen Vorleistungen anzuknüpfen, wurde vollends vertan. Der Kreml-Chef wird eher als Totengräber denn als Hegemon des Reiches in die Annalen eingehen.

Bei der Disziplinierung der Nachbarn greift der Kreml zu immer radikaleren und fragwürdigen Methoden. Flammt wieder einmal ein Konflikt mit den Herkunftsländern der Immigranten auf, scheut sich die Politik nicht, diese auch zu Geiseln machen.

Besonders abstoßend war die pogromartige Hatz auf Georgier im Herbst 2006. Hunderte Georgier, darunter russische Bürger, wurden tagelang interniert und anschließend nach Georgien deportiert. Einige Schulen in Moskau stellten für alle Fälle Listen von Schülern mit georgischen Familiennamen zusammen. Medien riefen zu besonderer Wachsamkeit auf, was einem offenen Appell zu rassistisch motivierter Denunziation gleichkam. Eklatante Verstöße gegen geltendes russisches Recht, die aber nicht geahndet wurden. Zweifelsohne wirksamstes Instrument im Züchtigungsarsenal ist aber die energiepolitische Keule. Geor-

gien, Moldawien, Weißrussland und die Ukraine bekamen sie
schon häufiger zu spüren.

Auch Einfuhrstopps für moldawische Spirituosen und georgischen Wein wurden verhängt, selbst Georgiens Mineralwasser
Borschomi, mit dem Generationen von Russen aufgewachsen
sind, wurde aus Russland verbannt. Die Maßnahmen bewirkten
zweierlei: weitere Entfremdung und eine Modernisierung der
betroffenen Wirtschaftszweige der boykottierten Länder.

Aber auch in Transnistrien, der separatistischen Teilrepublik
Moldawiens, gibt der Kreml keine Ruhe und unterstützt dort ein
korruptes, in der Sowjetzeit verharrendes Regime. Indem er den
Bewohnern der abtrünnigen georgischen Republiken, Abchasien
und Südossetien, russische Pässe aushändigte, verschleppt er
bewusst auch den im Kaukasus seit mehr als einem Jahrzehnt
schwelenden Konflikt.

Die außenpolitische Bilanz ist ernüchternd: Zu elf von sieb-
zehn Anrainerstaaten unterhält Russland gespannte Beziehungen. Für Furore und Verstimmung sorgte im August 2007
auch die medial wie ein Eroberungsfeldzug aufbereitete »Be-
zwingung des Nordens«. Am 2. August tauchten zwei Mini-U-
Boote in 4200 Meter Tiefe der Arktis und pflanzten direkt unterhalb des Nordpols eine russische Trikolore aus Titan auf. Leiter
der Expedition war der stellvertretende Sprecher der Duma, Ar-
tur Tschilingarow, Akademiemitglied. Russland gab vor, Proben
entnehmen zu wollen, um den Nachweis zu erbringen, dass der
Nordpol Teil des Kontinentalschelfs ist. In diesem Fall sieht die
See-Konvention eine Ausnahme vor, über die jedem Anlieger
zustehende 320-Kilometer-Zone hinaus zusätzliches Territorium zu beanspruchen. »Unser Ziel ist nicht das Aufstellen eines
Grenzpostens und Russlands Ansprüche zu bekräftigen, wir wollen beweisen, dass unser Küstenstreifen sich bis an den Nordpol
erstreckt. Dafür gibt es konkrete wissenschaftliche Methoden«,
rechtfertigte Außenminister Sergej Lawrow die Tauchaktion.
Natürlich hat es Russland als Energie-Macht auch darauf abge-

sehen, sich frühzeitig die Energiereserven der Arktis zu sichern.
Wichtiger war indes die öffentliche Aufmerksamkeit, zu Hause
und im Ausland. Die Unterzeichnerstaaten der See-Konvention,
USA, Kanada, Dänemark und Norwegen, schäumten. Kanadas
Premier geißelte den Polar-Imperialismus besonders abfällig. Es
sei nicht mehr das 15. Jahrhundert, als es ausreichte, eine Fahne
zu deponieren, um Land für sich zu reklamieren. Moskau wollte
provozieren und in aller Munde sein, und dies ist auch gelungen. Die Botschaft an den Westen lautete: Nun sind wir auch am
Nordpol in alter Stärke zurück. Der Reaktion im Westen nach
zu schließen war die Aktion ein voller Erfolg. Auffällig ist die
Parallele zu Stalins Propagandakampagne »Eroberung des Nordens«, die in den 1930er-Jahren fast zeitgleich mit dem Großen
Terror zwischen 1935 und 1938 stattfand.[32]

Die wissenschaftliche Ausbeute jedoch dürfte minimal gewesen sein. Das war auch nicht das Ziel. Die heimischen Medi-
en betteten den Beutezug in ein dramatisches Szenario ein. So
wurde ein US-Spionageflugzeug gesichtet, das sich später als
eine norwegische Maschine vom Typ Orion P-3 entpuppte, die
einmal Sichtkontakt mit der russischen Expedition aufgenommen hatte. Auch ein kreuzender US-Eisbrecher sei gesichtet
worden, berichtete die Regierungszeitung *Rossiskaja gaseta*. Die
Geltungssucht schlug Kapriolen. Viel war die Rede von der
Überlegenheit russischer Technik. Verschwiegen wurde jedoch,
dass die Mir-Mini-U-Boote noch zu Sowjetzeiten in Finnland
gefertigt wurden und der russische Eisbrecher *Akademik Fjodo-
row*, der vorausfahren sollte, die Tour mit einem Motorschaden
startete. Den Tauchgang der beiden U-Boote finanzierten größtenteils zwei Abenteuertouristen, ein Schwede und ein Austra-
lier. *Na pokasuchu* nennen die Russen derartige Aktionen. Den
Anschein erwecken, als ob … mal sehen, wer es glaubt. Natürlich
war auch das Abtauchen auf den Grund mit erheblichem Risiko
verknüpft. Die Gefahren einfach zu missachten – nach dem russischen Lebensprinzip *awos!* (»aufs Geratewohl«) –, auch dessen

rühmt man sich in Abgrenzung zum ängstlichen, sicherheitsbe-
sessenen Westen gern. Menschenleben zählen nichts, deswegen
hat das Land sehr viele posthume Helden. Wo Infantilismus regiert, bewegt sich auch die Politik zwischen Jungenstreich und
Jugendkriminalität.

Viele Bürger erwähnten zur Jahreswende die Expedition jedoch als eines der wichtigsten Ereignisse 2007.

Zu Hause kommen Populismus und Husarenstückchen besser
an als je zuvor. Dass die Kleinkariertheit gegenüber den Nachbarn Russland nicht als selbstsichere Großmacht ausweist und
von mangelnder Weitsicht zeugt, wird nicht erkannt. Hier liegt
das Dilemma einer autistischen Außenpolitik. Noch herrscht der
Glaube vor: »Viel Feind, viel Ehr'.«

Die machtpolitischen Ambitionen stehen in keinem Verhältnis
zur tatsächlichen Leistungsfähigkeit, weder innen- noch außenpolitisch. Auch wenn der Kreml gebieterisch auftritt, der Staat ist
schwach und steht auf tönernen Füßen. Seine Institutionen sind
marode und funktionsuntüchtig. Die Schwäche birgt ein gewaltiges Risikopotenzial für Russland und seine Umgebung. Groß-
spurigkeit und Großmachtattitüde verleiten den Kreml nämlich
dazu, sich zu überschätzen und zu übernehmen. Die Kombination von anhaltender Staatsschwäche und wachsender Dreistig-
keit in der Außenpolitik ist geradezu ein Patentrezept dafür, wie
man den Bogen überspannt und in sein Verderben rennt.

In einer Untersuchung zum Verhältnis Russlands zu den
Staaten der GUS und des Baltikums kam die Swedish Defence
Research Agency zu dem Schluss, dass die russische Elite eine
schmerzliche und frustrierende Erkenntnis verarbeiten müsse: Der wachsende Reichtum führt nicht automatisch zu mehr
Macht und größerem Einfluss. Je deutlicher sich dies abzeichnet,
desto aggressiver tritt Moskau auf.

Auch innenpolitisch könnte die Überreaktion fatale Folgen
haben: »Je mehr Russland die Großmacht spielt, die es nicht sein
kann, desto größer wird die Lücke, die zwischen Anspruch und

Wirklichkeit klafft, und desto wahrscheinlicher wird der Zusammenbruch des Systems.«[33] Herrscher autoritärer oder semiautoritärer Regime setzen auf die imperiale Karte, um sich Legitimität zu sichern, verzetteln sich dabei aber sehr häufig. Meist ist es nur noch eine Frage der Zeit, wann das Regime von den Auswirkungen des Misserfolges selbst heimgesucht wird. Der instabile Staatsapparat zerfällt, die Ressourcen sind weitestgehend verpulvert, und die Führungsriege hat sich diskreditiert. Was ihr dann noch bleibt, ist der Part des Sündenbocks.

In der bipolaren Welt des Kalten Krieges konnte die UdSSR mit einigen Pfunden wuchern. Als Protegé der Unabhängigkeitsbewegungen in der Dritten Welt hatte sie Handfestes anzubieten: neben einer antikapitalistischen und antikolonialistischen Ideologie Waffen, Geld und Bildung.

Das neue Russland hat nach 17 Jahren keine Alternative entwickelt, die es für andere attraktiv machen würde. Kultur und das, was unter russischer Zivilisation verstanden wird, sind veraltet und zehren von einer fernen Vergangenheit. Die Kraft der *soft power* hat Russland noch nicht erkannt.

Vision und Entwurf der Energie-Supermacht sind daher nicht viel mehr als eine Idee. Sie wurde buchstäblich über Nacht ersonnen, als Moskau im November 2004 erkannte, dass es den Ausgang der Orangen Revolution in der Ukraine nicht mehr beeinflussen konnte und dass nun auch Kiew, die »Mutter der russischen Städte«, sich auf den europäischen Entwicklungspfad begab. Die propagandistische Aufbereitung der Supermachtrolle war ein genialer Schachzug, der aber nicht darüber hinwegtäuschen sollte, dass nur aus der Not eine Tugend gemacht wurde. Bis zum Vorabend des Machtwechsels in Kiew empfand Russlands Elite die Rolle des Energielieferanten für den entwickelten Westen als Manko, aus dem sich mannigfache Minderwertigkeitskomplexe speisten. Die Rahmenbedingungen haben sich seither keineswegs verändert.

Die Fiktion Energie-Macht verfing besonders im obsessiven

Sicherheitsdenken des Westens. Bedrohungspotenzial wurde
dort regelrecht heraufbeschworen. Larmoyanz, Verunsicherung
und Dünnhäutigkeit des Westens verleiteten Moskau geradezu,
die Vision weiterzuspinnen. Aus den europäischen Energie-
ängsten drechselte der Kreml eine außenpolitische Taktik von
bemerkenswerter Effizienz. Binnen weniger Monate wurde
Moskau schon der Status einer regenerierten Supermacht zugeschrieben. Warum sollte der Kreml daraus kein Kapital schlagen,
zumal außenpolitische Geltung innenpolitisch großzügige Divi-
dende abwirft?

Russland wird sich mittelfristig einer anderen, bitteren Wahrheit stellen müssen. Nachdem wieder einmal ein Modernisie-
rungsprojekt auf halbem Wege abgewürgt und die Aussichten,
Europa näherzurücken, verworfen wurden, steht Russland erneut
vor der ewigen Frage: Was tun? In welche Richtung soll es wei-
tergehen? Asien drängt sich nicht automatisch als Alternative auf.
Gelegentlich wird dies in Moskau laut angedacht. Modernisie-
rungsdruck und Zugehörigkeit zu einem anderen Kulturkreis sowie Heterogenität und konkurrierende Interessen der asiatischen
Staaten untereinander lassen russische Erfolgsperspektiven in
Asien dabei eher noch aussichtsloser als in Europa erscheinen.

Nicht Russland, der Ölpreis befindet sich in der Aufwärtsbe-
wegung. Zu befürchten steht, dass sich ein staatlich geschwächtes
Russland in der globalisierten und postmodernen Welt für alternative Strategien öffnet, die denen multinationaler Unternehmen und Strukturen des organisierten Verbrechens ähneln. Das
bietet sich an, wenn Machtressourcen unter den Bedingungen
der Globalisierung ohnehin nur noch begrenzt an Territorium
und funktionierende Staatlichkeit gebunden sind.

Derartige Strategien könnten als Alternativen auftauchen,
wenn sich der beobachtbare Ordnungszerfall in den internationalen Beziehungen weiter verschärft. Dies dürfte zur Ausweitung
transnationaler Gewaltmärkte und zu verstärkten Bemühungen
der Akteure führen, die Organisation von Märkten etwa durch

Kartellbildung selbst zu regeln. Russland versucht bereits heute, den heimischen Energieunternehmen transnational Macht zu verschaffen und die europäischen Energiemärkte zu organisieren.

Hanns Maull gibt zu bedenken, dass der Verfall von Ordnungsstrukturen auch die organisierte Kriminalität befördert, die wiederum als Transmissionsriemen die Funktionsfähigkeit nationaler Rechtsordnungen bedroht. »Dies könnte zum Entstehen neuer, postmoderner Akteurstypen als ›Großmächten‹ mit erheblichem korrosiven Einfluss auf noch bestehende Ordnungsstrukturen anderswo auf nationaler, regionaler und globaler Ebene wie im UN-Sicherheitsrat beitragen.«[34]

Kapitel 3
DAS WEIMAR-SYNDROM

Der Vergleich Russlands mit dem strauchelnden Deutschland der Weimarer Republik ist zu einem gängigen Topos geworden. In der Tat gibt es eine Reihe frappierender Ähnlichkeiten. Beide gingen aus dem Zusammenbruch eines Reiches hervor und verloren Teile ihres Imperiums und Reichsgebiets. Dem Kollaps folgte ein Systemwechsel, der in eine wirtschaftliche, gesellschaftliche und schließlich politische Krise mündete. Die Entstehung des Neuen fand sozusagen im Passiv statt. Elite und Gesellschaft fühlten sich gedemütigt. Die Schuld an der Niederlage suchten sie nicht vor der eigenen Tür, man schob sie dem äußeren Feind, mit wachsenden Schwierigkeiten des Neubeginns indes immer verbissener auch vermeintlichen Verrätern und Feinden im Innern zu. Weimars Dolchstoßlegende – im Felde unbesiegt – war Produkt jener Verdrängungsschlacht an einer fiktiven Front. Machtverlust und Entwürdigung verliehen chauvinistischen und rassistischen Ideologien noch mehr Zuspruch, als sie ohnehin schon besaßen. Demokratie wurde zum Schimpfwort und schließlich zum Synonym für Scheitern. Parteien und Parlamentarismus blieben den Eliten verhasst. All dies ließ und lässt sich in Russland beobachten.

Andrej Illarionow, früherer Putin-Berater und Leiter des Instituts für ökonomische Analyse in Moskau, will beim Vergleich des jetzigen Russlands mit Staat, Wirtschaft und Gesellschaft im Nationalsozialismus auf rund 80 strukturelle Ähnlichkeiten und verwandte Tendenzen gestoßen sein: angefangen bei der Nationalisierung strategischer Wirtschaftszweige, deren Bündelung in einem Megaorgan, dem Wirtschaftsrat, personeller Verquickung von Politik und Wirtschaft, Konzentrationsprozessen der Machtapparate, Staatsumbau und Zentralisierung, bis hin zu Mobilisierungspraktiken, Ideologie und sozialpsychologischen

Prädispositionen in weiten Teilen der Bevölkerung.[35] Auf die verwandten Techniken der Massenmanipulation weist auch der Russlandexperte der Stiftung Wissenschaft und Politik (SWP), Heinrich Vogel, hin:

»Mit acht Jahren Verzögerung scheint sich eine Art Weimar-Syndrom einzustellen, das politisch eingefangen werden muss. Die gebetsmühlenhafte Wiederholung von Erinnerungen an die Traumata der Jelzin-Jahre und die Heldentaten Putins reicht auf die Dauer sicher nicht aus, um den wachsenden Unmut der Bevölkerung über steigende Inflationsraten, zunehmende soziale Spannungen und die schamlose Korruption auf allen Ebenen des Staates zu entschärfen. Diese Funktion könnte über den Wahlkampf hinaus die parteiübergreifend konzipierte Bewegung ›Für Putin‹ (dazu die Jugendorganisation ›Naschi‹) mit ihren üppig finanzierten Massenveranstaltungen, ihren chauvinistischen Parolen und ihrem absurden Feindbild erfüllen. Angesichts der Slogans dieser Bewegung fällt es schwer, Erinnerungen an die Propaganda der Nationalsozialisten beim Referendum nach dem Anschluss in Österreich im Jahr 1938 mit ihrem Motto ›Dein Ja dem Führer!‹ zu unterdrücken. Die Techniken faschistischer Massenmanipulation und Mobilisierung haben sich nicht verändert, und ihre Eigendynamik sollte nicht unterschätzt werden.«[36]

Trotzdem warnt der Autor davor, die historische Analogie zu weit zu treiben. Gleichartige Verlaufsmuster bedingen noch keine Gesetzmäßigkeit. Auch Illarionow hebt mehrere grundlegende Unterschiede hervor: Russland fehlt eine klar umrissene rassistische Ideologie, die offiziell zur Doktrin erhoben worden wäre. Die sogenannte Partei der Macht, »Vereinigtes Russland«, ist im Vergleich zur NSDAP keine organisierte und disziplinierte Massenpartei. Staatsapparate und Verwaltungen, die im Dritten Reich bis zum letzten Tag funktionierten, sind in Russland funktionsuntüchtig und seit Jahren in einem Zerfallsprozess begriffen. Im Unterschied zu Russland verfügte Deutschland damals auch nicht über gigantische Einnahmen aus dem Energieexport.

Exkurs: Das Großmachttrauma

Russland hatte 1990, anders als das Deutsche Reich 1918, keinen Krieg verloren. Dennoch wurde die Implosion des Imperiums als Niederlage empfunden. Wolfgang Schivelbusch hat in einer brillanten Arbeit untersucht, wie Nationen nach einem verlorenen Krieg mit der Verarbeitung dieser Niederlage umgehen.[37] Am Beispiel des besiegten Frankreichs 1871 und des Deutschen Reiches 1918 entdeckte er eine Reihe frappanter homogener Verhaltens- und Reaktionsmuster – auch in den Energieschüben, die Niederlagen freisetzen.

Russland durchlief seit 1990 ähnliche Phasen der Niederlagenverarbeitung, wie sie die Verlierernationen Frankreich und Deutschland erlebt hatten. Dies, obwohl die UdSSR im Felde nicht besiegt worden war und es nicht einmal einen offenen militärischen Konflikt gegeben hatte. Die sowjetische Planwirtschaft war der Systemkonkurrenz mit dem Westen nicht gewachsen.

Dem Trauma der Niederlage folgt eine kurze Phase der Verliererdepression. Ihr schließt sich eine längere Periode der Heilserwartung und Euphorie an. Schivelbusch nennt dieses Phänomen »Traumland-Zustand«. Die Ursache hierfür ist in der Regel der dem militärischen Zusammenbruch folgende innere Umsturz. Die Absetzung des alten Regimes und seine Umwandlung in den Sündenbock für die Niederlage werden dann als Sieg sui generis erlebt, und zwar umso überzeugender, je volkstümlicher der Aufstand ist und je charismatischer die Führer des neuen Regimes sind. Die Verlierer sind nicht nur bereit, sondern beflissen, das System der Siegernation zu kopieren. Mit der Übernahme des überlegenen Modells reklamiert der Unterlegene einen Teil des Sieges für sich.

Doch macht sich allmählich eine schleichende Desillusionierung breit. »Der Sieger hat uns vom Despotismus befreit, wofür wir ihm dankbar sind, aber jetzt kann er gehen«, ist die herrschende Auffassung dieser Phase. Wird aber offenbar, dass der

Sieger sich mit dieser Rolle nicht zufriedengibt, dass er die Nation nicht etwa als schuldloses Opfer einer Verführung, sondern als verantwortliches und haftpflichtiges Subjekt betrachtet, schlägt die Stimmung um. Die vorübergehend in Versöhnlichkeit verwandelte Gegnerschaft wird wieder, was sie zu Kriegsbeginn war, ja noch gesteigert durch das Gefühl, erneut betrogen worden zu sein. Im Traumlandzustand verblasst die Erinnerung an die realen Umstände des Zusammenbruchs, und autosuggestiv bildet sich die Überzeugung heraus, im Rahmen eines Gentlemen's Agreement und im Vertrauen auf die Ritterlichkeit des Gegners die Waffen freiwillig niedergelegt zu haben.

Am Ende der Traumlandperiode setzt Ernüchterung ein, und moralische Entrüstung reift heran. Der Umsturz wird neu bewertet und nicht mehr mit Befreiung und Erlösung gleichgesetzt. Seine Protagonisten finden sich plötzlich in ähnlicher Lage wieder wie die Vertreter des alten Regimes, die nun zum Gegenangriff blasen und den Umstürzlern vorwerfen, der Nation im kritischsten Moment in den Rücken gefallen zu sein, ja sie an den heimtückischen Gegner ausgeliefert zu haben. Die Vorstellung des Dolchstoßes wurde in Deutschland nach 1918 zum einflussreichsten antidemokratischen Verratsmythos.

Beim Individuum äußern sich psychodynamische Staus als Neurose. Das zu keinem Gegenschlag fähige Ich schafft sich eine ressentimentgeladene Ersatzwelt, in der es wütet und sich austobt. In der kollektiven Psyche übernehmen Mythen diese Funktion, die die Niederlage leugnen und eine paradiesische Zukunft verheißen. Gleichzeitig stecken Mythen aber auch Schutzzonen ab, die *citadelles sentimentales,* in denen sich Realität besser ertragen lässt. Meistens unterfüttern überbordender Nationalismus, Selbstisolation und Festungsdenken jene Heilsvisionen.

Russland windet sich zurzeit in dieser Phase und scheint den Kulminationspunkt der chauvinistischen Einigelung noch nicht erreicht zu haben. Dass Moskau im Zentrum des kommunis-

tischen Systems, der Produktion, und nicht im Felde besiegt
wurde, verleiht den Mythen noch mehr Wirkmächtigkeit. Der
Schock sitzt tiefer als bei einer sich langsam abzeichnenden
Niederlage an der Front. Moskau hatte sich schlechterdings zu
Tode gerüstet und sich mit dem Aufbau eines bescheidenen So-
zialstaats übernommen – einzig um sich Ruhe zu erkaufen, denn
auch die Kommunistische Partei kam in der Breschnew-Zeit
nicht umhin, dem unzufriedenen Bürger ein Quäntchen Wohlstand zu bieten. Die Haupteinnahme aus dem Rohstoffsektor
wirkte sich schon damals nachteilig aus, weil sie vom Energie-
preis abhängig machte und industriepolitisch zum Nichtstun
verleitete. Als der Ölpreis 1985 drastisch sank, geriet auch das
Sowjetreich ins Straucheln. Die Hintergründe des imperialen
Abstiegs wurden weder aufgearbeitet noch in der Öffentlichkeit
thematisiert. Die Politik habe zudem die Fehler nie eingestanden,
so der ehemalige russische Regierungschef Jegor Gaidar.

Sieg der Mystik über die Vernunft

Deutschland und Russland wird oft eine Wesensverwandtheit
nachgesagt. Auch Deutschland konnte sich bis ins 20. Jahrhundert nicht damit abfinden, nur ein Nationalstaat zu sein. Der
universale Anspruch auf das Heilige Römische Reich Deutscher Nation, dessen Auflösung Napoleon 1806 erzwang, wirkte
als Reichsmythos bis ins Dritte Reich fort. Der Reichsgedanke
war in höherem Maße theologisch aufgeladen als andere Reichs-
ideen wie etwa die des britischen Weltreichs. »Einzig der mittelalterliche Mythos von Moskau als dem Dritten Rom, dem Erben
von Byzanz und damit des alten Rom, weist viele Ähnlichkeiten
mit der deutschen Reichsidee auf und ist bis heute in Russland
politisch virulent.«[38] Als das Deutsche Reich nach dem Ersten
Weltkrieg zur parlamentarischen Staatsform überging, sah auch
die Mehrheit der Deutschen darin das Siegersystem, mit dem

es sich nicht anfreunden wollte und konnte. Das Dritte Reich war Gipfelpunkt der Auflehnung gegen die politischen Ideen des Westens, mit dem Deutschland vieles verband, gegen das es sich dennoch abgrenzte und auf einem Sonderweg der Entwicklung beharrte. Es war der lange Umweg eines vom Mittelalter geprägten Landes in die Moderne.

Menschen- und Bürgerrechte waren Deutschland nicht fremd. Jedoch im Unterschied zu England, Frankreich und den USA, wo jene Rechte Grundpfeiler der politischen Kultur bildeten, war die Tradition schwächer verankert als der Glaube an den langlebigen Obrigkeitsstaat.

Den Sonderweg zu propagieren hieß bis 1945, die deutsche Kultur der westlichen Zivilisation gegenüberzustellen und den deutschen Macht- und Obrigkeitsstaat zu rechtfertigen. Der Westen schalt Deutschland unaufhörlich wegen seiner Obsession für Untertanengeist und Militarismus. »Einen unauslöschlichen Todhass der politischen Demokratie … gegen uns, gegen unsere Staatseinrichtung, unseren seelischen Militarismus, den Geist der Ordnung, Autorität und Pflicht« sah beispielsweise Thomas Mann gegen das damalige Deutschland »am verfluchten Werke«.[39] Ähnlich bedrängt, bevormundet und unverstanden fühlt sich auch Russland heute. Demokratie nach westlichem Zuschnitt galt als mit dem deutschen Wesen nicht vereinbar. Erst die Trümmer des Zweiten Weltkriegs begruben den Mythos der überlegenen »Innerlichkeit« der »deutschen Seele« und die Reichsvision unter sich.

In Russland beherrscht die Idee der »russischen Besonderheit«, des zivilisatorischen Sonderweges zwischen West und Ost, inzwischen wieder die politische und intellektuelle Landschaft. Sie kommt in einer äußerlich etwas anderen Verpackung daher als in Weimar. Das Ressentiment gegen Demokratie, Pluralismus und eine als diffus empfundene, zersetzende Liberalität liegt jedoch beiden Sonderwegsdiskursen zugrunde.

Das Meinungsspektrum der Adepten »russischer Besonderheit« umfasst die gesamte politische Bandbreite, angefangen bei den Kommunisten über Neofaschisten, Neobolschewiken, die herrschende Vorhut im Kreml bis hin zur orthodoxen Kirche und den Eurasiern, für die Russlands soziokulturelle Wurzeln in Asien liegen. Selbst einst liberalere Kräfte können sich der Affinität dieses Konstruktes der Vormoderne nicht ganz entziehen. Der Sammelbegriff für das Anderssein ist die »Russische Idee«, aus der alle ideologischen Richtungen Legitimation für ihre politischen Vorhaben ableiten möchten. Die Idee ist zunächst in der ökonomischen Komponente anzutreffen, die dem Russentum ein besonderes Gemeinschafts- und Solidaritätsideal zuschreibt, das im *Mir*, in der Bauerngemeinde, und der *sobornost* (usprünglich ein orthodoxer Begriff: versammelte Gemeinde, Konziliarität, Gemeinschaft als symphonische Persönlichkeit, Einheit in der Vielfalt) bis ins 19. Jahrhundert vorgeherrscht haben soll. Sehr verkürzt enthält dieser Begriff die ethische Kritik am westlichen Individualismus. Die messianisch imperiale Variante versteift sich auf »Moskau als Drittes Rom«. Sie spricht dem russischen Volk eine quasi gottgegebene Vorbestimmung als Befreier der Menschheit zu. Im aktuellen politischen Geschäft verwendet der Kreml die Idee als patriotischen Patentkleber, der die atomisierte Gesellschaft zu einer Nation verleimen soll.

Die Debatte geht auf das 19. Jahrhundert zurück. Russland schickte sich damals an, im Konzert der europäischen Großmächte eine entscheidende Rolle zu übernehmen, erkannte aber auch den Aufholbedarf gegenüber der europäischen Zivilisation. Die Fragen »Wer sind wir?«, »Wohin gehören wir?« mündeten in eine vielschichtige, aber auch quälende Suche nach der eigenen Identität, die nach 200 Jahren immer noch gleiche Leidenschaften weckt und einer Antwort harrt. Die Debatte spaltete die Elite in zwei Lager, die »Westler« und die »Slawophilen«. Letztere deuteten das Entwicklungsgefälle gegenüber dem Westen langfristig als einen Vorteil. In der Ursprünglichkeit und Archaik

des russischen Landlebens glaubten sie die Zeichen einer überlegenen Zivilisation erkennen zu können, der weltgeschichtlich
noch eine messianische Aufgabe zufallen würde.

Die Westler waren sich der Rückständigkeit bewusst und
plädierten dafür, den europäischen Entwicklungspfad einzuschlagen. Gleichwohl verzichteten auch sie nicht auf eine spä-
tere Mission. Doch galt für sie: Erst einholen, dann überholen.
Wohlgemerkt: Der Gegensatz zu den Slawophilen war nicht so
unversöhnlich, wie er scheinen mag. Was Russlands Rolle als
Großmacht, Imperium, und den Umgang mit Macht generell
betraf, gab es keine nennenswerten Differenzen. Auch in den gegenwärtigen Auseinandersetzungen trifft dies unvermindert zu,
wird aber häufig übersehen, weil westliche Außenpolitik gern mit
Vereinfachungen arbeitet. Überdies war die politische und intellektuelle Elite, ob nun slawophil oder westlich, im 19. Jahrhundert an europäischen Hochschulen vornehmlich in Deutschland
ausgebildet worden. Sie teilte das gleiche ideengeschichtliche
Fundament. Die Slawophilen stützten sich auf die gedanklichen
Vorleistungen eines Herder, Schelling, Fichte und generell der
deutschen Romantik. Das philosophische Rüstzeug, mit der die
russische Besonderheit begründet wurde, war ausschließlich der
akademischen Asservatenkammer Europas entliehen worden.

Peter der Große hatte mit der Zwangseuropäisierung Anfang
des 18. Jahrhunderts einen Keil in den archaischen Volkskörper
getrieben. Er steckte die Aristokratie buchstäblich in westliche
Zwangsjacken mit dem Ergebnis, dass sie ihres Selbstverständnisses verlustig ging. Mitte des 19. Jahrhunderts zerfiel das Land
in eine (an-)europäisierte Oberschicht und Bauernmassen, die in
einer jahrhundertelang unveränderten Lebensweise verharrten.
Wie sollte man die beiden Pole unter einen Hut bringen? Wo-
rin konnte die Identität dieses polaren Gebildes bestehen? Was
stellte Russland eigentlich dar? Der slawophile Rückgriff auf die
Ursprünglichkeit des Dorfes war der Versuch einer Selbstfindung
und mithin die Geburtsstunde der Russischen Idee. Die Elite

wurde sich überhaupt erst ihrer russischen Herkunft bewusst.
Mit dem Dorf verband sie nichts. In welch schizophrener Lage
sich die Elite befand, lässt sich an der Person des Grafen Sergej
Uwarow ablesen. Der Minister für Volksaufklärung (1832–1834)
und langjährige Vertraute des Zaren Nikolaus I. verfasste eine
Staatsdoktrin, die als mustergültiges Beispiel politischer Reaktion in die Geschichte einging. Sie basierte auf den drei Pfeilern
Autokratie, Orthodoxie und Volkstum, die bis zur Machtergrei-
fung der Bolschewiki 1917 auch in Kraft blieb. Die patriotische
Standortbestimmung war in Französisch abgefasst. Russisch war
für die Elite ein eher fremdes Idiom.

Hätte man frank und frei »Verspätung« und »Rückständigkeit«
zugegeben, wäre dies in Europa als ein Eingeständnis der Schwäche aufgenommen worden, das den Großmachtaspirationen zu-
widerlief. So war die Russische Idee geboren. Man kann darüber
streiten, ob das Konstrukt auf eine klassische Überkompensation
von Unterentwicklung und Rückständigkeit zurückzuführen ist.
Einiges spricht zumindest dafür. Das System, das mit Kritik an
Zar und Zivilisation nicht zimperlich umging, trug auch noch
etwas zur Blüte der Idee bei:

Graf Benckendorff, der Chef der zaristischen Geheimpolizei,
den der Zar für unersetzlicher als sich selbst hielt, hauchte der
Uwarowschen patriotischen Standortbestimmung erst richtig
Leben ein: »Russlands Vergangenheit ist bewundernswert; seine Gegenwart ist prächtig; was die Zukunft betrifft, so wird sie
übersteigen, was sich die kühnste Vorstellungskraft auszumalen
vermag.«[40] Jeder wusste, woran er sich zu halten hatte. Wladimir
Putins Auffassung von Geschichte, die vor allem den nationalen
Stolz zu fördern habe, kommt dem bedenklich nahe.

Kein Wunder, dass die Ideenproduzenten mit historischen
Fakten, die die Besonderheit untermauern sollten, recht leger
verfuhren. Fachhistoriker, zugegebenermaßen im Ausland mehr
als im Inland, machen denn auch gravierende Einwände geltend.
Doch geht es gar nicht darum. »Die Idee einer Nation ist nicht

das, was sie von sich selbst in der Zeit, sondern was Gott über sie in der Ewigkeit denkt«, konstatierte Wladimir Solowjow, einer der führenden russischen religiösen Denker, in einem gleichwohl Europa wohlgesonnenen Schlüsselbeitrag zur Russischen Idee 1888. Ein halbes Jahrhundert nach Uwarow hielt Solowjow den Vortrag in Paris und in französischer Urfassung: »L'idée russe«.

Nikolaj Berdjaev, der bekannteste russische Religionsphilosoph des 20. Jahrhunderts, griff Solowjows Hypothese auf und legte 1946 im Pariser Exil das Grundlagenwerk zur Russischen Idee vor. Heute gehören Berdjaevs Arbeiten zum Standardrepertoire der konformistischen Intelligenz und Politik. Auch er müht sich nicht durch die Niederungen der Empirie: »Mich interessiert weniger, was Russland empirisch gewesen ist, als vielmehr die Frage danach, was der Schöpfer mit Russland beabsichtigt hat, die nur dem Geist zugängliche Gestalt des russischen Volkes, seine Idee.«[41]

Damit befasst sich inzwischen eine neue fächerübergreifende Disziplin, die Kulturologie, die an Schulen und Universitäten den Marxismus-Leninismus beerbte. Das Fach stieg in kurzer Zeit zur Königsdisziplin der Humanwissenschaften auf, was wohl nicht zuletzt darauf zurückzuführen ist, dass viele Kulturwissenschaftler in ihrem akademischen Vorleben Lehrmeister des dialektischen und historischen Materialismus waren und sich geschwind in Apostel des neuen Denkens verwandelten. Ziel der wieder »ganzheitlichen Wissenschaft« ist es, die Russische Idee aus der Eigenständigkeit und Einzigartigkeit der russischen Kultur herzuleiten. Das geschieht vor allem im Rückgriff auf die Ideen des 19. Jahrhunderts und verstärkt auch auf Werke der Emigration des 20. Jahrhunderts. Der diskreditierte Materialismus wurde gegen russisch-religiöses Denken ausgetauscht, das Schritt für Schritt deutlichere Umrisse einer Staatsideologie annimmt. So wird historische Kontinuität zwischen Zarenreich und Russischer Föderation gewahrt, hergestellt oder notfalls auch konstruiert. »Von der Spezifik der geografischen Verwur

zelung des russischen Imperiums und von der Funktion Russlands als Brücke zwischen Europa und Asien ausgehend, macht
die Kulturologie Russland zum Epizentrum der Geschichte. Der
Raum hat das Imperium überlebt, durch ihn erhält Russland seine Sakralität zurück. Eschatologisches und Geopolitisches treffen aufeinander.«[42]

Und der Verdacht kommt auf, wieder einmal stehe nicht Russlands Schicksal, sondern Russland als Schicksal auf der For-
schungsagenda. Auch Publizisten, Journalisten und Literaten haben die Kulturologie schnell für sich entdeckt und vereinnahmt.
Bedenklich stimmt allerdings, dass die Wissenschaft sich von der
Politik bereitwillig in Dienst nehmen lässt, deren Absicht offen-
kundig ist: Sie zielt darauf, den kulturellen Unterschied zwischen
Russland, dem Westen und dem Rest der Welt erneut politisch
aufzuladen.

Letztlich verfolgt auch die Mehrheit der Kulturwissenschaftler nichts anderes, als die marxistisch-leninistische Absage an
den westlichen Universalismus in neuem Gewande wiederaufzu-
legen. Besondere Aufmerksamkeit widmet die Forschung daher
vermeintlich spezifisch russischen Wertvorstellungen wie Ganzheitlichkeit, Geistigkeit und Gemeinschaftlichkeit.

Gibt es dieses »autochthone russische Denken« tatsächlich?
Der Soziologe Igor Smirnow gelangt bei dem Versuch, »Eigen-
arten des russischen Denkens« herauszuarbeiten, zu der Feststellung: »Geistige Werte der Orthodoxie« und ein »orthodoxes
Verständnis der Nation als kollektive Persönlichkeit mit eigener
geschichtlicher Destination« bestimmen russisches Denken, das
auf »Kommunalität« beruhe, den »Menschen nicht zum Subjekt
der Geschichte« erhebe und die »Logik von Fortschrittstheo-
rien« verwerfe. Auch »Systemlosigkeit und nichtakademischer
Charakter« seien Wesensmerkmale dieser Tradition, behaupten
die Autoren eines Handbuchs der russischen Zivilisation, die
denn auch mit Metaphern und Assoziationen jonglieren, statt
mit klaren Begriffen zu arbeiten. So verdichten – oder verflüch-

tigen – sich die ewigen Metaphern patriotischer Gebrauchslyrik
wie »russische Seele« und »russische Mentalität« zu einer vagen
»russischen Weltanschauung«. Das Handbuch entwirft schließlich einen Volkscharakter, aus dem sich bequem die jüngste innenpolitische Entwicklung rechtfertigen lässt. Quasi naturgemäß
zögen die Russen staatliche Zentralmacht der Demokratie vor
und verzichteten gern auf die Ausübung ihrer Freiheitsrechte. Ihnen sei ein Führer- und Persönlichkeitskult gleichsam angeboren.
Der Mensch als politisches Wesen und Subjekt der Geschichte
sei ein »hedonistisches«, unrussisches Konzept. Russisch hingegen sei das »kollektive Ich« mit einer patriarchalischen Orientierung, das bereitwillig »dem Staat die aktive Rolle« überlasse und
sich nach einem »starken Machtgefüge« sehne. Orientierung auf
und Heilssuche beim Staat sei unter Russen eine allgemein ver-
breitete Grundstimmung.

Dem Westen schreiben die eher literarischen denn streng wis-
senschaftlichen Traktate rationale, kühle, berechnende und individualistische Züge zu. Russland verkörpere ein »weibliches Prinzip«. Mit seiner Irrationalität stelle Russland einen Antipoden dar,
sei harmonieorientiert, symphonisch, nicht berechnend, agiere
emotional, neige zu Großzügig- und Maßlosigkeit und ziehe es
vor, in den Tag hinein zu leben. Das »Verständnis von Fortschritt
und Modernität« decke sich nicht mit dem westlichen.

Freilich ließe sich dies rational nicht begreifen, meint Smirnow, denn Verhalten sei im Bereich des Unterbewussten angesiedelt. Die Behauptung immunisiert nicht nur gegen Kritik von
außen, sie entbindet auch von Analyse und Selbstreflexion. Die
eigentliche Botschaft lautet daher: Nur ein Russe kann das wahre
Wesen – ja, wie soll man es nennen? – begreifen, erahnen, fühlen
oder verstehen. Das ist der Stoff, mit dem die junge Generation
in die Globalisierung entlassen wird.

Auch Deutschlands Verhältnis zum Westen fußte auf einem
unversöhnlichen Gegensatz, den die konservative Revolution in
die Formel »Kultur versus Zivilisation« presste. Das Gedanken-

konstrukt der Antimoderne reicherte den ideologischen Boden
für den Faschismus erst an.

Thomas Mann war einer ihrer wortgewaltigsten Vordenker,
der sich allerdings schon Anfang der 20er-Jahre von den zwischen 1916 und 1918 entstandenen »Betrachtungen eines Unpolitischen« distanzieren sollte. Gleichwohl bleiben sie eine wahre
Fundgrube für die Denkweisen des apolitischen Irrationalismus.
Manns Betrachtungen sind ein polemisches Manifest, dessen
lebensschwärmerisches Anderssein oder -seinwollen in vielem
vorausnimmt, worauf sich heute auch die Wortführer der Russischen Idee berufen.

Stünde in den »Betrachtungen« anstelle von »deutsch« und
»Deutschtum« »russisch« und »Russischsein«, könnte der Text
auch aus dem Fundus der Kulturologie stammen, deren Vorbehalte sich ebenfalls im Gegensatz von Kultur und Zivilisation
erschöpfen.

Bei Thomas Mann lesen wir:

»Der Unterschied von Geist und Politik enthält den von Kultur und Zivilisation, von Seele und Gesellschaft, von Freiheit
und Stimmrecht, von Kunst und Literatur; und Deutschtum, das
ist Kultur, Seele, Freiheit, Kunst und nicht Zivilisation, Gesellschaft, Stimmrecht, Literatur.« Da der Mensch nicht nur ein soziales, sondern auch ein metaphysisches Wesen sei, münde die
als Politisierung begriffene Demokratisierung der Gesellschaft
in deren geistlosen Zustand, in den der »Barbarei«. Die »deutsche Seele« strebt nach einer höheren »Kultur« …[43]

Mann nimmt daran Anstoß, dass die Zivilisation alle Lebensbereiche normiere. Demokratie sei ein auf formales Stimmrecht
reduzierter Mechanismus. Reflexion, Technokratie und Konkurrenz, Begriffe, die den Aufbruch in die Moderne markierten,
sind bei Mann negativ besetzt. Denn sie strahlen ebendiese
»kalte Ratio« aus, die auch die Kulturologen gegen den Westen
ins Feld führen. Da ist weder für deutsche Innerlichkeit noch für
russische kontemplative Geistigkeit Platz.

»Ehrfurcht vorm Geiste macht skeptisch gegen Aktionsprogramme zu seiner politischen ›Verwirklichung‹«, schreibt Mann und rechtfertigt damit den Obrigkeitsstaat und die politische Abstinenz der Intelligenz. Auf politische Enthaltsamkeit als nationale Tugend legen auch die Verkünder der russischen Eigenart Wert. Apodiktisch behaupten sie, dass politische Teilhabe, überhaupt Selbstverantwortung, dem nationalen Wesenszug nicht eigne.

Das deutsche konservative Denken wehrte sich nicht nur gegen Demokratie, es sprach dem Volk die Fähigkeit zum Wandel ab. Ein deutscher Demokrat konnte einfach kein Patriot, kein echter Deutscher sein. Eine Art genetischer Code wurde unterstellt, etwas, was auch in der russischen Diskussion präsent ist. Der Chefideologe des Kreml, Wladislaw Surkow, spricht offen von dem »genetischen Code unserer nationalen Kultur«, woraus sich die »Besonderheit der politischen Praxis« ableiten ließe.[44]

Mann weiter: »Die deutsche Demokratie ist nicht echte Demokratie, denn sie ist nicht Politik, nicht Revolution. Ihre Politisierung so, dass der Gegensatz Deutschlands zum Westen in diesem Punkt zum Verschwinden gebracht und ausgeglichen würde, ist Wahn. Ein solcher Umschwung, das leugnen auch seine Anhänger nicht, wäre durch Institutionen, Wahlrechtsreformen und dergleichen nicht zu bewirken: Nur eine seelische Strukturveränderung, die völlige Umwandlung des Volkscharakters, wäre vermögend, ihn herbeizuführen – und das ist freilich, was der deutsche *Sapadnik* (der Westler, Thomas Mann greift den russischen Kampfbegriff in Anlehnung an Dostojewski auf; Anm. d. Verf.) *wünscht* und woran er darum *glaubt* … Nie wird die deutsche ›Demokratie‹ etwas anderes sein – solange sie eben ›deutsche Demokratie‹, das heißt mehr ›deutsch‹ als ›Demokratie‹ sein wird. Nie wird er (gemeint ist: ›der deutsche Mensch‹; Anm. d. Verf.) unter dem ›Leben‹ die Gesellschaft verstehen, nie das soziale Problem dem moralischen, dem inneren Erlebnis überordnen. Wir sind kein Gesellschaftsvolk …«

Diese Annahme steht auch den Bemühungen Pate, eine russische – »souveräne« – Spielart von Demokratie zu etablieren.
Ein Wortspiel, das von der autoritären Zuspitzung ablenken
soll. Außerdem wird der »Volkscharakter« als Bollwerk gegen
nicht passgerechte, universalistische Ansprüche aufgefahren.
Dabei sekundiert dem Kreml die orthodoxe Kirche, die westlichen Werten ganz allgemein und der Allgemeinen Erklärung
der Menschenrechte im Besonderen eine unmissverständliche
Absage erteilt. »Orthodoxe Gläubige sind bereit, die Weltanschauung anderer Völker zu akzeptieren, aber sie können nicht
schweigen, wenn ihnen fremde Normen aufgezwungen werden,
die den Grundlagen des orthodoxen Glaubens widersprechen«,
sagte der für die Außenbeziehungen zuständige Metropolit Kyrill, der die kulturelle Eigenständigkeit von liberalen Einflüssen
bedroht sieht. »Wir wurden Zeugen, wie mit dem Konzept der
Menschenrechte Lügen und die Beleidigung religiöser und nationaler Werte gerechtfertigt werden.« Die Kirche wehrte sich mit
einer Erklärung »Orthodoxer Menschenrechte«, die auf Werten
wie »Glauben, Moral, Heiligtümer und Vaterland« beruhen. Sie
will damit den »fatalen Einflüssen aus dem Westen« entgegensteuern.[45]

Die »Betrachtungen« gipfeln schließlich in der Furcht, »bei
einem Zusammenschluss der nationalen Demokratien zu einer
europäischen, einer Weltdemokratie«, würde »von deutschem
Wesen nichts übrig bleiben, der deutsche Geist … in der von an-
gelsächsischem und romanischem Charakter geprägten Gesellschaft aufgehen und darin verschwinden, er wäre ausgetilgt, es
gäbe ihn nicht mehr«.

Dies ist auch die Essenz des ewigen russischen Rezitativs von
»wir« und »sie«. Eine Litanei, in der sich Enttäuschung, Empö-
rung und Ressentiment mit Existenzangst vermengen. »Unsere
gutmütige unpolitische Menschlichkeit ließ uns beständig wäh-
nen, ›Verständigung‹, Freundschaft … sei möglich«, meint Thomas Mann. Im Weiteren spricht er von Kränkungen, die tiefe

Wunden hinterließen und zu Überreaktionen verleiteten. Doch hielt es der Gedemütigte für nötig, sich zu erklären: Konservatismus sei nur Opposition … Deutschland argumentiere recht wahllos und gehe selbst zweifelhafte Bündnisse ein; es renne gegen die »Tugend an, deckt den ›Glauben‹ mit Zitaten zu, äußert sich herausfordernd über ›Menschlichkeit‹« – täte es dies doch allein, »um diesem Fortschritt zu opponieren, dem Fortschritt Deutschlands von der Musik (Kultur; Anm. d. Verf.) zur Politik«.

Verhält sich Russland nicht ähnlich? Geht es nicht auch »zweifelhafte Bündnisse ein« und äußert sich herausfordernd über »Menschlichkeit«?

Thomas Manns Betrachtungen gärten im giftigen Urschlamm des frühen 20. Jahrhunderts. Wladislaw Surkow hingegen ist Vizechef der Präsidialkanzlei Präsident Putins und ideologischer Vordenker des Kreml. Unter Putins Nachfolger Dimitrij Medwedew dürfte er noch weiter aufsteigen. Daher lohnt es sich, den Vorlesungszyklus nachzulesen, den der Chefideologe über Russland und dessen politische Kultur vor verschiedenen Auditorien im Laufe der letzten drei Jahre gehalten hat.[46] Auch Surkow beruft sich auf den Philosophen Berdjaev, der die russische Kultur in Abgrenzung zur »analytisch differenzierenden« des Westens als »religiös-synthetisch«, »intuitiv« und »ganzheitlich« definierte. Surkow lässt es dabei nicht bewenden, im Interesse der ideologischen Festigung des heutigen Russlands verschärft er den Gegensatz noch: »Synthese kommt vor der Analyse, Idealismus vor Pragmatismus, die Bildhaftigkeit vor Logik, die Intuition vor der Vernunft und das Ganze vor den Einzelheiten.«

Für die politische Praxis ergeben sich daraus drei russische Besonderheiten: »Streben nach Einheitlichkeit durch Zentralisierung der Macht«, »Idealisierung der Ziele im politischen Kampf« und die »Personifizierung politischer Institutionen«.[47]

Iwan Iljin — Hausphilosoph des Kreml

Die Anleitungen zur politischen Praxis stammen unterdessen aus
dem umfangreichen Werk des konservativen Philosophen Iwan
Iljin (1883–1954), der wie Berdjaev 1922 nach Berlin emigrieren
musste und wie dieser ein unermüdlicher Verfechter der Russischen Idee war. Der »weiße Konterrevolutionär« und »Künder
des neuen Russlands« Iljin gehört heute zu den meistgelesenen
und -diskutierten Philosophen. Sein voluminöses Werk fehlt in
keinem Buchgeschäft. Wer nicht gleich zur zwölfbändigen Werk-
ausgabe nebst Ergänzungsbänden greifen möchte, der mag mit
den kürzeren Traktaten über »Russischen Nationalismus«, »Weg
der geistigen Erneuerung«, »Unsere Aufgaben« oder, besonders
beliebt, »Warum wir an Russland glauben« auch in billigen bro-
schierten Ausgaben vorliebnehmen. Der 1954 im Schweizer Exil
gestorbene Iljin ist Russlands neuer nationalreligiös gewende-
ter Lenin. Delikat indes: Der ehemalige Staatsfeind avancierte
zum Künder der Zukunft in einem Land, dessen herrschende
Geheimdienstelite ungeniert wieder an die Traditionslinie zur
bolschewistischen Geheimpolizei »Tscheka« anknüpft, ebenjene, die den Philosophen zwangsexilierte. Iljin galt als besonders
flammender Antibolschewist und gehörte zu den Vertretern der
russischen Vorkriegsrechten, die im Berlin der Weimarer Zeit
umstandslos Anknüpfungspunkte mit der deutschen Nach-
kriegsrechten fand. Im Antibolschewismus, Antisemitismus und
in der Antibürgerlichkeit ergab sich ein gemeinsamer Nenner.
Ob Präsident Putin, Würdenträger der orthodoxen Kirche, Publizisten oder Staatskünstler – sie alle preisen Iljin als den weg-
weisenden Vordenker einer neuen Staatsideologie. Inzwischen
ruhen auch dessen sterbliche Überreste wieder in russischer Erde.
Präsident Putin nahm für die Überführung den in der Schweiz
ansässigen, halb flüchtigen Multimilliardär Wiktor Wechselberg
in die Pflicht, der auch den Nachlass erwarb. Müsste man den
Geist der Wiedererweckung in Zollikon anrufen, wo Iljin begra-

ben war, dann wäre die Geschichte schlichtweg nicht geschliffen rund.

So unverbraucht und einmalig sind Iljins Gedanken eigentlich nicht. Die Begeisterung für sein Werk mag in der stringenten Form zu finden sein, in welcher der zeit seines Lebens missionarische Monarchist die Leitlinien russischer Politik seit Putin vorwegnahm. Der »starke Staat«, die »Diktatur des Gesetzes«, die »Vertikale der Macht« – Leitlinien der sogenannten »gelenkten Demokratie« in der Kreml-Sprache, bei Iljin gleichwohl die Pfeiler der Monarchie – sind in bündigster Fassung dort vorformuliert. Auch die ewigen Vorbehalte gegen die zur Demokratie nicht befähigten Russen teilte Iljin. Für die Zeit nach dem Bolschewismus, von dessen Zusammenbruch er fest überzeugt war, verschrieb er zunächst eine »Erziehungsdiktatur«. »Möglichkeiten politischer Wahl« hielt er für »tödlich«, bevor das Volk nicht zum selbstständigen Denken in der Lage sei. »Bis dahin kann nur eine nationale, patriotische, keineswegs totalitäre, jedoch autoritäre – erzieherische und auferweckende – Diktatur das Volk lenken«.[48]

Die Zukunft sah er in der Monarchie. Ein »großes Volk« sei nur dank seiner »großen Führer und Schöpfer« groß. Sie weisen ihm den Weg und setzen Ziele. Daher sei es »ein Glück, einen Zaren zu haben«. Für die russischen »formalen« Demokraten hatte er dementsprechend nur Spott übrig. Sie seien nicht für Russland geschaffen, »ihr Platz ist in Dänemark, Holland oder Rumänien: Ihr intellektueller Horizont ist dem einer Großmacht nicht angemessen; sie zittern um die Reinheit ihrer sentimentalen, freiheitsliebenden, antistaatlichen Gewänder. Ihr Hang zu internationaler Solidarität, ihre Ergebenheit für traditionelle Losungen und ausgediente Schemata, die naive Überzeugung, die Masse des Volkes bestehe überall und immer aus geborenen und wohlmeinenden Demokraten, versieht ihre Leitung in einem postbolschewistischen Russland mit Hoffnungslosigkeit und Gefahr.«[49] Iljin hegte erhebliche Zweifel an der Demokratiefähigkeit seiner

Landsleute, schon weil er selbst der Demokratie grundsätzlich misstraute. Eine vertrauenswürdige und zentrale Führung des Staates hielt er deshalb für unumgänglich. Die Ordnung dieses Staatswesens gründet auf streng hierarchischen Beziehungen, die den Bedürfnissen der »russischen Seele« laut Iljin mehr entsprächen als jede demokratische Verfasstheit. Nicht verwunderlich, dass auch im Innern eine elitäre »Rangordnung« für klare Verhältnisse sorgen sollte. An vorderster Stelle nach dem Monarchen folgt in der Hierarchie die politische Elite, der ritterliche Züge eignen, die Rolle der orthodoxen Kirche sollte aufgewertet und die Intelligenz erst einmal einer geistigen Reinigung unterzogen werden. Auch die Anerkennung der Armee lag dem Anhänger der weißen Bewegung am Herzen. Über die Wiederbelebung der Monarchie strebte der hoffnungslos nostalgische Reaktionär eine Wiederherstellung »der organischen Ganzheitlichkeit und Harmonie« von Staat und Gesellschaft an.

»Der Staat ist, versteht man ihn richtig, kein Mechanismus der ›Nötigung‹ und ›gesellschaftlicher Konkurrenz‹, wie manche es sich vorstellen, sondern ein Organismus geistiger Solidarität«, schreibt Iljin in *Der Weg der geistigen Erneuerung* 1937, ein Jahr bevor er das nationalsozialistische Deutschland verlassen musste.

Mit anderen Worten: Volk und Staat bilden einen ganzheitlichen Organismus. Mit dem gleichen organizistischen Weltbild arbeiteten auch die Ideologen der konservativen Revolution und des Faschismus. »Wo das Organische dem Organisierten, das Gewachsene dem Gemachten vorgezogen wird«, ist Felix Phillip Ingold der Auffassung, braucht Geschichte den Menschen nicht als »künstliche« Triebkraft, sie kommt ohne seinen Zugriff aus. Was spricht daraus anderes als Schicksalsergebenheit? Geschichte wälzt sich mit Naturgewalt voran, und niemand wagt es, die Richtung der Walze zu korrigieren. Tatsächlich vermittelt Russland diesen Eindruck häufig. Wer die Walze auf sich zu rollen sieht und es gerade noch schafft, springt einfach zur Seite. Die Gleichgültigkeit gegenüber dem Geschichtsverlauf hebelt indes allgemeingültige Gesetzmäßigkeiten aus. »Die Evidenzformel 2×2=4 verliert ihre Geltung«, Niederschlag fand dies schon immer im russischen Philosophieren, das sich trotzig gegen die »Aggression von Begriffen und Konzepten« wehrt und nach einer im vorlogischen Raum beheimateten Wahrheit sucht. Denken wird dem Glaubenmüssen geopfert. Das nicht rationale Räsonieren gibt auch heute weder dem *ego* noch dem *cogito* eine Chance.

Gleichwohl verzichtet auch Iljin, wie schon seine bolschewistischen Gegner, nicht darauf, einen »neuen russischen Menschen« formieren zu wollen. Dieser neue Russe darf seine instinkthaften Antriebe entfalten, muss sie aber dem Geist unterordnen, der ihn zur Liebe »zu Gott, dem Vaterland und dem nationalen Anführer« geleitet. Eine Organisation vom Typ der alten mönchischen und kriegerischen Orden, eine »russische Ritterschaft«, sollte diese Aufgabe übernehmen. Die utopistische Idee erinnert an die Gedanken, die schon bei der Gründung des Russischen Ritterordens und anderer Geheimgesellschaften zu Beginn des 19. Jahrhunderts gehegt wurden.[50] Iljin galt als Kopf der utopistischen Solidaristen, die in Russland zur extremistischen Rechten zählten.

1934 fiel der seit 1923 in Berlin lehrende Philosophieprofessor in Ungnade, nachdem er sich geweigert hatte, mit den Nationalsozialisten zusammenzuarbeiten. Ein Jahr zuvor hatte Iljin, ein Verfechter des Führerprinzips, noch eine Eloge auf Hitler verfasst: »Hitler hielt den Prozess der Bolschewisierung Deutschlands auf und erwies ganz Europa damit den größtmöglichen Dienst«, so der Titel. Der Inhalt war den positiven Momenten des neuen nationalsozialistischen Geistes gewidmet, die da sind:

»Patriotismus, Glaube an die Einzigartigkeit *(samobytnost)* des deutschen Volkes und die Kraft des deutschen Genies, Ehrgefühl, Opferbereitschaft, die faschistische *sacrificio,* Disziplin, soziale Gerechtigkeit und die klassenlose, brüderlich-völkische Einheit. Dieser Geist ist das Wesen der ganzen Bewegung, der jedem ehrlichen Nationalsozialisten in seinem Herzen brennt und seine Muskeln anspannt, er klingt in seinen Worten nach und leuchtet auf in seinen Augen. Genug, diese überzeugten, besonders gläubigen Gesichter zu sehen, um zu verstehen, was sich im Wahren dort vollzieht und um sich zu fragen: Ja, gibt es in der Welt ein Volk, das nicht auch solch Geist und Begeisterung für sich erschaffen möchte? Kurzum, diese Begeisterung verbindet deutschen Nationalsozialismus im Wesen mit dem italienischen Faschismus, doch nicht nur sie allein, auch den Geist der russischen Weißen Bewegung.«[51]

1938 suchte Iljin vor den Nazis in der Schweiz Zuflucht. Die lange Zeit in der Emigration, enttäuschende Erfahrung mit dem Faschismus und 16 Jahre Exil in der liberalen Schweiz hinterließen im herrischen Denken des Solidaristen nicht eine flüchtige Spur. Im Gegenteil, je länger sich Iljin im Ausland aufhielt, desto verbissener zog er gegen den Westen zu Felde.

»Keiner von uns hat geahnt, in welchem Grad die organisierte öffentliche Meinung des Westens gegen Russland und die orthodoxe Kirche eingestellt ist ... Die westlichen Völker fürchten unsere Größe, unseren Raum, unsere Einheit, unsere wachsende Kraft, unsere geistig-seelische Lebensform ... unsere Wirtschaft, unsere Armee ...«, schreibt er Anfang der 1950er-Jahre in *O graduschtschei Rossii*. Scheinbar konnte der Sieg im Zweiten Weltkrieg, der Aufstieg der UdSSR zur Weltmacht den Philosophen mit dem verhassten aber fernen Regime dann doch ein wenig versöhnen. Imperium und Macht verbinden, darin gehen alle auf.

»Je dunkler die Finsternis, desto nützlicher ist meine kleine Laterne.« Iljin war sich seiner bescheidenen Ausstrahlung zu Lebzeiten bewusst. Heute irrlichtert er. An Utopien herrscht in Russland nie Mangel. Die utopischste Herausforderung dürfte es unterdessen sein, ein ganz normales Land zu werden. Noch hat sich kein Held gefunden.

Kapitel 4
GEOGRAFIE, GEOLOGIE, GESCHICHTE

»Im Herzen bin ich Republikaner: Vor allem aber muss Russland groß sein,
und so, wie es ist, kann nur ein Autokrat es stark und furchtbar machen.«

Nikolai Karamsin

Russen fühlen sich als Bürger einer Großmacht und gleichzeitig als Menschen zweiter Klasse. Der Stolz, das ressourcen-
reichste Land der Welt zu sein, mischt sich mit dem Gefühl, der
Welt außer Rohstoffen nicht viel bieten zu können. Oft klingt
die Klage an: Andere produzieren Hightech, wir holen Öl aus
dem Boden. Erzeugnisse der Rüstungsindustrie einmal ausge-
nommen, äußern sich die Menschen über die Qualität eigener
Produkte in recht abfälliger Weise. Es gibt kein Auto, das den
Namen verdient, kein Haushaltsgerät, keine Waschmaschine,
die vor dem russischen Verbraucher Gnade fände. Manchmal
geht die Verachtung bis zur Selbstleugnung. Ein Offizier im
Kaukasus führte uns zu einem im Zweiten Weltkrieg in den
Bergen abgestürzten deutschen Flugzeug. Nach einem längeren
Fußmarsch legte er das hohe Gras vorsichtig beiseite. Ein Generator lag dort, das Firmenschild »Krupp« war noch klar zu
erkennen, verchromte Bolzen funkelten in der Sonne. Andäch-
tig spielte er mit den leicht beweglichen Kolben und meinte
nach einer Weile kopfschüttelnd: »… und trotzdem haben sie
den Krieg verloren!« In seiner Verwunderung schwang vieles
mit. Technikehrfurcht, insbesondere vor deutscher »Wertarbeit«,
ein wehmütiges Eingeständnis, Vergleichbares hätte Russland
nicht, und schließlich die Erinnerung an eine Urgewalt – den
russischen Menschen und seinen Willen, der in Ausnahmesitu-
ationen Übermenschliches leistet, Logik sowie Verstand außer

Kraft zu setzen vermag – zu einem hohen Preis, nicht selten bezahlt er es mit dem Leben.

Warum gelingt es einem Volk nicht, das Raketen ins All schickt, präzise Technik für den Alltag zu produzieren? Metropolit Kyrill, der in der orthodoxen Kirche für die Außenbeziehungen zuständig ist, meinte in einem Interview Anfang der 1990er-Jahre: Nie werde der Russe einen Mercedes bauen. Warum nicht?, fragte ich erstaunt. Kyrill, Patriot, Antiwestler und ideologischer Flammenwerfer, meinte lakonisch: Das sei nicht er. Präzision, Hartnäckigkeit, Ausdauer, höchste und anhaltende Konzentration bei monotonen Arbeitsprozessen seien dem Russen fremd. Ich verstand das nicht. Mir schien das seltsam, ausgerechnet aus dem Munde dieses musterhaften Patrioten solch abschätzige Worte über das eigene Volk hören zu müssen. Die Jahre vergingen, und Russland baute tatsächlich keinen Mercedes. In keiner anderen Stadt der Welt fuhren unterdessen so viele Benz der S-Klasse wie in Moskau. Wer etwas auf sich hielt, stieg in einen »Mers«. Was der Patriarch verschwiegen hatte: Natürlich sind die Russen zu Qualitätsarbeit in der Lage. Sie müssen nur wollen und einen Sinn sehen. Ein Pkw ist derartiger Anstrengungen nicht wert. Auch wenn man es für unter seiner Würde hält, auf eine andere Marke umzusteigen. Eine Sojus-Rakete in den Kosmos zu schicken, vor den Amerikanern da zu sein, das ist gleichwohl eine lohnenswerte Aufgabe. Anderen zeigen, was eine Harke ist – wir können es nicht nur, wir machen es sogar besser. Ausnahmen, die das nationale Prestige fördern, der Vaterlandsverteidigung dienen, ein Vorstoß in neue Welten und einfach mal drauflos erobern wie der General in Usbekistan. Wir stehen vor Taschkent, aber ich weiß gar nicht, wieso. Alles andere ist eher ermüdend und spießig.

Die Vision Energie-Weltmacht ist auch aus der widersprüchlichen Empfindung von Stolz und Rückständigkeit geboren worden. Die territoriale Größe bestimmt seit Jahrhunderten Russlands politisches Selbstverständnis. Die Kombination aus politischer Bedeutung, räumlicher Größe und Naturressourcen prägte überdies eine eigensinnige metaphysisch-philosophische Weltsicht. Geografie und Herrschaft gehören im russischen Denken zusammen und bedingen sich gegenseitig. Als das Zarenreich unter Peter dem Großen Anfang des 18. Jahrhunderts zum Kreis der europäischen Militärmächte dazustieß, wurde die räumliche Dimension zum identitätsstiftenden Wesensmerkmal. Fortan leitete das Zarenreich aus seiner Größe die Überlegenheit gegenüber der europäischen Konkurrenz ab. Aus der End- und Grenzenlosigkeit, der Unfassbar- und Unfasslichkeit des Raumes kristallisierte sich allmählich eine Ideologie heraus, die das kollektive Bewusstsein bis heute beherrscht. Der Raum erlangte Bedeutung ohnegleichen und wurde zu einem Topos, dessen Erklärungsgehalt bald alle Sphären des sozialen und kulturellen Lebens durchwirkte. In der Ausdehnung wurde gemeinhin der maßgebliche Faktor gesehen, der den russischen Zivilisations- und Mentalitätstyp formte. Erst wer dies anerkannte, konnte auch Russland verstehen. Geschichte ereignete sich somit unter dem Diktat des Raumes, der sich aufgrund seiner Dimensionen die Zeit unterworfen hatte. »Für die Existenz Russlands wurde der Raum wichtiger als die Zeit. Der Rhythmus der Geschichte musste sich gegen den Raum und dessen Widerstand durchschlagen.«[52] Das klingt anstrengend und dramatisch und konnte nicht ohne Auswirkungen auf die nationale Mentalität bleiben. Wo die Energie des Menschen in die rastlose Aneignung freier Erde investiert wird, reicht am Ende die Kraft nicht mehr, die »Freiheit der Erde« zu gestalten. Seit Mitte des 15. Jahrhunderts dehnte sich Russland in 400 Jahren von 0,4 Millionen auf 21,6 Millionen Quadratkilometer aus, und die Bevölkerung stieg von 2,5 Millionen damals bis zum Beginn des 20. Jahrhunderts auf 151 Millionen Einwohner.

»Hätten wir uns nicht von der Beringstraße bis zur Oder ausgebreitet, man hätte uns nicht einmal bemerkt«, schrieb der adlige Publizist Pjotr Tschaadajew in den 20er-Jahren des 18. Jahrhunderts. Er war der erste Russe, der auf den Zusammenhang zwischen zügelloser Landnahme und mangelhaftem Gestaltungswillen in Staat und Gesellschaft hinwies. Seine beiden Traktate über den Stand der Zivilisation in Russland – zunächst dargelegt in den *Philosophischen Briefen an eine Dame* (1829) und sieben Jahre später in der *Apologie eines Wahnsinnigen* – waren schnörkellose Bestandsaufnahmen: »… heutzutage bilden wir … eine Lücke in der intellektuellen Weltordnung«, und »… in unserem Blut steckt etwas jedem Fortschritt Feindliches«, das war der Beginn einer leidenschaftlich geführten Diskussion. Tschaadajew musste dafür zahlen: Zar Nikolaus I. erklärte ihn für verrückt und verhängte ein Publikationsverbot. Tschaadajews ungeschlachtes Russland, das sich der Geschichte verweigerte, passte nicht zum Selbstbildnis der Monarchie, die Europa von Napoleon befreit hatte. »Für uns existiert geschichtliche Erfahrung nicht; Geschlechter und Jahrhunderte sind ohne Nutzen für uns verflossen. Wir haben … in keinerlei Weise an dem Fortschritt der menschlichen Vernunft mitgewirkt, und alles, was zu uns von diesem Fortschritt gelangt, ist entstellt.« Wohl kaum könne Russland als »Teil der historischen Menschheit gelten, wenn es dieser nur einige Blätter der Geographie vorzuweisen hat … Wir wachsen, aber reifen nicht, bewegen uns vorwärts, aber auf einer schiefen, d. h. zu keinem Ziele führenden Bahn.«[53]

Die Macht der Geografie hatte schwerwiegende Folgen für die Entwicklung Russlands. Eingezwängt zwischen unwirtlicher Natur und autokratischer Herrschaft, ergriff der Untertan lieber die Flucht, um der Verknechtung zu entkommen, als sich Rechte zu erkämpfen. Zwar rettete ihn die Weite, aber sie befreite auch von der Beschwerlichkeit zivilisatorischer Mühen. Der Raum trug über die Kultur den Sieg davon, was sich in einem »kompletten Fehlen des öffentlichen Willens« äußerte.

Geschichte sei in Russland auf tausend Quadratkilometern nicht messbar, befand anderthalb Jahrhunderte später auch noch der Sowjetdissident Boris Chasanow nach dem Scheitern der zivilisatorischen Großanstrengung des Kommunismus. Es gebe ein Faktum, befindet Tschaadajew, »das unseren Gang durch die Jahrhunderte beherrscht, das unsere gesamte Geschichte durchwirkt und gewissermaßen ihre ganze Philosophie enthält, das in allen Epochen unseres Gesellschaftslebens gegenwärtig ist und ihren Charakter bestimmt; ein Faktum, das zugleich das Wesenselement unserer politischen Größe und die wahre Ursache unserer geistigen Ohnmacht ist: das geographische Faktum«.[54] Geografie und Geschichte werden zu einem Synonym. Der Horizont der unendlichen flachen Tiefebene und Steppe ohne landschaftliche Markierungen, der konturlos in den Himmel überzugehen scheint, wirkt auf den Menschen wie ein Magnet und verleitet dazu, Paradies und Heil hinter dem Horizont in einem utopischen Traumland zu suchen. Es konnte nie genug sein, der paradoxen Formel folgend: Je mehr, desto mehr. Sobald ich genug habe, warum soll ich nicht zu viel haben?[55] Gleichwohl fühlte sich der Russe nicht als der Bezwinger und Organisator des Raumes, es war eher der Raum, von dem er sich konditionieren ließ. Fast alle namhaften russischen Historiker des 19. Jahrhunderts sahen in Geografie, Natur und Ausdehnung die entscheidenden geschichtsbildenden Faktoren, die auch Charakter und Mentalität des Russentums beeinflussten. Zum übermächtigen Raum gehörte gleichsam auch ein übermächtiger Staat. Die Autokratie formte die Wesenszüge der Menschen nicht weniger als der schwer kultivierbare Boden.

Im Zusammenhang mit Lebensweise und Charakter erhält die Raummetapher eine metaphysische Dimension. Die »breite Natur« – *schirokaja natura* – wurde zu einem Charaktermerkmal des »russischen Menschen«. In dessen Zügellosigkeit, Unbeständigkeit und Maßlosigkeit glaubte auch die Literatur das Pendant zur grenzenlosen Natur erkannt zu haben. Hin- und hergerissen waren die Literaten. Sollten sie diese breite Natur, deren Hohelied sie sangen, einengen und zähmen – kurzum »europäisieren«,

erziehen, sie maßhalten lehren, damit sie eines Tages auch zivilisatorische Leistungen vollbrächte?

»Wir sind weite Naturen, Naturen, die fähig sind, alle möglichen Widersprüche in sich zu vereinigen und zu gleicher Zeit
beide Abgründe zu erfassen, den Abgrund über uns, den Abgrund der höchsten Ideale, und den Abgrund unter uns, den Abgrund der schändlichen Gesunkenheit«, lässt Fjodor Dostojewski einen seiner Protagonisten einmal in *Die Brüder Karamasow*
räsonieren. An anderer Stelle gesteht sich der Dichter in jener
typischen Melange aus Stolz und Furcht das Erschrockensein
über sich selbst ein: »Ich vermag mich nicht zu beherrschen.«

Das Anarchische, das Formlose wird zum Attribut der »russischen Seele« und einer buchstäblich flüchtigen flüchtenden
Lebensweise. Sie entzieht sich der äußeren Formbarkeit, solange es geht. Begegnet ihr Zwang, übt sie mit gleicher Inbrunst
Demut.

Das Leben in der Steppe habe die Menschen daran gehindert,
feste soziale Bindungen einzugehen und eine tragfähige staatliche Ordnung zu schaffen, meinte der Staatswissenschaftler Boris Tschitscherin: »Alles gab sich der Ausschweifung hin, alles
zerfloss in diesem unumgreifbaren Raum, der den menschlichen
Interessen so wenig Nahrung bot.«

Es sei keine leichte Sache gewesen, ein wanderndes Volk staatlich zu verwalten. Bis ins ausgehende 18. Jahrhundert war die
Mehrheit bestrebt auseinanderzulaufen, sodass die Suche nach
den Entlaufenen zur vordringlichen Aufgabe des Staates wurde.
Nur ein starker Staat war in der Lage, den Menschen aus seiner naturbelassenen Welt und Lebensweise herauszuführen und
ihm eine politische Ordnung überzustülpen. Das machte die
Menschen aber nicht gleich zu tauglicheren Staatbürgern. Die
Trennung von Gesellschaft und Staat wurde nicht überwunden,
der Einzelne fühlte sich diesem Leviathan gegenüber ohnmächtig. Sein Geschick war ihm gleichgültig. »Der Zar ist weit, und
der Himmel ist hoch«, heißt es in einem der vielen russischen

Sprichwörter, die durch Staatsferne auch den rechtsfreien Raum beschreiben. Die räumlichen Gegebenheiten leisteten einer staatsfremden und -feindlichen Haltung Vorschub, die der Staat wiederum durch Hyperzentralisierung, Zwang und Bürokratisierung zu kompensieren suchte. Dieser Maschine war der Bürger nicht gewachsen, ihr stand er ohnmächtig gegenüber. »Die traurige Konsequenz des russischen Drangs zur Erde bis an den Horizont – das war der Ausstieg aus dem Staat, seine Negierung. Wer vor der Pflicht davonlief, vernachlässigte auch seine Rechte ... Die Aneignung der unbegrenzten Weiten – in der Landwirtschaft, bei Rohstoffen und der Industrie im 20. Jahrhundert – gab den extensiven Charakter des Wirtschaftens vor, formte die politische Kultur und die Psyche des Volkes. Streit an einer Grenzfurche indes wäre Beweis eines funktionierenden Rechtsmechanismus in Ort und Zeit. Die Mark kannte hingegen weder Maß noch Grenzen.«[56]

Erst in der Konstruktion des Imperiums wird diese Ohnmacht aufgehoben, das überdimensionale Reich konstituiert das Volk als einen Kollektivkörper, in dem das Individuum aufgeht. Es identifiziert sich mit dem Imperium – dem Raum, der grenzenlosen Heimat –, nicht eigentlich mit dem restriktiven Staat. Das macht die Großmachtideologie in Russland jedoch jederzeit abruf- und instrumentalisierbar. Gleichwohl ist das Imperiale nur der äußere, machtpolitisch rationalisierte Rahmen eines viel tiefer liegenden soziokulturellen Impulses.

Im 20. Jahrhundert trat zur Geografie die Geologie hinzu. Seit der Stalinzeit ergänzte und unterfütterte auch der Ressourcenreichtum den sowjetischen Anspruch auf Weltgeltung. Rohstoff- und Energievorkommen waren wie der Raum zumindest im Bewusstsein in ebensolchen unbegrenzten Mengen vorhanden. Die rücksichtslose Ausbeutung der Bodenschätze und die Zügellosigkeit der Landnahme scheinen einem ähnlichen Impetus zu folgen.

Daran knüpft der Kreml zurzeit mit dem Projekt »Energie-

Großmacht« an und wird von einer Mehrheit des Volkes darin auch unterstützt. Doch kommt auch diese Vision nicht ohne Feindbild aus. Wieder muss der »Westen« als zivilisatorischer Gegenentwurf herhalten. Diesmal soll er es auf die Bodenschätze abgesehen haben. Das alte Rom musste die Welt erobern, um sich zu verteidigen. Russland muss sich die Welt zum Feind machen, um sich zu vergewissern, dass es nicht allein auf Erden ist.

Die Geschichte des alten Russlands war auf Expansion und Erhalt des Imperiums ausgerichtet. Mit dem Zusammenbruch der Sowjetunion kam indes auch das extensive Entwicklungsmodell zum Erliegen, dessen Wachstum auf dem Einsatz von immer mehr Ressourcen und Arbeitskräften beruhte, ohne die Arbeitsproduktivität maßgeblich zu steigern. Die Modernisierungsversuche Peters des Großen und auch Josef Stalins rund 220 Jahre später bewegten sich im traditionellen Modell des extensiven Wirtschaftens. Es gelang ihnen jeweils, den militärisch-technologischen Rückstand zum Westen vorübergehend aufzuholen und die Entwicklung einer höheren technologischen Stufe anzupassen. Das System war aber nicht in der Lage, aus sich heraus Bedingungen für innovatives Wirtschaften zu schaffen. Periodisch geriet Russland daher immer wieder in Rückstand, während in vielen staatsfernen Bereichen Unterentwicklung ein dauerhaftes Phänomen blieb. Diese Phasen traten seit der Kiewer Rus periodisch immer wieder ein. Der »einzigartige historische Weg«, der den Großmachtstatus sicherte und den die Traditionalisten wieder ansteuern, war von nationalen Katastrophen gesäumt, deren letzte der Kollaps des Imperiums war.[57] Das extensive Modell verhindert nicht allein innovatives Wirtschaften, es blockiert auch die Ausgestaltung einer effektiven politischen Kultur und trägt nichts dazu bei, dass sich Gemeininteressen und öffentliche Verantwortung formieren und artikulieren können. Gemeininteresse entsteht nur im Verteidigungsfall, wenn der Staat von einem äußeren Feind bedroht ist. Auch dann aber nur, wenn die politische Herrschaft mobilisiert. Rechtliche Mechanismen, die Staatsmacht und Volk konsolidieren hülfen und ein Regelwerk schafften, um individuelle Freiheiten, Staatsauftrag und Verantwortung auszutarieren, können unter diesen Bedingungen nicht entstehen. Die Verrechtlichung von Staat und Gesellschaft gelangte über Rudimente nicht hinaus. Steckt der Staat in einer Krise oder gerät das Modell in eine Sackgasse, steht kein Reservoir zu seiner Erneuerung bereit. Dieses Problem zieht sich von der Kiewer Rus über Peter den Großen, die Sowjetunion bis ins heutige Russland, ohne dass jemals eine Lösung gefunden worden wäre.

Das extensive Modell beruht überdies auf der Annahme eines permanenten Kriegszustandes. Kampf und Krieg können indes nur erfolgreich geführt werden, wenn an der Spitze des Staates ein einziger Mann steht, der über eine rigide Befehlsvertikale gebietet.

Bilden sich in solch einem Modell plurale und private Interessen heraus, untergraben sie die Stabilität des Systems und stellen den Lenkungsmechanismus infrage. Die politische Führung sieht sich genötigt, den Obrigkeitsstaat immer wieder von neuem zu monopolisieren. Putin nennt es die »Vertikale der Macht«. Weder Peter der Große noch Stalin, noch Putin haben aber den Kern des Gemeinwesens modernisieren können. Die Erneuerung blieb äußerlich, rettete dem altersschwachen Patienten jedoch das Überleben. Die Tinkturen bezog man aus dem Westen.

Die kruden Lenkungsmechanismen haben sich erhalten, die Herrschaftsformen legten sich höchstens andere Bezeichnungen zu. Nach wie vor ist Modernisierung daher ein von oben verordnetes Projekt. Schon in der Endphase der UdSSR erwies sich das Hauruckverfahren als inadäquat, um technologischen Abstand wettzumachen und den Westen zu überholen, wie es der Generalsekretär der KPdSU, Nikita Chruschtschow, in der 1960er-Jahren noch versprochen hatte. Damals wie heute sichern nukleares Abschreckungspotenzial und Bodenschätze die staatliche

Souveränität und garantieren wirtschaftliches Überleben. Dies
kaschiert aber den grundlegenden Systemfehler. Nicht zuletzt
ging die Sowjetunion an ihrer mangelnden Innovationsfähig-
keit zugrunde. Das System strebte die Entropie an. »Entropie
aber bedeutet Tod. Und so findet die Sowjetunion die zum Leben erforderliche Energie in der Expansion, in der Außenpolitik.
Die Expansion wird somit zur einzigen Lebensform des reifen
Sozialismus. Die sowjetischen Führer sind dem Westen gegenüber feindselig eingestellt und verweigern ihm das Existenzrecht ... Sie brauchen den Westen als Hassobjekt, als potenzielle
Beute, gleichzeitig ist er für sie unentbehrlich als einzige Quelle,
die ihnen hilft, ihre ›vorübergehenden‹ chronischen Schwierigkeiten zu überwinden.«[58]

Wladimir Putin fror das gesellschaftliche Modernisierungs-
projekt mit der Begründung ein, den in den 1990er-Jahren ge-
schwächten Staat stärken zu müssen. Herausgekommen ist ein
autoritärer Bürokratismus, der schon im Interesse des inneren
Machterhalts Reformen hintertreiben muss. Der Rohstoffboom
verleitet die Elite zur Annahme, der Geldsegen allein erlaube es,
auf dem alten Gleis weiterzufahren. Langfristig dürfte der Irr-
glaube Russland in die Bedeutungslosigkeit treiben. Die techno-
logische Aufrüstung unterliegt heute noch schwierigeren Bedingungen als in der Vergangenheit. Russland braucht den Westen:
Das ist nicht zuletzt Anweisungen des Geheimdienstes FSB zu
entnehmen, der seine Agenten dazu anhält, die Industriespio-
nage zu forcieren. Durch Konfrontation mit dem Westen würde
sich Moskau den Ast absägen, auf dem es noch sitzt.

Die imperial ausgerichteten Traditionalisten im Kreml orien-
tieren sich am autoritär-orthodoxen Ideal des Moskaus aus der
Zeit vor Peter dem Großen. Damals fußte die nationale Idee auf
dem Anspruch Moskaus, als »Drittes Rom« die Nachfolge von
Byzanz anzutreten. Die Idee mauserte sich schnell zur imperialen Ideologie, die sich mithilfe der orthodoxen Kirche durch
die Liquidierung aller persönlichen Freiheiten im Denken wie

im Sein auch durchsetzen ließ und die Gesellschaft militarisierte. Das »Dritte Rom« blieb jedoch ein Traum. Was die Wortführer der Traditionalisten vergessen: Das autoritär-orthodoxe Ideal bediente die historische Trägheit – erst die Begegnung mit dem technologisch fortgeschrittenen Europa löste 200 Jahre später die petrinischen Reformen aus. Sonst wäre Moskowien untergegangen.

Die Herausforderung

Russland steht vor einer Schicksalsentscheidung. Das offenbarte die Reaktion des Kreml auf die Orange Revolution in der Ukraine im Spätherbst 2004, als sich der Nachbar entschied, dem westlichen Entwicklungsparadigma zu folgen, und sich gegen den Wahlbetrug der Bürokratie bei den Präsidentschaftswahlen zur Wehr setzte. Natürlich spielte auch die geopolitische Komponente im erbitterten Auftreten Moskaus gegen die friedlichen Revolutionäre eine Rolle. Nachhaltiger wirkte aber die verschwommene Einsicht, dass der Nachbar erfolgreich die imitierten Formen der Demokratie und des Rechtsstaates nach russischem Vorbild abwerfen würde. Die Niederlage signalisierte mehr als einen vorübergehenden Einflussverlust. Zwei zivilisatorische Modelle traten gegeneinander an, das russische zog in dem Konflikt den Kürzeren.

In Russland wurde in den 1990er-Jahren das auslaufende extensive Modell mit westlichen Rechts- und Demokratieinstitutionen gekreuzt. Heraus kam eine Quasidemokratie, die weder Vorherrschaft des Rechts noch Menschen- oder Bürgerrechte achtete, diese aber lange auf ihren Lippen führte.[59] Die Scheinmodernisierung, das zeichnet sich inzwischen ab, legt die Demokratisierung für mindestens zwei Jahrzehnte auf Eis. Gleichzeitig blockiert die Imitation aber auch die Umsetzung des Großmachttraums, denn dieser würde in einer unterentwickelten Ökonomie und

apathischen Gesellschaft einer Lenkung und Anstrengungen
nach totalitärem Vorbild bedürfen. Dazu fehlt der politischen
Elite trotz allen Säbelrasselns und chauvinistischer Großspurig-
keit noch der Wille. Andererseits könnte die Scheinmodernisierung, die ein Minimum an Legitimität verlangt, auch vor einem
Kreuzzug im Namen von Öl und Seele Schutz bieten.

Für den Soziologen Georgi Derlugian ist der Zusammenbruch
der UdSSR 1989 mehr als ein Scheitern des bolschewistischen
Projekts. Mit dem Niedergang endeten tausend Jahre russischer
Geschichte, in denen der Staat der zentrale Motor der gesellschaftlichen Entwicklung war. Drei Mal, unter Iwan IV., Peter I.
und unter Stalin, wurde auf ein militärisch-bürokratisches Imperium aufgebaut, um ausländischen Entwicklungen nachzueifern
und den eigenen Expansionismus voranzutreiben. Anfangs immer erfolgreich, wurde es jedes Mal von überlegenen Mächten
zerschlagen. Die letzte Niederlage begrub das Modell, weil sie
nicht auf dem Schlachtfeld, sondern auf dem Marktplatz beigebracht wurde. Die traditionellen staatsbildenden Faktoren Russlands seien von der Umwandlung der Weltwirtschaft in Kürze
einfach entwertet worden. »Der Kapitalismus im Globalisie-
rungsmodus ist antithetisch zu den merkantilen bürokratischen
Imperien, die sich auf die Maximierung militärischer Macht und
geopolitischen Wurfgewichts spezialisierten – ebenjene Ziele, in
die russische und sowjetische Herrscher jahrhundertelang verstrickt waren.«[60]

Mobilisierung in Wirtschaft und Gesellschaft — Modernisierung und Rückständigkeit

Bis 2015 strebt Russland in der IT-Technik eine globale Füh-
rungsrolle an. Auf einer Sicherheitsratssitzung im Juli 2007 forderte Präsident Putin Staat, Unternehmer und Zivilgesellschaft
auf, Anstrengungen zu bündeln. Informationstechnologie sei ein

sensibler Bereich der nationalen Sicherheit, weshalb die Abhängigkeit von importierter Technik reduziert werden müsse. Eine Kommission wurde ins Leben gerufen. Putin hatte 2004 bei einem Besuch im indischen Bangalore für das IT-Wunder Feuer gefangen und damals schon den Aufbau einer eigenen Branche zur nationalen Aufgabe erhoben. Weltweit fänden die talentierten russischen Informatiker Anerkennung, warum sollten sie ihre Fähigkeiten nicht für Russlands Interessen einsetzen, meinte der Kreml-Chef zu Recht. Die Krux indes: Russische Experten arbeiten im Ausland oder sind für ausländische Auftraggeber in Russland tätig. Drei Jahre nach dem ersten Vorstoß Putins hatte sich im IT-Bereich nichts bewegt. Im Streit um Kompetenzen und Finanzen blockieren sich die Bürokratien gegenseitig. »Jeder hat eigene Vorstellungen, wie sich die Industrie entwickeln soll«, meint Alexej Sucharew, Chef des US-IT-Unternehmens Auriga, das in Russland entwickeln lässt. »Gute Absichten in den Chefetagen sind vorhanden. Was am Boden passiert, ist eine ganz andere Geschichte.« Hervorragende Fachkräfte können gegen ökonomische und einengende politische Rahmenbedingungen nichts ausrichten.

In der gleichen Sitzung gab Putin seinerzeit noch eine Order aus: Alle russischen Ortschaften sollten bis 2009 mit wenigstens einem gewöhnlichen Telefonanschluss ausgestattet werden. Als der Kreml-Chef sein Amt im Jahr 2000 antrat, waren 53 000 von 150 000 Dörfern und Siedlungen mit dem Rest des Landes noch nicht verkabelt. Heute schaut Russland auf einen seit sieben Jahren anhaltenden Ölboom zurück. Nach offizieller Darstellung sind jedoch 40 000 Orte immer noch nicht versorgt. 13 000 wurden in sieben Jahren auf den technischen Stand des Europas vor 100 Jahren gebracht. Die 40 000 noch fehlenden sollen in anderthalb Jahren folgen …

Beide Projekte werden wohl nie über das Stadium der Absichtserklärung hinausgelangen. Die Bevölkerung erwartet dies auch nicht. Sie ist Missachtung gewohnt und lebt wie ihre Vorfahren vor hundert Jahren. Sie freut sich aber allein darüber, dass ihrer überhaupt gedacht wird.

Die beiden Projekte umspannen rund 120 Jahre Technikgeschichte. Eigentlich müsste diese Differenz an sich schon den gravierenden Rückstand aufzeigen und für die mangelnde Leistungsfähigkeit des Systems sensibilisieren. Die Diskrepanz zwischen Anspruch auf Führung und Wirklichkeit wird selten erkannt und so gut wie nie benannt – wohl weil das die Norm darstellt.[61]

Gleichzeitigkeit des Ungleichzeitigen kennzeichnet »nachholende Zivilisationen«, die aufgrund ihrer Selbstgenügsamkeit nur ein schwaches Sensorium für Rückständigkeit entwickelt haben. Der von außen herrührende Anpassungsdruck wird von der politischen Elite als Auftrag nach unten in die Gesellschaft durchgereicht, die den Vorsprung anderer Gemeinwesen nur vom Hörensagen kennt. So kamen die russischen Bürger auch selten in den Genuss, die Früchte der Modernisierungen selbst zu ernten. Der Rüstungsindustrie blieben sie meist vorbehalten und waren damit auch geheim. Moskaus Großmachtpolitik ging von jeher auf Kosten der inneren Entwicklung.

Selbst das Programm der Verwestlichung Peters des Großen beschränkte sich auf den Umbau von Verwaltung und Militärwesen. Der Adel wurde gezwungen, seine Lebensformen und Werthaltungen zu verändern, vor allem um diese Reformen abzusichern. Weder das humanere Menschenbild noch die Begeisterung für eine andere Lebensweise standen hinter der Öffnung, die rein pragmatischem Denken folgte. Wäre die Phase des Einholens erst einmal abgeschlossen und die politische und zivilisatorische Lücke zu Europa geschlossen, hätte man sich wieder auf sich zurückgezogen und von westlichen Vorbildern abgewandt. Georg Wilhelm Friedrich Hegel nannte diesen Vorgang nach 100 Jahren Verwestlichung »Verähnlichung« – eine äußerliche Anpassung bei gleichbleibenden Wesenszügen.

Stadtluft macht nicht frei

Die Entwicklung von Industrie, Handel und Städten beschränkte sich im Westen nicht auf die instrumentelle Seite des
Fortschritts. Wohlstand, Komfort und neue Lebensweisen veränderten Mensch und Gesellschaft, auch wenn dies keiner be-
wussten Planung unterlag. Die nachholende Zivilisation dem-
gegenüber will sich die instrumentelle Seite aneignen, deren
soziokulturelle Auswirkungen aber möglichst unterbinden. Die
Modernisierungspolitik der UdSSR liefert dafür ein lebendiges
Beispiel. Zunächst galt es, den Bildungsstand der breiten Massen zu fördern, wissenschaftliche Kenntnisse zu vermitteln, das
Hygienebewusstsein der Millionen Zuwanderer aus den Dörfern
zu schärfen und ihnen Disziplin beizubringen. Schon die Am-
bivalenz dieser Bildungsoffensive versetzte die Obrigkeit jedoch
in Unruhe: Die neue »gebildete Schicht«, die die Staatsmaschine
bedienen sollte, durfte kein autonomes Subjekt gebären. Immer
wieder traten interne Widersprüche auf, die auch die instrumentelle Seite des Fortschritts behinderten. Am Ende war die repres-
sive Sowjetmacht erfolgreich: Die kulturelle Modernisierung
kam nicht über rudimentäre Anfänge hinaus, es entstand kein
autonomes Subjekt, das das Paradies der Werktätigen gestört
hätte. Individualistische und liberalere Lebensentwürfe konnten
sich nicht gegen die noch aus vorrevolutionärer Zeit überkommenen Vorstellungen von Ganzheitlichkeit und *sobornost,* jene
gemeinschaftlich und horizontal organisierte Lebensweise im
Dorf, durchsetzen. Die Modernisierung versuchte gezielt, die
technische Seite der im Westen entliehenen Errungenschaften
mit den idealisierten Werten der russischen Bauerngemeinde
zu verknüpfen. Die Sowjetmacht schaffte das Geld ab, verfügte
Lohnnivellierungen und wiederbelebte paternale Abhängigkeits-
verhältnisse. Die Ähnlichkeit mit vorrevolutionären Heilsvorstellungen war nicht nur oberflächlich, weil sich die vormoderne
Weltsicht auch nicht geändert hatte. Die einst »himmlische Ord-

nung« erhielt nur einen anderen Verwalter, und auch das deter-
ministische Denken steuerte weiter den Blick in die Zukunft.

Empfindlich reagierte die Sowjetmacht noch bis in die 1980er-
Jahre hinein auf bescheidene Wünsche und Veränderungen im
Lebensstil der städtischen Bevölkerung. Zeitungen fuhren Kam-
pagnen gegen *weschtschism* – den Sachkult – der neuen Städter
und priesen die Einfachheit des Lebens in den hölzernen Bau-
ernkaten der Vorstädte.

»Für die sowjetische Gesellschaft war die Urbanisierung nur
ein Nebenprodukt der Industrialisierung. Wenn städtische Probleme gelöst wurden, dann nur utilitaristische und instrumentelle: Die ›Arbeitsreserve‹ musste ja irgendwo leben … Für die
Staatsplanbehörde war die Stadt ein Ort, wo die ungeliebten ›rationalen Bedürfnisse‹ zufriedenzustellen waren, aber keineswegs
mehr …«[62] Gestaltungswünsche und Fantasien der Bewohner
wurden von der Planbehörde, Gosplan, nicht als eigenständige
Werte anerkannt. Im Gegenteil: Die Aufwendungen für intellektuelle und materielle Entwicklung seien verschwindend gering
gewesen, meint Wischnewskij. Sie gehorchten dem Diktat und
der Priorität der militarisierten Sowjetökonomie, »es wurde nur
das absolute Minimum und funktional absolut Unverzichtbare
auf die billigste Art erledigt«.

Bis heute sind die Folgen dieser halbherzigen Urbanisierung
zu erkennen, Russland gleicht einer Nomadensiedlung kurz vor
dem Aufbruch. Dreck, Unordnung, Zerfall und Liegengebliebe-
nes hinterlassen ein erstaunlich gleichförmiges Erscheinungsbild.
Ob an der Ostsee in Kaliningrad, im sibirischen Altaigebirge
oder in Wladiwostok im Fernen Osten – die Städte waren An-
hängsel der Industrialisierung und sehen aus wie Konglomerate
zusammengewürfelter Dörfer mit minimalem Komfort. 40 Prozent der größeren und mittleren Städte haben eine ländliche
oder halbländliche Infrastruktur. Nur 143 von 1098 dieser Städte verfügen über eine Kanalisation, an die 95 bis 100 Prozent der
Haushalte angeschlossen sind. In den kleineren Städten sitzt die

Hälfte der Bewohner buchstäblich auf dem Trockenen, in Or-
ten zwischen 50 000 und 100 000 Einwohnern sind es immerhin
noch 21 Prozent der Mieter. Auch in den Millionenstädten müssen zehn Prozent der Bevölkerung auf die hygienische Grund-
ausstattung verzichten. Die Föderale Agentur für Ausbildung
ermittelte 2007, dass es in fast der Hälfte aller Schulen noch
keine Toiletten gab und 40 Prozent der anderen Hälfte nicht
an die Kanalisation angeschlossen waren. Schüler erledigen die
Notdurft in Senkgruben auf dem Schulhof. Laut offizieller Statistik (2003) leben 73 Prozent der Bevölkerung inzwischen in ur-
baner Umgebung. Nach dem in anderen europäischen Ländern
üblichen Standard wären es indes nur 59 Prozent.[63] Das Lewada-Zentrum geht unterdessen davon aus, dass 67 Prozent der
russischen Bevölkerung nach wie vor unter Bedingungen leben,
die nicht urbanen Standards entsprechen, betont der Leiter des
Zentrums, Lew Gudkow.

Westliche Reisende sahen auch in der russischen Hauptstadt
lange keine Stadt der Art, »wie sie sie herkömmlich kennen – einen kompakten, dicht bebauten Raum mit einer bestimmten
Anzahl zivilisatorischer ›Annehmlichkeiten‹. Die Abstände zwischen den Moskauer Häusern erinnern sie an kleine Wüsten;
in diesen unerklärlichen Leerräumen wimmelt ein anderes, ein
gänzlich unstädtisches Leben. Von dieser Art sind auch die Tor-
bögen im Moskauer Tagebuch Walter Benjamins, hinter denen
sich jeweils ein Dorf verbirgt. Moskau ist eine Janus-Stadt, eine
Stadt nur von den Fassaden her gesehen; hinter den Fassaden
hingegen tut sich ein für das westeuropäische Verständnis gänzlich unstädtischer Raum auf«.[64]

Ein neuer Typ des Stadtbürgers, wie ihn das Spätmittelalter
in Mitteleuropa und Norditalien hervorbrachte, konnte in Russland so nicht entstehen. Die in kasernenartigen Siedlungen ein-
gepferchte Landbevölkerung blieb unter sich. Äußerlich musste
sie sich ein wenig anpassen, einem grundlegenden Mentalitäts-
wandel war sie nicht ausgesetzt. Stadtluft macht nicht immer

frei. Vielmehr eroberte die bäuerliche Mentalität auch noch jene Räume, die als Stätten der Modernisierung gedacht waren.

»Das Land wurde urbanisiert, die Städte aber ›ruralisierten‹, sie wurden zu Dörfern. Darin besteht der Hauptunterschied zur Stadtentwicklung im Westen. Möglicherweise war das Wirtschaftssystem, das auch die Urbanisierung bremste, einer der entscheidenden Gründe für die ›Verdörflichung‹ der Städte. Denn das Dorf drückte nicht nur dem Wirtschaftsleben der Städte seinen Stempel auf, es war auch in der Lebensweise der Bevölkerung präsent und wurde durch die hereinströmenden Bauern noch verstärkt, die mit den wirtschaftlichen Verhältnissen (das Subsistenz- und Tauschsystem; Anm. d. Verf.) aus den Dörfern bestens vertraut waren.«[65]

Dieser Menschenschlag ist bis heute auch in den Ballungszentren anzutreffen und verleiht Stil und Form des Umgangs eine gewisse Ruppigkeit. Er kennt keine Distanz und hegt wenig Achtung für sein Gegenüber, das als »einer von uns« empfunden wird. Wie selbstverständlich verfügt dieser junge Städter über andere und greift in deren persönliche Lebensbereiche ein. Diese Verhaltenweisen sind Merkmale einer Gesellschaft, die soziale Rationalisierungs- und Differenzierungsstufen nicht durchlaufen konnte und erstaunlich homogen geblieben ist.

Die Mehrheit dieses sozialen Typs begreift die Welt als ein starres ganzheitliches System und stellt ein Reservoir unerschöpflicher Irrationalität dar – unabhängig von Bildung und gesellschaftlicher Stellung. So verwandelt sich ein anerkannter Naturwissenschaftler nach Feierabend in einen Mystiker oder antisemitischen Verschwörungstheoretiker. Andere betätigen sich als Fernwunderheiler oder Hobbyhistoriker, die die Geschichte auch ohne Quellen umschreiben. Dieses Phänomen gibt es selbstverständlich auch in vielen anderen Gesellschaften, in Russland ist es nur häufiger zu beobachten. Es mag seltsam klingen, doch scheint dem erdverbundenen Menschenschlag die Erdung zu fehlen.

Die halbstädtische oder halbländliche Bevölkerung erweist sich als besonders resistent gegenüber zivilisatorischen Veränderungen. Rund 60 Millionen Menschen umfasst das Segment. Soziologische Langzeiterhebungen zeigen, dass sich die Weltbilder der zweiten und dritten Städtergeneration gleichfalls nur in Nuancen gewandelt haben. »Die Geschichte der russischen Mentalität wäre zu schreiben als die Geschichte der Langsamkeit und Kontinuität in der russischen Geschichte.«[66]
Wer Russland bereist, dem fällt bald die Gleichförmigkeit der Lebensräume ins Auge. Auch das ist schnell erklärt. Dem Sozialismus und den Zwängen der Produktion wird das meist zugeschrieben. Nach ein paar Tagen kommt dem Reisenden noch etwas seltsam vor. Er stößt, wohin er auch gelangt, auf eine gleichmäßig verteilte Un-Ordnung – auf alten, verwitternden Bauschutt, windschiefe Schuppen, auf Zäune, die sich bedenklich auf die Seite legen und aus Restholz, diversen Autoteilen und ausgedientem Hausrat zusammengeflickt wurden. Überall das gleiche Bild. Die Welt als Provisorium. Die »Ästhetik des Zerfalls« regiert selbst Neues, noch nicht Fertiggestelltes. Nomadische Lagerplätze müssen so aussehen, nachdem die Herde weitergezogen ist. Hin und wieder greift die Lokalpresse das Thema auf, Schriftsteller der älteren Generation klagen über »Kulturlosigkeit« und einen Hang, alles Schöne zu zerstören. Bislang ergebnislos.
Anthropologen, Kulturwissenschaftler und Soziologen vermuten hinter dem Phänomen mehr als nur eine Zeiterscheinung. So wussten die Sowjetbürger, dass die »Zone«, in der alles geordnet, geregelt und tipptopp zu sein hatte, sich nur auf einige Objekte erstreckte, die es fast in jeder Stadt gab – das Haus der Kommunistischen Partei, das Gebäude des Geheimdienstes KGB, die Verwaltung und den zentralen Platz mit dem Lenin-Denkmal. Gelegentlich gehörte auch noch das Intourist-Hotel für Ausländer zu den besonders gepflegten Objekten. Ansonsten herrschte in der Sowjetunion ein »archaisch-barbarisches Verhältnis« ge-

genüber allen Sachwerten.[67] Selbst die anderen repräsentativen
Gebäude wie Theater, Museen, Stadien waren defekt und hatten
zwei äußerst unterschiedliche Gesichter: eine tadellose Fassade
zur Hauptstraße und eine verrottende Rückseite. Neue Gebäude
wurden nicht zu Ende gebaut und verfielen in rasantem Tempo.
Dilettantische An- und Umbauten, Buden oder unpassende und
unterschiedliche Fensterrahmen entstellten noch vor Schlüs-
selübergabe den ursprünglichen architektonischen Gedanken.
Die Umgebung sei so gestaltet worden, dass sich ein Element
des Unfertigen, Unordentlichen und Unbehaglichen immer im
Blickfeld befand. Dies sei weder ein Zufall noch Sowjeterbe, sondern eine jahrhundertealte kulturelle Gesetzmäßigkeit, meint der
Soziologe Igor Jakowenko. Der Mensch bringt seine Umgebung
auf die ihm vertraute und anerkannte Norm. Jede andere Ordnung wirkt bedrohlich auf ihn, daher »chaotisiert« er »überflüs-
sige« Ordnung. »Der Zusammenprall mit einem anderen Verständnis von Ästhetik und Ordnung ruft in ihm augenblicklich
ein Gefühl des Fremdseins und organischen Abgestoßenseins
(Abwehr) hervor.« Fremdes aus einer anderen Zivilisation muss,
um es sich anzueignen, zerstört und neutralisiert werden. Das
nimmt ihm die bedrohliche Kraft.

Mit den Reformen der 1990er-Jahre tauchte in Russlands
Großstädten ein neuer Begriff auf: *ewroremont* – Renovierungen
nach europäischem Standard. Gemeint sind importierte Ma-
terialien und bessere Arbeitsqualität. Ein rechter Winkel soll
auch wie ein rechter Winkel aussehen. Nicht jeder kann sich
den teuren *ewroremont* leisten, die Mehrheit renoviert nach be-
währter Methode: drei Anstriche übereinander, Farbspuren, wo
sie nicht hingehören, und ein Meer von Klecksen als Arbeits-
nachweis. In einer Beitragsreihe zu »Zivilisation und Barbarei in
der russischen Geschichte« geht Igor Jakowenko der Frage nach,
worauf die unterschiedlichen Maßstäbe und Empfindungen,
»der nicht endende Krieg zwischen städtischer Zivilisation und
archaischem Menschen«, zurückzuführen sind. Die russische

Gesellschaftsformation wird darin als »barbarische Zivilisation« und »peripherer Gesellschaftstyp« beschrieben, der sich aus dem ständigen Kontakt einer vorstaatlich-archaisch strukturierten Umgebung mit einer fortgeschritteneren Zivilisation entwickelt hat. Barbarisch wird nicht wertend als pejorativer Begriff verwendet, sondern als spezifischer Archetyp, der im Gegensatz zur dynamischen Zivilisation ein starres System verkörpert.[68] Der prinzipielle Unterschied zwischen archaischer Kultur und Zivilisation besteht im Umfang der kulturellen Ressourcen, die in der Archaik konstant bleiben. Der archaische Mensch geht von der Unveränderbarkeit des Seins aus. Er hortet nicht, schafft keine Rücklagen.

Die »Barbarische Welt (BW)« gehört einer archaischen Kultur an, die jedoch mit der Zivilisation in Verbindung kam und deren permanentem Einfluss ausgesetzt ist. Sie bildet einen äußeren Ring in Nachbarschaft zur Zivilisation und entsteht durch deren »Überhitzung«, zur Eigenentwicklung fehlen der Barbarischen Welt unterdessen die Fertigkeiten. Die Zivilisation benutzt die BW als Speicher, aus dem sie Arbeitskräfte und Krieger abzieht und frühstaatliche Puffergebilde gründet. Auf das archaische Hinterland wirkt sich der zivilisatorische Druck nicht aus. Der Mensch der BW akzeptiert die Zivilisation als einen unabänderlichen Faktor seines Seins, identifiziert sich aber weder subjektiv noch objektiv mit ihr und kann sich von ihr problemlos frei machen. Gleichwohl verhält sich der Mensch in der BW zur Zivilisation ambivalent und bringt eine eigentümliche Mischform hervor. Für ihn ist es gleichermaßen notwendig, sich in ausreichender Nähe zur Zivilisation aufzuhalten, wie deutlich Distanz zu wahren, um der Assimilation zu entgehen. Diese Position erlaubt es ihm, in seinem starren Sein zu verharren und eine immobile Mischung zu schaffen, die die archaische Kultur und Elemente der Zivilisation zu einem paradoxen Ganzen verschmilzt. Erlebt die Zivilisation einen Niedergang, so ernennt er sich zu deren Erben, behält aber nur die äußeren Faktoren bei.

Die Mischform setzt permanente innere Spannungen frei und prägt einen eigenständigen psychologischen Typ und eine Lebensweise, die allen barbarischen Formationen zu eigen ist und sich gegenüber der Zivilisation in mangelnder Selbstsicherheit und der Überbetonung von Autarkie äußert. Zwangsläufig entstehen daraus pathologische Formen. Diese Übergangsgesellschaften neigen zu erhöhter Aggressivität und scharfen Brüchen zwischen Erstarrung und wilder Aktivität. In kritischen Situationen sind sie nicht entscheidungsfähig und reagieren kopflos.

Diese Widersprüche durchziehen die gesamte Kultur der BW. Sie kommt nicht ohne Zivilisation aus, ist aber auch nicht in der Lage, in ihr zu leben. Die BW möchte die Vorzüge der Zivilisation genießen, das System als Ganzes aber nicht übernehmen. Denn der Mensch der BW fürchtet und hasst die Zivilisation und distanziert sich von ihr als einer bedrohlichen historischen Alternative. Dennoch möchte er auf die Annehmlichkeiten der materiellen Produktion nicht verzichten. Da ihm technische und organisatorische Kompetenz für eine eigene Produktion fehlen, beschleicht ihn häufig die Idee eines Kindes, den Staat zu zerstören und sich viele Dinge auf einmal anzueignen. Die BW wirtschaftet grundsätzlich extensiv und ist auch fähig, Kräfte zu konzentrieren, um dadurch bedeutende Resultate zu erzielen. Sie ist wehrhaft und kann sich militärisch gegenüber der Zivilisation lange behaupten. Mehr als die üblichen »Routine-Ergebnisse« kommen jedoch nicht zustande. Der qualitative Sprung bleibt aus, weil die Gesellschaft nicht über Mechanismen verfügt, die vorgegebenen Pfade zu verlassen. Mehr zu produzieren, etwas größer, besser und günstiger, ist ihr nicht gegeben. Das bezieht sich auch auf die qualitative Veränderung der politischen und sozialen Verhältnisse, wodurch sich die barbarische Zivilisation von der intensiv wirtschaftenden Zivilisation unterscheidet. Die BW kann nur unter Bedingungen der Verschwendung und des Verschleißes existieren und versucht die Komplexität der Zivilisation für sich zu vereinfachen. Sie lebt nach dem Prinzip: Vergeuden, ohne zu reproduzieren. Ihr Verhältnis zum Universum ist extensiv – erobern und ausbeuten. Ordnung herstellen bedeutet im Verständnis der BW aneignen und den Raum »vermenschlichen«.

Das Mischmodell erweist sich als außerordentlich widerstands- und überlebensfähig, was auf der besonderen Anpassungs- und Imitationsfähigkeit der modifizierten barbarischen Gesellschaft beruht, die ihre Energie aus der Zerstörung zivilisatorischer Leistungen gewinnt. Das akkumulierte Wissen der entwickelteren Gesellschaft, ihre Technik, Kultur und sozialen Regulatorien, werden entwertet – als Strafe dafür, dass die Zivilisation Ganzheit und Widerspruchslosigkeit der archaischen Welt beseitigt oder infrage gestellt hat.

Ähnliche Charakteristika treffen wir auch in der russischen Gesellschaft an. Besonders in der Ideenwelt, in Psychologie und Lebensweise der nur marginal veränderten Mentalität haben sich diese Substrate abgelagert und äußern sich in der Sakralisierung einer Mischform aus Bewusstsein und kulturellem Universum. Dazu zählen der manichäische Gegensatz von überlegener Geistigkeit und niedrigen Bauchbedürfnissen, Hass und Absage weltlicher Lebensfreuden, die mittelalterliche Ablehnung der humanistischen Weltsicht, manische chiliastische Heilsvorstellungen, ein archaischer Kollektivismus, der soziale Reflex des Wegnehmen-und-Teilens und das rein extensive Verhältnis zur Welt und vieles andere. Vorstellungen und soziale Ideale der Masse der russischen Gesellschaft entstanden außerhalb des Staates oder waren vorstaatlicher Provenienz. »Das in seiner Natur archaische Massenbewusstsein betrachtete den Staat und somit auch die Zivilisation als widernatürliches, zeitlich begrenztes, aber unausweichliches Übel. Das soziale Ideal des Volkes war die Heilige Rus … eine reine, unverfälschte Utopie, ein märchenhaftes Leben ohne Hierarchie, im Einklang mit ›der Wahrheit‹.«[69] Der Mensch träumt und hofft, der von der Wirklichkeit geforderten Verknüpfung von Freiheit und Verantwortung doch noch irgendwie entkommen zu können. Je empfänglicher eine archaische Gesellschaft für eschatologische Heilserwartungen, desto geringer ist ihr Modernisierungspotenzial.

Der orthodoxe Glaube verfestigte die Weltabgekehrtheit. Die russisch-orthodoxe Glaubenspraxis lehnt alles Weltliche strikt ab und verlegt die Sphäre des religiösen Ideals in eine Welt außerhalb des alltäglichen Seins. Eine besondere Legierung aus Orthodoxie, heidnischen Kulten und Vorstellungswelten, der »Doppelglaube«, wirkte konservierend. Dieser Volkstradition gelang es, die Hochkultur erfolgreich auf Distanz zu halten und den Einfluss wie Mentalität der archaischen Kultur zu bewahren und noch zu verbreitern. Denn die Hochkultur war dieser Weltdeutung ausgesetzt, griff sie auf, integrierte sie teilweise und wurde auf diese Weise langsam von ihr durchdrungen. Im Fortwirken der Archaik liegt somit einer der Schlüssel zum Verständnis des Beharrungsvermögens der nationalen Mentalität.

Paradox, aber die russische Zivilisation ist eine »wider Willen«. Im Zentrum ihrer Wertvorstellungen, heimlichen Träume und Ziele steht der Wunsch, Staat, Zivilisation und historisches Sein zu negieren. Die fundamentale Ablehnung speist sich aus einem Schuldgefühl, das Leben auf Erden für unnatürlich und sündig zu halten. Die Welt ist falsch, und daher verlangt es den Menschen nach transzendentem Heil. Nur einem theokratischen Staat, der den leibhaftigen Sünder aus dem Hier und Jetzt in die Ewigkeit geleitet, gebührt ein Existenzrecht. Heilsvorstellungen sind auch anderswo anzutreffen. Spezifisch russisch sind deren Omnipräsenz und die konsequente Missachtung der Realität.

Missbrauch und Verachtung des einzelnen Lebens gehören zum Alltag. Allein 2007 starben mehr als 4000 Rekruten in der Armee – nicht auf dem Schlachtfeld. Vorgesetzte drangsalieren junge Soldaten, mobben und quälen sie, bis viele den Freitod wählen. Andere werden umgebracht, sobald sie es wagen, sich zu wehren. Verletzte und Kranke warten vergeblich auf Hilfe. Die Gesellschaft reagiert gleichgültig, sie lässt es mit sich geschehen. Auch darin tut sich ein Unterschied zum Westen auf, wo ungeachtet aller Kriege und Naturkatastrophen das Paradigma des natürlichen biologischen Todes vorherrscht. Man stirbt, und sei es bei einem Autounfall oder auf dem Schlachtfeld, »in Russland aber empfängt man den Tod von einer äußeren Macht«.[70]

Im Privatleben verhält sich der Einzelne ähnlich. Mit der eigenen Gesundheit treibt er Raubbau und demonstriert, wie nichtig das »diesseitige Leben« doch ist, wie wenig es zählt. Eine Gleichgültigkeit, die sich auf alle Lebensbereiche überträgt. Selbst in zwischenmenschlichen Beziehungen, im Verhältnis zu Nahestehenden, geschweige denn Fremden, in der Haltung zur Arbeit, im Grunde in allen Lebensbereichen offenbaren sich Verantwortungslosigkeit und Gleichgültigkeit. Katastrophen mit Hunderten von Opfern wühlen zunächst auf, sind nach ein paar Tagen jedoch vergessen. Verantwortliche werden nicht gesucht, Ursachen nicht geklärt, niemand zur Verantwortung gezogen. Wer dennoch Aufklärung verlangt, gerät ins Abseits, verstößt gegen ungeschriebene Gesetze und stellt sich außerhalb des imaginierten Kollektivs, nach und nach wird er sogar zu einem Störenfried. Selbstverständlich gibt es dafür politische Gründe, Bürokraten und Politiker versuchen Inkompetenz zu vertuschen. Doch dies ist nur möglich, wenn auch ein Konsens vorherrscht, der eine gemeinsame Sicht der Welt voraussetzt.

Indem der einzelne Mensch jene Haltungen reproduziert, weist er sich als vollwertiges Mitglied der archaisch-kollektiven Gesellschaft aus. Er teilt deren traditionelle Werte. Diese Ordnung hält es nicht für statthaft, dass der Einzelne sich und andere achtet. Daran etwas zu ändern ist in diesem Kodex nicht vorgesehen. Es steht weder in der Macht des Einzelnen noch in der des Menschen schlechthin.

Wer dennoch dem Diesseits Bedeutung beimisst, auf Unabhängigkeit und Selbstständigkeit Wert legt, verübt einen Anschlag auf die grundlegenden Werte des Traditionalisten und riskiert, abgestraft zu werden durch Missgunst oder den »roten Hahn« – Brandstiftung.

So erging es dem Ölmilliardär Michail Chodorkowski. Der
ehemalige Yukos-Eigentümer wurde 2005 wegen Betrugs und
Steuerhinterziehung zu neun Jahren Lagerhaft verurteilt. Er gehörte zu den Gewinnern der Privatisierungswelle in den 1990er-
Jahren, als sich sogenannte Oligarchen Filetstücke der sozialistischen Wirtschaft unter den Nagel rissen. Natürlich gehörten
Rechtsverstöße zur Norm. Auch Chodorkowski trug keine weiße Weste. Er war aber der einzige Superreiche, der enteignet und
hart bestraft wurde. Der selbstbewusste Milliardär hatte seinen
Anspruch auf politische Mitwirkung angekündigt und damit die
Macht des Kreml herausgefordert. Dies war ein Grund, warum
er vernichtet wurde. Der Fall Yukos ist komplexer, er spiegelt den
Kulturkampf in Russland wider. Chodorkowski war nicht nur
reich und erfolgreich, er verkörperte einen anderen kulturellen
Typus, der aus der Archaik ausbrechen wollte. Noch als Häftling
beweist er Mut und wird wegen dieser Stärke vom Kollektiv gehasst. Der Schriftsteller Wiktor Jerofejew erinnerte an die lange Tradition russischer Missgunst gegenüber Gewinnern: »Der
geschickte, praktische, unternehmungslustige Mensch ist in
Russland nicht so sehr zum Neid als zu gewöhnlicher russischer
Nicht-Liebe verurteilt. Ich mag ihn nicht – und basta! Ihr könnt
mich mal! Darin liegen die Ursprünge des Dramas Chodorkowskis … Wir sind das Volk und können Leute, die anders sind
als wir, nicht gebrauchen. So einen Saubermann brauchen wir
nicht. Nur er ist sauber – wir aber sind schmutzig. Er trinkt nicht,
wir aber trinken. Er mag Amerika, aber was hat das mit uns zu
tun … Es sieht so aus, dass in seiner Person Russlands Zukunft
beim alten Russland im Gefängnis sitzt.«[71] Im Unterschied zu
anderen Oligarchen erkannte Chodorkowski die Vorzüge des
Rechtsstaates und transparenter Unternehmensführung, auch
die Ausplünderung der Unternehmen durch die korrupte Bürokratie prangerte er an. Der Ex-Oligarch unterstützte die Zivilgesellschaft, gründete die Stiftung Offenes Russland, zog eine
neue Universität auf, in der eine moderne Elite ausgebildet wer-

den sollte, und organisierte Trainingscamps, in denen Jugendliche Demokratie lernen konnten.

Damit bedrohte Chodorkowski nicht nur die überkommene Macht der Bürokratie, er verstieß auch gegen den gesellschaftlichen Grundkonsens. Es wäre verkürzt, aus dem Umgang mit dem unbotmäßigen Milliardär nur einen Indikator für den Zustand der politischen Klasse abzuleiten. Nach Jahren der Hoffnung offenbarte die Yukos-Affäre, dass der für Modernisierung notwendige kulturelle Wandel ausbleiben wird. »Nicht nur ein Menschenleben wird zerstört, sondern auch ein einzigartiges gesellschaftliches Potenzial. Ein Land, das sich die Vernichtung Chodorkowskis leisten kann, hat ein gewaltiges Problem: seine Zukunft.«[72]

Mit anderen Worten: Wenn Staat und Bürokratie Ordnung schaffen, bedeutet dies im Klartext »Chaotisierung der Lebensverhältnisse«. Mit Ordnung ist kein planmäßiger Vorgang gemeint, sondern die Reinstallierung der gewohnten Unübersichtlichkeit. Russische Ordnung.

Gelungene West-Ost-Kooperation und antiwestlicher Wahlkampf — Das politische Leben in der Provinz ist tot

»Im Glauben sind wir stark, an Taten ruhmesreich«, steht auf dem Sockel des Denkmals mit aufsteigendem Kampfjet, der den Ortseingang von Stupino markiert. Die Stadt liegt hundert Kilometer südlich von Moskau und war in sowjetischen Zeiten für Ausländer nicht zugänglich und auch nicht leicht zu finden. Keine Landkarte verzeichnete die geschlossene Kommune.

Russland wählt am Sonntag eine neue Duma. Acht der elf Parteien, die landesweit an der Wahl teilnehmen, sind auch in Stupino vertreten. Im Stadtbild ist das schwer zu erkennen. Es gibt keine Plakate, keine Anschläge und auch keine Aktivisten, die um Stimmen werben. Nur hier und da hängt ein überdi-

mensionaler Wladimir Putin: ein Porträt mit Häkchen im Käst-
chen 10. Das reicht, um die Wähler zu lotsen. Seit der Kreml-
Chef als Spitzenkandidat für die Partei Vereinigtes Russland
antritt, ist der Wahlgang zu einem Referendum geworden, das
nicht das Parlament, sondern einen »nationalen Führer« wählt.

In den geheimen Rüstungs- und Kosmoslabors Stupinos forsch-
ten einst die besten Wissenschaftler der UdSSR. Die Bevölkerung lebte in paradiesischen Bedingungen, zumindest für sowjetische Verhältnisse. Mit dem Zusammenbruch der Sowjetunion
1991 geriet auch der Rüstungssektor ins Straucheln. Die wissenschaftliche Vorhut wurde nicht mehr gebraucht und verarmte.
Dutzende geschlossener Städte in Russland hatten ein ähnliches
Schicksal, nur wenige haben sich davon erholt. Stupino ist eine
der seltenen Ausnahmen – die Stadt mit 70 000 Einwohnern
boomt. »Seit drei Jahren belegen wir in der Leistungsbilanz im
Moskauer Umland den ersten Platz«, meint Vizebürgermeister
Alexander Razimor. Ob bei Investitionen, Produktionsausstoß
oder Aufwendungen für Bildung – Stupino führt.

Razimor ist Mitglied der VR. Auch Bürgermeister Pawel
Tschelpan trat der Partei bei. Wer in Politik und Wirtschaft mit-
mischen möchte, kommt an der neuen Staatspartei nicht mehr
vorbei. Tschelpan gilt als Kopf des Wirtschaftswunders und regiert Stupino seit 21 Jahren. In den 1980er-Jahren war er Mitglied
KPdSU. Das Fundament für den Erfolg legte er indes Mitte der
1990er-Jahre, als Russland ohne Staatspartei auskam. Damals
wählten ihn die Bürger auch zu ihrem *Mer.*

Der Aufschwung ist der Ansiedlung ausländischer Unternehmen zu verdanken. Es begann mit dem US-Süßwarenkonzern
Mars. Wer in dem Werk arbeitet, gehört zur Elite der Stadt, den
»marsiani« – den Marsmenschen, wie sie in Stupino heißen. Die
Löhne sind doppelt so hoch wie in staatlichen Betrieben. Inzwischen haben sich zehn westliche Konzerne niedergelassen.

»Die Menschen in den westlichen Betrieben sehen gesünder

aus, sind besser gekleidet, entwickeln andere Interessen und gehen anders ans Leben heran«, meint eine Frau, die anonym bleiben möchte. Auch Razimor sieht nur positive Wirkungen: Es wird weniger getrunken, die Jugend wandert nicht mehr nach Moskau ab, und die Geburtenrate steigt.

Dennoch machen die VR und Präsident Putin Wahlkampf mit antiwestlicher Propaganda. Ist das kein Widerspruch? Razimor überlegt lange, windet sich und weicht aus. Jedes Wort will überlegt sein. Eine unbedachte Äußerung kann den Posten bedeuten.

»Wir müssen nicht auf der Straße agitieren«, erklärt Razimor. Das sei der Grund, warum in der Stadt nicht geworben würde. »Natürlich finden Versammlungen in den Arbeitskollektiven statt«, sagt er. Eigentlich ist Parteiagitation am Arbeitsplatz nicht zulässig. Doch daran halten sich weder die Verwaltungen noch die staatlichen Betriebe. Vorbild sind die kommunistischen Betriebsstrukturen der Sowjetzeit, sie garantieren soziale Kontrolle auch am Arbeitsplatz.

»In den Staatsbetrieben stehen die Vorgesetzten für das Wahlverhalten der Untergebenen gerade«, sagt Maja Prokurekowa von der wirtschaftsliberalen Oppositionspartei SPS. »Jeder hat was zu verlieren: der Angestellte den Arbeitsplatz, der Vorgesetzte die Position. Die Lokalverwaltung muss sich vor den Gouverneuren rechtfertigen, und wenn diese das vorgegebene Wahlergebnis nicht einfahren, werden auch sie vom Kreml abgestraft.« Das Prinzip funktioniert. Sie hätte nichts mehr zu verlieren, lacht die Rentnerin. Aber auch sie zieht es vor, sich zum Gespräch im Freien zu treffen. »Man weiß ja nie.« Ihre Tochter ist in einem Staatsbetrieb angestellt und hat Angst, ihretwegen den Job zu verlieren. Der Druck, am Sonntag die richtige Wahl zu treffen, macht aber auch nicht vor Klein- und Mittelbetrieben halt, erzählt Prokurekowa. Ihnen werde offen mit Lizenzentzug gedroht.

Auch Wladimir Machotin, der seit dem Aufbruch Anfang der 1990er-Jahre die demokratische Partei Jabloko vor Ort vertritt,

ist misstrauisch. Auch er möchte sich lieber an einem sicheren
Ort verabreden. Vor zwei Wochen standen zwei Mitarbeiter
der Föderalen Wirtschaftsaufsicht vor seiner Haustür. Jabloko fehlen die Mittel, und so hat er das Büro bei sich zu Hause
angemeldet. »Man wollte mich mit dem Besuch ein wenig einschüchtern«, sagt Machotin, einer der seltenen, aber typischen
Freigeister Russlands, aus denen manchmal ein Märtyrer wird.
Sein Leben lang ist der ehemalige Stadtverordnete gegen Willkür und Bevormundung der Bürokratie angelaufen und bestraft
worden. Vor Kurzem meldete sich auch der Chef der Wirtschaftsaufsicht noch einmal persönlich bei ihm und verwies auf
das verschärfte Extremismusgesetz, erzählt Machotin. Demzu-
folge kann schon bestraft werden, wer die Arbeit eines Beamten
kritisiert.

»Politisches Leben gibt es bei uns nicht mehr«, sagt er. Maja
Prokurekowa ist noch pessimistischer: »Ob wir wieder in einem
totalitären Staat leben, wissen wir einen Tag nach den Wahlen.«
Dennoch wollen beide nicht kampflos aufgeben. »Im Glauben
sind wir stark …«, steht auf dem Sockel am Ortseingang.

Exkurs:
Tertium non datur — Eine dritte Möglichkeit gibt es nicht

Warum klappt die Modernisierung in Russland eigentlich nicht?
Die Semiotiker Jurij Lotman und Boris Uspenski stießen bei
ihrem Versuch einer Typologisierung der russischen Kulturge-
schichte bis zum ausgehenden 18. Jahrhundert auf einen Mechanismus, den sie als Dualismus oder auch Binärsystem bezeichnen.[73] Die Entwicklungsstufen verlaufen nicht evolutionär,
sondern stellen sich äußerlich zunächst als radikale Brüche mit
der Vergangenheit dar. Die russische Welt zerfällt in zwei Antipoden. Im russisch-orthodoxen Glauben spiegelt sich das in der
Gegenüberstellung von Paradies und Hölle wider, während das

lateinische Christentum neben Paradies und Hölle noch einen dritten, neutraleren Raum zuließ, das Fegefeuer. Der lateinisch-europäische Kulturkreis sah im Menschen nicht nur einen Sünder oder Heiligen, er gestand ihm auch noch ein anderes Leben jenseits dieses Rahmens zu. Es stützte sich auf gesellschaftliche Institutionen, die weder heilig noch sündhaft, staatlich oder antistaatlich, gut oder schlecht sein mussten. Diese neutrale, selbstständige Sphäre dient der Gesellschaft als Raum und strukturelle Reserve, aus der sich Entwicklung speist.

Die russische Kultur kennt diesen Zwischenraum als Reservespeicher nicht: So war auch die Herrschaft entweder »gottgleich« oder »des Teufels«. Das Neue wurde nie als eine Fortsetzung des Alten gedacht, sondern seine Durchsetzung war immer mit einem eschatologischen Bruch verbunden. Das Alte wurde radikal abgestoßen, wie es sich in seiner Oberflächenerscheinung darbot. In der Tiefenstruktur indes war das Neue eine unmittelbare Transformation des von innen nach außen gekehrten Alten. Jede weitere Veränderung regenerierte daher zwangsläufig die archaischen Formen. Die Abhängigkeit vom Vorgängermodell bleibt bestehen, weil es sich beim Neuen nur um eine Innen-Außen-Verkehrung handelt, die Struktur und Funktion nicht zerstört. Die Negation der Negation ist zyklisch. Einmal wurden Begriffe mit anderen Inhalten belegt oder umgekehrt, andere Inhalte unter gleicher Bezeichnung weitergeführt. Daraus ergibt sich die auffallende Gleichartigkeit der russischen Kultur über Epochen und Brüche hinweg. Gerade in Momenten der Veränderung tritt das Unveränderte, das Archaische, am deutlichsten zutage. Das Neue erweist sich geradezu als Generator des Alten, obwohl es sich subjektiv als dessen Gegensatz begreift.

Uspenski und Lotman zeigen das abgestoßene Alte im Neuen an Lebensweise und Ritual des orthodoxen Alltags auf. Um Bräuche des heidnischen Ostslawentums zu erforschen, erwiesen sich Sitten und Rituale des orthodox-christlichen Alltags, des Nachfolgemodells, als die ergiebigsten Quellen.

Wenn die Gegenwart unerträglich wurde, sich Protest for-
mierte, wurde nicht der Ruf nach neuen Regeln laut; man forderte die Rückkehr zum Alten, zur »natürlichen althergebrachten
Ordnung«. Fortschritt war gleichbedeutend mit der Rückkehr zur
»verlorenen Wahrheit«. Die Vorstellung des vergangenen Modells hatte mit der realhistorischen Tradition nichts mehr gemein.
Die Konstruktion der Vergangenheit war ahistorisch, künstlich
und bestand aus »erfundenen Erinnerungen und Traditionen«.
Die Schöpfung einer Synthese, die Gegensätze zu einer neuen,
qualitativ höheren Einheit verbindet, ist der Kultur fremd.

Daher sind auch Konservatismus und Evolution für Russland
nicht charakteristisch. Entweder setzen sich reaktionäre oder
progressive Tendenzen durch.

So war auch die Europäisierung im 18. Jahrhundert nicht am
europäischen Vorbild orientiert, sondern an der verkehrten alten Struktur. Europäisierung äußerte sich in einem subjektiven
Empfinden, das aber nicht mit einer Annäherung an europäische
Lebensweise verknüpft war.

Das Vergangene in der Kultur verschwindet nicht. Es tut sich
vielmehr ein Paradox auf: Die Verbindung zur Vergangenheit trat
umso stärker hervor, wenn die Zeichen eigentlich auf radikalen
Bruch standen. War die Epoche hingegen auf die Vergangenheit
fixiert, wurden die Bestandteile der realen Tradition verdrängt,
ausgelöscht und an ihrer Statt eine »chimärenhafte Vergangenheit« konstruiert.

Auch die Soziologie stützt diese These: »In Russland dienen
Aufstände, Revolutionen und destruktive Reformen als Mechanismus für einen erzwungenen Übergang, wenn das System
der Lenkung zu lange stagnierte. Der instabile Zustand führt
zu großen Verlusten, geht glücklicherweise aber bald wieder in
eine neue Stabilität über. Je schärfer die Eingriffe in die soziopo-
litische Struktur sind, desto überraschender ist die unveränderte
Natur der grundlegenden Elemente des Systems der Lenkung
und Verwaltung.«[74]

Kapitel 5
RECHT, GESETZ UND WERTEKOLLAPS

Der Fall Kalojew — Patriot und Mörder

Im Juli 2002 stießen über dem baden-württembergischen Über-
lingen eine Frachtmaschine und ein russisches Passagierflugzeug
zusammen. Alle 69 Insassen der russischen Maschine kamen
dabei ums Leben. Die meisten waren Kinder auf dem Weg in
die Ferien nach Barcelona. Für die Überwachung des Luftraums
über dem Ort war der Flughafen Zürich zuständig. Einer der
Hinterbliebenen ist Witalij Kalojew. Er verlor bei dem Unglück
seine Frau und beide Kinder. Anderthalb Jahre später, im Februar 2004, ersticht Witalij Kalojew im Züricher Vorort Kloten den
dänischen Fluglotsen Peter Nielsen, der in der Unglücksnacht
Dienst hatte, vor dessen Haus. Ob er im Affekt handelte, weil der
Lotse sich bei ihm angeblich nicht entschuldigt hatte, oder vor-
sätzlich, das weiß bis heute nur Kalojew. Im Oktober 2005 verurteilt ein Schweizer Gericht den Täter wegen vorsätzlicher Tötung
zu acht Jahren Zuchthaus. Er muss die Strafe aber nicht absitzen.
Im November 2007 bestätigt das Schweizer Bundesgericht ein
wegen verminderter Schuldfähigkeit verkürztes Strafmaß von
fünf Jahren und drei Monaten. Zu diesem Zeitpunkt hatte der
Täter zwei Drittel der Haft verbüßt und sich im Zuchthaus gut
geführt. Er wird freigelassen und kehrt nach Russland zurück.

In der Heimat warten Blumen und Ovationen auf Witalij
Kalojew. Russland empfängt den vorzeitig aus der Haft Entlas-
senen wie einen Heimkehrer aus dem Krieg, einen Kämpfer, der
auf fremdem Boden nationale Werte verteidigt hat.

Die Vertretung der Kaukasusrepublik Nordossetien gibt zu
Ehren ihres Landsmannes in Moskau einen üppigen Empfang,
mit großen Gesten, starken Worten und Trinksprüchen auf den

»echten Mann«. Ob er das wirklich hören wollte? Er ließ es über sich ergehen, blieb wortkarg und verschlossen. »Ich bin einer von euch, nichts Besseres«, sagte er zwei Mal.

Zuletzt im ossetischen Wladikawkas, wo er zu Hause ist. Auch hier hieß eine Menschentraube den Heimkehrer willkommen. Der Flughafen von Wladikawkas liegt einen Steinwurf von jenem Friedhof entfernt, auf dem mehr als 140 Kinder begraben sind, die im September 2004 in Beslan bei der Geiselnahme einer Schule durch ein Terrorkommando ums Leben kamen.

Zwei Tage lang hatte Russland einen neuen Helden. An der Trasse vom Flughafen in die Moskauer Innenstadt reckten Jugendliche Transparente in die Höhe. »Sie sind ein wahrer Mensch!«, »Einer von uns« – »Nasch Tschelowek« – war darauf zu lesen. »Unser« – *nasch* –, das ist derzeit eine Beschwörungsformel in Russland. Sie verbindet, grenzt aus und soll Freund und Feind klar benennen. Die Organisatoren des Begrüßungskomitees für Kalojew gehören zur Kreml-nahen Jugendgruppe »Naschi« – »die Unsrigen«. Kalojew haben die Stoßtrupps auf ihrer Website zu einem der Ihren gemacht: »Für Russland ist er bestraft und erniedrigt worden«, heißt es da.

In diesen Tagen hat Russland sogar zwei wahre Helden. Als »nationaler Líder« soll Präsident Wladimir Putin vor den Präsidentschaftswahlen in den Rang eines quasi theokratischen Würdenträgers erhoben werden. Auch er grenzt sich gegen den Westen ab, um Punkte zu sammeln, und fährt mit allerlei Drohgebärden auf.

Kalojew indes glaubt, er habe nach dem tragischen Tod seiner Familie von der Justiz im Westen keine Genugtuung erhalten. Daher beging er ein Verbrechen aus Rache. Putin und Kalojew berufen sich auf eigene Standards und ein Gerechtigkeitsempfinden, das dem Westen angeblich abhandengekommen sei. Doch als Helden würden sie sich selbst nie bezeichnen. Erst die Massenpsychose macht sie zu solchen.

Kalojew bereitete den Racheakt allein und im Verborgenen

vor. Er ist ein Mann der Tat, der bewusst Unrecht beging und dafür büßte. Von einem »echten Mann« erwarten dies die kaukasischen Landsleute, die daraus auch kein Hehl machen. Die Ehre gebietet es. Eingezwängt in Traditionen, handelt der Kaukasier dennoch als ein selbstständiges Individuum, das für seine Taten Verantwortung übernimmt.

Nicht überall in Russland ist das so. Kalojew hatte kaum russischen Boden betreten, da wurde der Täter von Kloten zum Instrument. Sein Leid und seine Tragik wurden vereinnahmt und verstaatlicht. Im Interesse eines höheren Gutes – im Namen Russlands.

Was sind das für eigene Gerechtigkeitsstandards, die Russland haben soll? Niemand widerspräche, wenn der Kaukasus und Europa als unterschiedliche Welten beschrieben würden. Aber Russland? Soll es kein Teil Europas sein?

»Europa kennt keine Shakespeare'schen Leidenschaften mehr, es ist entwöhnt. Die saubere, gepflegte, mit Anwaltskanzleien übersäte und von politischer Korrektheit platt gebügelte Alte Welt fürchtet offene und starke Gefühle«, kommentierte die Zeitung *Iswestija* die Rückkehr Kalojews. Die Alte Welt könne es sich nicht vorstellen, dass man irgendwo auch anders lebe. Sie habe sogar Angst, sich dies klarzumachen, schrieb die stellvertretende Chefredakteurin des Kreml-nahen Blatts. Aus den Zeilen sprechen Selbstgerechtigkeit und Hochmut, aber auch Unwissen. 300 Jahre quält sich Russland nun schon mit Europa. Seit es sich damals öffnete, möchte es dazugehören, aber trotzdem anders sein.

Die Debatte um Europa entbrennt immer dann, wenn sich nach längeren Reformbemühungen zeigt, dass die Modernisierungsversuche auf halbem Wege im Morast stecken bleiben, weil sich das alte, vormoderne System von Staat und Gesellschaft hartnäckig gegen Veränderungen sträubt.

Auch die Argumente haben sich über die Zeiten nicht verändert. Hier ist der abstrakte, rationale, gefühlskalte und berechnende

Westen, dort das irrationale, harmoniebedürftige, gefühlsbetonte und großzügige Russland – kurzum: der bessere, weil menschlichere Teil der Welt. Dabei wird vergessen, dass auch Russlands Vergangenheit die Geschichte unerhörter Gewalt ist. In solchen Phasen wird alles, was nicht russisch ist, zu dem »Anderen«, zum Schlachtruf und Kampfbegriff. Paradox, dass Russland erst in der Ablehnung des Andersartigen – im Negativ – seine Identität entdeckt. Es fehlt ein positives Selbstbild. Während der Suche nach sich selbst wachsen Orientierungslosigkeit und gesellschaftliche Aggressivität, die in messianischen Visionen ein Ventil finden.

Vor 20 Jahren wurde »Freiheit« noch mit Demokratie und Rechtsstaat verknüpft. Heute bedeutet sie »Freiheit von fremden Werten«. Russland macht Anleihen im Westen und modernisiert sich, jedoch nicht mit dem Ziel der Veränderung, sondern um seine Rückständigkeit zu konservieren.

Wenn die *Iswestija* auf die Eigenschaften der fiktiven »russischen Seele« verfällt, um sich abzugrenzen, dann ist das nicht nur bösartiges Kalkül. Die Mehrheit der Bürger glaubt daran und denkt in diesen Kategorien, leider auch die Intelligenz.

Das komplizierte Verhältnis von Recht und Gerechtigkeit, Recht und Moral, das die westliche Rechtsphilosophie beschäftigt, kann in einem Land kein Thema sein, wo dem Recht nur eine begrenzte Reichweite zugestanden, es als Instrument von Politik und Macht wahrgenommen wird. Man beugt sich dem Gesetz, soweit es opportun ist. Die Russinnen und Russen glauben nicht an eigene Rechte und deren Durchsetzbarkeit, schon gar nicht, wenn der Staat der Gegner ist. Wer nicht an seine eigenen Rechte glaubt, unterwirft sich auch nicht dem Gesetz.

Sittlichkeit und Gerechtigkeit spielen im antiindividualistischen Lebensgefühl Russlands eine größere Rolle. Aus Westeuropa importiertes Recht kollidierte immer mit dem Gewohnheitsrecht, weil es nicht in die Abfolge von Kultur, Wert- und Rechtsordnung passte. Das Ergebnis war ein geliehenes Rechtsbewusstsein.

Das manifestiert sich nicht erst am Fall Kalojew. Russland verhielt sich ähnlich, als die britische Staatsanwaltschaft im Frühjahr die Auslieferung Andrej Lugowois von Moskau forderte. Der ehemalige Geheimdienstler wird verdächtigt, im November letzten Jahres seinen früheren, damals im Londoner Exil lebenden Kollegen Alexander Litwinenko mit Polonium vergiftet zu haben. Moskau lieferte ihn nicht aus, auch wurde er zu Hause nie vor Gericht gestellt. Stattdessen stilisierte man auch Lugowoi zum Helden. Den Freispruch diktiert dieselbe Logik: Als einer von uns beseitigte Lugowoi einen Überläufer, der zu einem Fremden geworden war, und verteidigte so russische Interessen.

Das Andere waren Anliegen eines Staates, der im russischen Herrschaftsverständnis keinem Gesetz unterliegt. Das Freund-Feind-Schema kommt aber nicht nur im Umgang mit dem Westen zur Anwendung. Viel häufiger wirkt es im Innern. Oft sprechen Gerichte Kriegsverbrecher frei, denen der Mord an Tschetschenen oder anderen Kaukasiern eindeutig nachgewiesen werden konnte. Auch hier greift das Prinzip »Er ist ein Unsriger« mit offen rassistischen Zügen.

Dunkelhäutige Immigranten aus früheren Sowjetrepubliken sowie Kaukasier sind in Russland ständig von Ausgrenzung betroffen, ob sie russische Bürger sind oder nicht. Der Nordossete Kalojew wäre in Moskau normalerweise eher Opfer als vaterländischer Held. Seine Tat im Ausland erst macht ihn als »Russen« interessant. Das verleiht der Heuchelei etwas besonders Perfides.

Doch auch ethnische Russen gehen nicht viel besser miteinander um. Bestes Beispiel ist Präsident Putin, der in seinem politischen Umfeld nur Vertraute aus der Heimatstadt Sankt Petersburg duldet. Diesmal fallen die Moskauer unter die Kategorie der »Anderen«. Auswahl und Ausgrenzung sind Merkmale einer archaisch-ineffizienten Gesellschaft, der es nicht gelingt, über Recht und Verfahren Vertrauen herzustellen. Daher rührt die Instabilität des politischen Systems, das ausgerechnet mithilfe der Massenpsychose stabilisiert werden soll.

Gäbe es mehr Menschen vom Kaliber Kalojews, würde die Welt mit Russland anders umgehen und es achten, meinen die »Naschisten«. Niemand schien sich der Reichweite und Ungeheuerlichkeit der Worte bewusst zu sein: Auf dem Friedhof von Beslan liegen mehr als 300 Opfer. Deren Angehörige warten, wie einst Kalojew, auf einen glaubwürdigen Untersuchungsbericht des Staates, der klärt, warum so viele Menschen im Massaker von Beslan sterben mussten. Sie warten auch auf einen Prozess, der Schuldige zur Rechenschaft zieht, auf eine überfällige Entschuldigung. Ihr Warten wird vergebens sein. Hoffentlich auch Moskaus Plädoyer für Selbstjustiz.

Witalij Kalojew ist von Beruf Architekt. Nach seiner Rückkehr wurde er vom Kabinett der Republik zum stellvertretenden Minister für Bauwesen Nordossetiens ernannt. Auch in der Politik hätte er jetzt Chancen, sagt er, mehrere Angebote seien ihm schon gemacht worden. Alexander Lugowoi, der Verdächtige im Mordfall Litwinenko, hat bei den letzten Duma-Wahlen auch ein Mandat und – nicht unwichtig – Immunität erhalten.

Der tragische Fall Witalij Kalojew offenbart, wie weit Recht und Rechtsempfinden auseinanderfallen können. Für die Gültigkeit universeller Werte bleibt dies nicht folgenlos. Moral und Anstand werden der Beliebigkeit anheimgegeben. Vor allem, wenn politische Interessen so offensichtlich das Wertesystem in Dienst nehmen können. Was erlaubt und akzeptabel ist, wird für den Bürger immer unklarer. Über kurz oder lang droht der Wertekanon der Gesellschaft sich aufzulösen.

Hätte sich das Flugzeugunglück in Russland – nicht im Ausland – ereignet und Witalij Kalojew einen russischen Lotsen oder Vertreter der Staatsmacht ermordet, er wäre weder zum Minister ernannt noch als Held gefeiert worden. Im Gegenteil: »Man hätte ihn schuldig gesprochen und in ein Straflager gesteckt«, sagt der langjährige Vorsitzende des Obersten Gerichts in Wladikawkas, Taimuras Tschedschemow.

Nur eine der größeren russischen Fernsehanstalten beteiligte sich nicht an der Heldenfeier. Der private Sender Ren-TV deutete behutsam an, was der Casus Kalojew eigentlich über den Zustand der russischen Gesellschaft zu erkennen gibt: »In einem Staat, in dem niemand an das Gesetz glaubt, die Gerichte nicht effektiv arbeiten und sich der Bürger schutzlos fühlt, muss jemand, der einen Rachemord begeht, unweigerlich Sympathie hervorrufen.«

Um Recht und Gesetz ist es nicht erst im heutigen Russland schlecht bestellt. Auch der Kommunismus setzte nur fort, was sich über Jahrhunderte eingeschliffen hatte. Entscheidend war von jeher die Rolle des Herrschers. War er stark und setzte sich durch, verehrte man ihn. Rechtsbrüche sah man dem *gosudar* nach. Die russische Kultur legt mehr Wert auf Gerechtigkeit, Nachsicht, auch Güte – der moralische Aspekt und die individuelle Handhabung eines Falls oder Vergehens sind entscheidend. »Gesetze sind dazu da, sie zu umgehen«, sagt das Volk. »Disziplin hat auch ihre Grenzen.« Etwas poetischer klingt das so: »Geradeaus fliegen nur die Raben, und auch die brechen sich die Flügel.« Sentenzen über die Nichtachtung gegenüber dem Jus und dessen Nutzlosigkeit häufte das Volk zu einem unerschöpflichen folkloristischen Schatz an. Wenn der Bürger etwas beachtet, sind es nicht die Gesetze, sondern »wer sie ausführt«. Bis auf den heutigen Tag verlangt dies nach »individuellem Zugang«, eine der unzähligen Umschreibungen für Schmiergeld im Russischen.

Auch bei Geschäften verlässt sich der Russe nicht auf den Buchstaben des Gesetzes. Lieber baut er auf seine persönliche Beziehung und das Vertrauen zum Partner. Stimmt die Chemie nicht, können auch Vertrag und Recht nichts korrigieren. Schwaches Rechtsbewusstsein geht wiederum mit einem Gefühl von Rechtlosigkeit einher, der die Menschen über Jahrhunderte der Autokratie ausgesetzt waren. Wer sich auf Gedeih und Verderb unterwerfen musste, konnte weder Selbstachtung noch ein Gefühl für Würde entwickeln, behaupten russische Psychologen.[75] Rechtsbewusstsein setzt aber Selbstwertgefühl voraus.

Wenn das Rechtswesen einer Gesellschaft nicht funktioniert,
die Bürger darin bestenfalls eine Strafbehörde erkennen, die
auch noch bestechlich und nicht unabhängig ist, müssen andere Instanzen das mangelnde Vertrauen auffangen. Die Familie,
persönliche Kontakte und informelle Beziehungen sind neben
Schule und Kultur traditionell wichtige Instanzen, die Werte und
Normen vermitteln und bewahren. Umso gefährlicher wird es für
eine Gesellschaft, in der das Rechtssystem versagt, wenn auch
noch die Werteordnung erodiert. Das ist in Russland der Fall.

Immer mehr Menschen beklagen sich, dass sie ihre Interessen
und Rechte nicht mehr durchsetzen können, ohne übermensch-
liche Opfer in Kauf nehmen zu müssen. Zwei Drittel der Russen
glauben seit Jahren nicht mehr an eine bessere Zukunft.[76] Soziologen konstatieren einen chronischen Mangel an Selbstvertrau-
en, den sie auf einen fortschreitenden Zerfall des Wertesystems
zurückführen. 22 Prozent der Bevölkerung fürchten sich vor der
Willkür des Staates, und 60 Prozent fühlen sich der Bürokratie
schutzlos ausgeliefert. Mehrheitlich sind das Bürger, die mitten
im Leben stehen und zu den aktiveren gehören. Gleichzeitig
wächst die Angst, der Familie könne etwas zustoßen. Letztere
wird immer mehr zum einzigen Rückzugsort und Bezugspunkt
des sozialen Lebens. Der Verlust an Selbstvertrauen sticht auch
deshalb hervor, weil sich die amorphe Unzufriedenheit der Gesellschaft Ende der 1990er-Jahre zu Beginn der Ära Putin in ein
positives Grundempfinden verwandelte. Die Menschen waren
auf einmal wieder selbstbewusst und optimistisch. Der Präsident
musste gar nicht viel tun. Seine Präsenz wirkte wie ein Placebo.

Heute ist die Tendenz rückläufig. Der Bürger ist hilflos. Er sagt
nicht: »Hier stehe ich und kann nicht anders«, stattdessen sucht
er Orientierung und fragt: »Wo geht's lang?« Eine diffuse Aggression hat die Gesellschaft erfasst. Besonders nachhaltig zeigt
sich das in Phasen kollektiver Traumata nach terroristischen
Attentaten, in denen das Bedürfnis nach einem schützenden
Kollektiv wächst. Gudkow nennt diese Erscheinung negati-

ve Mobilisierung. Aggression und Feindbilder breiten sich aus, und Zukunftsängste vor Statusverlust und Werteverfall wachsen. »Negativ sind die Mechanismen einer solchen Integration, weil positive Konzepte und Handlungsmotive fehlen. Eine Wertschätzung des Menschen, seiner Potenziale, seiner Fähigkeit, sich in eine Gruppe einzubringen und sich dadurch zu entfalten, fehlt vollständig oder wird sogar grundsätzlich bestritten. Stattdessen wird bei einer negativen Mobilisierung die Gefahr einer Zerstörung des Kollektivs als so groß wahrgenommen, dass die kollektive Identität tatsächlich zerstört wird.«[77] Der Glaube an eine bessere Zukunft und die Erreichbarkeit von gemeinsamen Zielen und Idealen geht verloren. Früher verbindliche Werte gelten plötzlich als Banalitäten. Die Wirklichkeit erscheint als eine Abweichung vom »Eigentlichen«, das sich aus verschiedenen unreflektierten Versatzstücken paternalistischer und sozialistischer Ideologie zusammensetzt. Die Hilflosigkeit erzeugt Wut, für deren Ursache der Bürger einen Urheber sucht und ihn in Gestalt verschiedener Sündenböcke auch findet. Einmal trifft es die superreichen Oligarchen, die Demokraten, ein anderes Mal Terroristen oder Amerikaner und den Westen. Das Schema bleibt aber dasselbe: Schuld sind immer die anderen.

Die Suche nach Schuldigen und die Weigerung Verantwortung zu tragen sind nicht erst Erscheinungen der jüngeren Vergangenheit. Es ist schwer, in Russland jemanden zu finden, der freiwillig Verantwortung übernimmt und für sein Handeln dann auch geradesteht. Das betrifft den normalen Bürger im Alltag ebenso wie die Politiker in hohen Ämtern. Man verzichtet darauf, Verursacher von Katastrophen zu belangen, eklatante Fehlentscheidungen staatlicherseits zu ahnden, stalinistische Massenverbrechen aufzuarbeiten oder kriminelle Militärs aus dem Tschetschenienkrieg vor Gericht zu stellen. Nur ein Hühnerdieb kann nicht mit Gnade rechnen. Bei größerer Unbill werden alle zu Opfern und Schuldigen. Straffreiheit ist garantiert, jedwedes Handeln bleibt folgenlos. Nie wird daher ein Schuldiger

namentlich dingfest gemacht. Es sei denn, er ist wegen Illoya-
lität gegenüber der Obrigkeit in Misskredit geraten. Sonst gibt
es nur eine Ausnahme: Fällt ein Kreml-Chef in Ungnade, dann
trifft auch ihn Volkes Zorn in voller Härte. Das mussten Michail
Gorbatschow und Boris Jelzin erleben, denen bis heute der Untergang der Sowjetunion angelastet wird, obwohl sie eigentlich
nur Konkursverwalter eines verrotteten Systems waren. Fakten
sind jedoch nicht von Belang.

Woran mag das liegen? Am niedrigen Reflexionsniveau einer
Gesellschaft, die nirgends lernt, zu analysieren, methodisch fun-
dierte Vergleiche zu ziehen und größere Zusammenhänge ein-
zuordnen? Von diesem Manko sind die Bildungsschichten genauso betroffen wie die breite Masse. Gerade die sogenannten
Kulturtreger, ein deutsches Lehnwort im Russischen, versagen,
wenn eine ungeschminkte und klare Analyse dessen verlangt
wird, was um sie herum im Land passiert. Sie sind unfähig, die
eigene Rolle und ihre Werte mit der Wirklichkeit abzugleichen.
Die totalitären Erfahrungen der Vergangenheit blockieren den
notwendigen Schritt zu Selbstkritik und Selbsterkenntnis. Daraus resultiert die Rückständigkeit der intellektuellen Elite. Ihr
korporatives und professionelles Selbstverständnis hat sich
kaum verändert, konstatiert Gudkow an anderer Stelle. Apropos
Selbstkritik: Auch Wladimir Putin kann mit Kritik und Selbstkritik nicht umgehen. Auf seiner letzten Pressekonferenz, in der
er eine Bilanz der Amtszeit ziehen wollte, erging sich der Kreml-
Chef in Selbstlob. Schwachpunkte hatte es unter ihm keine gegeben. Die vorher eingereichte Frage, was Putin wohl für seinen
größten Fehler in den acht Jahren halte, scheiterte an den Kreml-
Zensoren. Was steckt anderes dahinter, als für die Misserfolge,
die Hunderte von Menschenleben forderten, keine Verantwortung übernehmen zu wollen? Die Wirklichkeit wird zu einem
Entwurf und manifestiert sich als ein Narrativ mit ungeahnter
Wirkungskraft. Die Dämonisierung der Schuldigen – außerhalb
des Kollektivs – trägt daher auch dazu bei, dass die Masse den

Zusammenhang zwischen Staat und Gesellschaft nicht erkennt und unsinnigen Gerüchten Glauben schenkt.

Der russischen Intelligenz fehlt es an Empathie, sie hat kaum Interesse an dem Anderen als einem Partner. Daher ist es ihr auch nicht gelungen, die Wahrnehmung zu rationalisieren und zu verfeinern. Sie tritt auf der Stelle.[78]

Inzwischen ist die Unfähigkeit, den Enthusiasmus anderer Menschen zu verstehen, Teil der nationalen Identität geworden. Das Unvermögen beruht darauf, dass man anderen Menschen grundsätzlich unterstellt, sie würden nach niedrigsten Motiven handeln. Niedertracht wird zur »rationalen« Grundlage menschlichen Zusammenlebens erhoben. Misstrauen herrscht dort, wo eigentlich Vertrauen erforderlich wäre. Auch an der Reaktion auf die Orange Revolution in der Ukraine war diese Unfähigkeit abzulesen. Die meisten Russen begegneten dem Ereignis beim Nachbarn mit der »Apathie von Menschen, denen angewöhnt wurde zu glauben, sie hätten ohnehin keinen Einfluss auf Politik«. Eine finstere Gereiztheit war zu spüren, mit der erfolglose alte Zyniker auf die romantische Glut der Jugend reagieren. In der Öffentlichkeit wurde der Massenprotest dem klandestinen Wirken der USA zugeschrieben. Die Gesellschaft zerfiel in jene, die es glaubten, und jene, die so taten, als würden sie es glauben.

Es hat sich die Überzeugung durchgesetzt, dass hinter jeder Moral auch ein Kalkül steckt. In jeder Nachrichtensendung wird den Bürgern eingebläut, dass es in der Politik kein anderes Motiv gibt als die rücksichtslose Durchsetzung eigener Interessen. Jeden anderen Beweggrund politischen Handelns denunziert Moskau als Heuchelei.

Der Vorurteilsfundus, aus dem die negative Mobilisierung Feindbilder abruft, umfasst 200 Jahre unaufgearbeiteter Ängste. Sie sind an anderer Stelle schon ausführlich beschrieben worden. Zunächst sind diese Vorstellungen und Phobien in den unteren Gesellschaftsschichten virulent, bevor sie von Teilen der Mittel- und Oberschichten aufgegriffen und instrumentalisiert werden.

Sehr aktive ressentimentgeladene »Sinnstifter« sitzen in Schulen, Universitäten und Redaktionsstuben. Auch die technische
Intelligenz, Ingenieure und Ärzte beteiligen sich an der Produktion von Vorurteilen. Besonders anfällig für Ressentiments erweist sich die Bürokratie in der Provinz.

Geheimdienst, Armee, Miliz und Ministerialbeamte verloren
den direkten Zugang zum Verteilungssystem. Sie sprechen ein
unterbewusstes Gefühl der Unzufriedenheit an, das die Menschen von sich aus nicht aktivieren, das aber im Kampf rivalisie-
render Elitegruppen instrumentalisiert werden kann – vor allem
gegen jene, die mit einem Modernisierungsprogramm antreten.
So zielt die Diskreditierung der Reformer der 1990er-Jahre darauf ab, konservativen Institutionen, der Armee, dem Geheimdienst, der Polizei und den Bildungseinrichtungen Legitimität
zu verleihen.

Nach Ansicht der Meinungsforscher stellt diese Bürokratie die
Hauptquelle des kollektiven Fremdenhasses dar, die viel gefährlicher ist als marginalisierte Gruppen jugendlicher Skinheads.
Die Beamtenschaft im Schulterschluss mit der angepassten
Presse hat Rassismus und Xenophobie in den letzten Jahren erst
hoffähig gemacht. 2007 erreichte der Fremdenhass in Russland
einen Rekordwert, der doppelt so hoch ist wie in Europa.[79] In
den 1990er-Jahren, als das Land wirtschaftlich am Boden lag, fiel
Russland durch eine besonders niedrige Quote auf, ja die Bevöl-
kerungsmehrheit der Russen trat gegenüber den Minderheiten
toleranter auf als umgekehrt, obwohl sich gerade die Russen mit
dem ethnischen Nationalismus der kleineren Völker konfrontiert sahen, der sich im Hass auf den einstigen Kolonialherren
Luft verschaffte. Um sich vom Westen zu emanzipieren, heizte
die politische Elite die Fremdenfeindlichkeit an, zunächst verdeckt, dann immer unverhohlener. Mittlerweile hat das Bild
des »gefährlichen Fremden« fast alle Bevölkerungsgruppen erfasst, ohne dass es Kräfte gäbe, die dem entgegenwirken könnten.
Schon gar nicht in der Elite, die die Feindseligkeiten säte. Statt

sie zu kontrollieren, wie es anfangs wohl geplant war, setzte eine Eigendynamik ein, die den Kreml zu immer populistischerem Handeln drängt. »Nach dem Konflikt mit dem georgischen Präsidenten Saakaschwili (im Herbst 2006; Anm. d. Verf.) hat Putin den Ethnozentrismus eigenmächtig sanktioniert. Er führte den Begriff der ›angestammten‹ (autochthonen) Bevölkerung ein, der mehr Rechte zustünden als den ›Zugezogenen‹, und hob dadurch den ›Bürger‹ auf.«[80] Putin beließ es nicht beim Wort und verfügte umgehend »Ethnoquoten« für Händler auf russischen Märkten – Maßnahmen, die Skinheads und Rechtsradikale in ihrem Glauben bestärkten, sie setzten lediglich den Willen der Obrigkeit um. Über die Ordnung auf diesen Märkten wacht wiederum die Miliz, die mit 63 Prozent den höchsten Anteil an Fremdenfeindlichkeit und Rassismus unter den gesellschaftlichen Gruppen beherbergt.[81] Im Januar 2008 wurden elf Morde und 25 rassistisch motivierte Verbrechen begangen, Ende Februar erreichte die Mordrate schon 28 Opfer.[82]

Wenn die Extremisten in ihrer Annahme auch zu weit gehen, nur der operative Arm des Kreml zu sein, der sich öffentlich Zurückhaltung auferlegen muss, so beschreibt dies doch eine wesentliche Eigenschaft der Funktionsweise des politischen Systems und des Erfolgs seiner Exponenten. Wladimir Putin und seine Mannschaft brillieren nicht mit frischen Ideen oder neuen Zielen. Zu einem großen Teil beruht der öffentliche Zuspruch darauf, dass sich die Weltsicht der Führung nicht von der Wirklichkeitskonstruktion der breiten Masse unterscheidet. Die politische Elite bestätigt und erhöht damit deren Bedeutung und suggeriert, Obrigkeit und Volk seien identisch.

Das trifft in gewisser Weise auch zu. Denn die neue Führungsschicht stellt im klassischen Sinne keine Elite dar. Sie hat sich weder durch Originalität, vorbildliche Leistungen, besondere Produktivität oder beispielhaften Gemeinschaftssinn ihre Stellung erworben. Sie ist weder eine Verdienstelite noch von elitärer Abstammung. Die Führungsschicht errang die Position auch nicht durch Wettbewerb in Parteien, Verbänden oder Wahlen, noch wurde sie von der Gesellschaft ernannt oder berufen, weil sie sich durch moralische Autorität und fachliche Kompetenz empfohlen hätte. Das Amt ist keine Gratifikation für von der Allgemeinheit anerkannte Leistungen. Selbst der Bildungshintergrund unterscheidet die Mächtigen nicht vom Durchschnittsbürger. Die Gesellschaft nimmt an der Auswahl der Eliten nicht teil. Die Übernahme des Eliteverständnisses demokratischer Gesellschaften führt daher leicht in die Irre. Genauer besehen stellt die russische Elite das Gegenteil dessen dar, was wir darunter verstehen. Es gibt kaum eine Führungskraft – und dies gilt für fast alle Stufen der Bürokratie –, die dank Kenntnissen, Qualifikation, persönlicher Integrität oder Unabhängigkeit ins Amt gelangt wäre. Vielmehr haben wir es mit negativer Selektion zu tun: Mit herausragender Qualifikation eines Kandidaten wächst für den Vorgesetzten die Gefahr, dass seine Stellung untergraben wird.

Das Auswahlprinzip entspricht daher eher noch dem der Nomenklatura in sowjetischer Zeit. Es handelt sich um »Positionseliten«, die diesen Status erlangten, weil sie von der Obrigkeit berufen wurden. Ihre Rolle steht und fällt mit Gunst und Nähe zu den Machthabern. Loyalität gegenüber dem Vorgesetzten gilt als ausschlaggebendes Kriterium in der hierarchischen Befehlsstruktur. Mittelmäßigkeit und Servilität sind geschätzte Eigenschaften. Präsident Putin stellte seine Elite aus engen Freunden, Bekannten und früheren Sankt Petersburger Arbeitskollegen zusammen. Ein purer Zufall katapultierte diesen Kreis an die Schaltstellen der Macht. Auch Wladimir Putin war aus Ermangelung eines Nachfolgers eher durch Glück in den Kreml gelangt. Diese jetzige Elite ist in ihrer Farblosigkeit bemerkenswert homogen, was sich schon darin offenbart, dass sie keinen einzigen Vertreter hervorbrachte, der in acht Jahren Führung auf sich aufmerksam gemacht hätte. Ohne den Kreml-Chef säßen die meisten weiterhin in Petersburger Amtsstuben.

Selektion nach Ergebenheit und Sippenzugehörigkeit bezahlt Russland mit einem hohen Preis. Mangelnde Professionalität und aggressiver Antiintellektualismus haben das Land erfasst, die sich auf Dauer sogar zu einem bedrohlichen Sicherheitsproblem ausweiten könnten.

»Ein großer Teil der heutigen Elite, vor allem in der Exekutive und in den Sicherheitsorganen«, meint Jewgenij Jasin, »teilt dieselben Auffassungen wie die Masse der Bevölkerung.«[83] Der frühere Wirtschaftsminister stützt sich nicht nur auf seine persönlichen Kontakte. Dies geht auch aus einer breit angelegten Elitestudie hervor. Die Führungsschicht hat keine klaren Vorstellungen, geschweige denn, dass sie Visionen hegte, wie sich Russland entwickeln sollte. Reformen und Modernisierung lehnt die Elite entweder ab oder meint, sie seien verzichtbar. Die Mehrheit hält es auch nicht für erforderlich, darüber öffentlich oder auch nur im eigenen Zirkel zu diskutieren. Politik findet nicht mehr statt. Deren Platz hat die Verwaltung von Klaninteressen eingenommen. Fazit: Auch die Bürokratie weist die Verantwortung für die Zukunft von sich. »Die Elite empfindet sich nur gegenüber den Vorgesetzten, nicht aber der Gesellschaft gegenüber verantwortlich«, sagt Jasin, der von 1994 bis 1998 Russlands Wirtschaftsministerium leitete. Im Vergleich zu den damaligen Entscheidungsträgern sei die heutige »Pseudoelite« verängstigt und riegele sich bewusst von der Gesellschaft ab. Offensichtlich denken Masse und Führung nicht nur gleich, sie leiden auch an derselben Orientierungslosigkeit.

Erstaunlich ist, dass in der jüngeren Generation, die in der ausklingenden Sowjetzeit geboren wurde, ebenfalls eine allgemeine Verrohung zu erkennen ist. Gerade unter den jungen Leuten wachsen nationalistische und fremdenfeindliche Haltungen besonders schnell, verbunden mit einer hohen Bereitschaft zu spontaner Aggression. Verblüffenderweise bilden auch die erfolgreichen und sozial abgesicherten Jugendlichen, die zu den aktiveren und produktiveren Bürgern zählen, keine Ausnahme.

Es sind dieselben jungen Menschen, die sich zu Kreml-Chef Putin, der das Freund-Feind-Schema in persona verkörpert, mit rückhaltloser Offenheit bekennen.

Ein Grund für die Aggressionen könnte sein, dass sich die Jugend in ihrem Entwicklungspotenzial beschnitten fühlt.

Ähnliche Beobachtungen stellte auch die Jugendforscherin Jelena Omoltschenko an. Die »jungen zwischen 18 und 25 Jahre alten Pragmatiker« bevorzugen nach wie vor eine »starke, autoritäre Herrschaft« und sind ohne Wenn und Aber bereit, »Befehle von oben zu empfangen«.[84] Diese Generation wird in den nächsten Jahren die aktivste sein.

Die negative Mobilisierung setzt nicht zwangsläufig mit einer Verschlechterung der wirtschaftlichen oder politischen Lage ein. Ausschlaggebend ist die soziale Krise, die sich in Orientierungslosigkeit und allgemeinem Verlust von Zukunftsperspektiven festmacht. In der Folge löst sich das Wertesystem weiter auf und setzt einen kollektiven Zynismus frei, der auf Knopfdruck Emotionen abrufbar macht. Der Historiker Jurij Afanasjew spricht von einer »aggressiven Unterwerfung«, die sich in der Gesellschaft beobachten ließe. Außer Gefühlskälte und Gleichgültigkeit gegenüber der Umgebung stellt sich auch ein generelles Unvermögen ein, sichere und begründete Werturteile zu fällen.

Noch sind die Konsequenzen nicht absehbar. Atomisierung und Entsolidarisierung schreiten in der Gesellschaft jedoch in rasantem Tempo voran. Alles Erhabene und Menschliche wird entwertet, dessen Existenz mitunter gar bestritten. Die Willkür des Staates ist zur Norm geworden, doch die Menschen arrangieren sich stillschweigend. Wo man auch hinschaut, ist eine überangepasste Klientel zur tonangebenden Kraft aufgerückt. Unreife, frustrierte und autoritäre Egozentriker sind zu Idolen geworden und haben das Streben nach unerreichbaren Vorbildern abgelöst. Mittelmäßigkeit herrscht und bestimmt die soziale Norm. Dennoch ist die Identifikation mit offiziellen Werten zweideutig und nicht aufrichtig. Der Bürger sei gezwungen, beim Staat Schutz zu suchen, wolle ihm aber nicht mehr dienen.[85] So machen sich beide etwas vor. Der Bürger heuchelt Ergebenheit, und der Staat versteckt seine Inkompetenz hinter operettenhaften Posen.

Anschauungsmaterial

>*Russland führt einen Krieg, der trotz scheinbarer Unauffälligkeit die Grundlagen der menschlichen Solidarität untergräbt. Es irrt sich, wer glaubt, er sei von den Leiden seiner Mitbürger durch eine undurchdringliche Barriere getrennt und es sei ein anderer Ort, an dem die Menschen stürben, Verstümmelungen und psychische Traumata erlitten. Man muss nur genau hinschauen, dann erkennt man mühelos an sich selbst, an der eigenen Beziehung zu anderen Menschen, Zeichen einer wachsenden Härte und Verwahrlosung.*«*

aus: Michail Rychlin, *Mit dem Recht des Stärkeren*

Als Paris Hilton wegen Trunkenheit am Steuer im Frühjahr 2007 in Kalifornien zu einer Gefängnisstrafe verurteilt wurde, verstanden viele Russen das nicht. Ein Glamourgirl wie Xenia Sobtschak, mit solidem Finanzhintergrund und guten Beziehungen, musste sich dem Gesetz beugen. Gänzlich unverständlich blieb: Paris Hilton mag zwar ein Enfant terrible sein, aber sie hatte nicht einmal einen Unfall verursacht. Wäre dergleichen in Russland undenkbar? Einige Medien, die der Mut noch nicht ganz verlassen hat, griffen das Thema auf – als Gleichnis sozusagen:

Am 20. Mai 2005 rauschte der Fahrer eines Volkswagens Bora mit überhöhter Geschwindigkeit über eine rote Ampel. Die Rentnerin Swetlana Beridse wollte gerade die Straße überqueren, als der Wagen sie erfasste und vier Meter durch die Luft schleuderte. Die Tochter der 68-Jährigen, Nina Pluschtsch, stand am Fenster und sah, wie ihre Mutter angefahren wurde. Wo sie aufschlug, konnte sie von der Wohnung aus nicht sehen. Ein Häusereck versperrte die Sicht. Die Tochter eilte auf die Straße und fand die tote Mutter 25 Meter hinter dem Zebrastreifen. Ein Rettungswagen traf ein, verließ den Unfallort aber nach wenigen Minuten. Ein zweiter Rettungswagen erschien. Kurz darauf fuhren Karossen mit getönten Scheiben vor, Männer mit Kalaschnikows sprangen heraus und schirmten den Unfallort ab. Sie ließen niemanden zur Verkehrspolizei durch, die den Unfall aufnahm. Stattdessen redeten sie auf die Polizei ein, berichtete Nina Pluschtsch. Seltsame Dinge passierten danach. Der Beifahrer des Unfallwagens verschwand, den Zeugen für angetrunken hielten. Im Polizeibericht tauchte er später nicht mehr auf. Ein weiterer Augenzeuge, der bestätigen konnte, dass die alte Frau bei Grün über die Straße gegangen sei, war nicht mehr aufzufinden, und dessen Aussage fehlte im Untersuchungsbericht. Auch der erste Rettungswagen wurde im Protokoll unterschlagen. Der Fahrer des Unfallwagens war ein junger Mann namens Alexander Iwanow, Sohn des damaligen Verteidigungsministers und Geheimdienstlers Sergej Iwanow, der heute den Posten des Vizepremiers bekleidet. Die bewaffneten Ordnungshüter, die innerhalb weniger Minuten vor Ort erschienen, gehörten vermutlich einer Sondereinheit des Geheimdienstes (FOS) an. Den aufgeregten Schwiegersohn der Toten nahm die Sondereinheit fest und zog ihn aus dem Verkehr. Wenige Tage nach dem Vorfall gingen die Ermittlungen an einen hochrangigen Mitarbeiter der Staatsanwaltschaft über. Ein halbes Jahr verstrich, der Fall wurde ohne Prozess ad acta gelegt, und Alexander Iwanow ging straffrei aus. Die Begründung: Der Fahrer hätte die hinter einem Transporter plötzlich hervorschießende Frau nicht sehen können. Weder Zeugen noch Tatverdächtige hatten bei der ersten Vernehmung einen Transporter erwähnt. Noch etwas Seltsames passierte. Techniker machten sich an der Ampel zu schaffen, die angeblich defekt gewesen sei. Nach dem Eingriff waren deren Phasen anders getaktet. Der Nachweis, dass Alexander Iwanow bei Rot die Ampel überfahren hatte, war nur noch schwer zu erbringen.

Parallel dazu erstatteten die Iwanows gegen den Schwiegersohn des Opfers Anzeige wegen Körperverletzung. Obwohl dieser gleich in Gewahrsam genommen wurde, soll er dem Sohn des Ministers den Kiefer gebrochen und eine Gehirnerschütterung zugefügt haben. Der Tatverdächtige wurde zum Opfer. Auch das ist inzwischen gängige Praxis. Sobald Angehörige der regierenden Elite in Rechtsverstöße verwickelt sind, wird der geschädigte Kläger durch eine Gegenklage eingeschüchtert.

Wer sich über die staatlichen Fernsehsender informierte, erfuhr von dem Unfall nichts. Natürlich spricht sich so etwas schnell herum. Als einer der letzten unabhängigen Privatsender über die Einstellung des Verfahrens berichten wollte, versperrten Sicherheitskräfte der Journalistin Olga Romanowa den Weg ins Studio. Die Direktion des Senders Ren TV entließ die Journalistin daraufhin aus gesundheitlichen Gründen. Wer Abend für Abend moderiere, sei irgendwann einmal ausgebrannt …

Die Staatsmacht war auch um das Wohlbefinden des Bürgermeisters von Archangelsk, Alexander Donskoi, in größter Sorge. Der »mer« des Eismeerhafens kündigte im Herbst 2006 an, er wolle für das Präsidentenamt 2008 kandidieren. Kurz darauf meldete sich der Sonderbeauftragte des Präsidenten für den Nordwestkreis, Ilja Klebanow, aus Sankt Petersburg bei Donskoi: »Nimm die Kandidatur zurück. Sag, dir ginge es schlecht«, soll der Bevollmächtigte geraten haben, sonst könne er für nichts garantieren. Der Bürgermeister blieb lange unbeugsam …

»Die Mutigen belohnt das Glück«, steht auf dem pastellfarbenen Türsims, auf den der Bürgermeister vom Schreibtisch aus schaut – »Audentes iuvat fortuna« –, eingelassen in Stein und in Lettern wie auf römischen Stelen. Mutig ist Alexander Donskoi in der Tat, und auch das Glück war dem jungen *Mer*, wie die Russen ihren Bürgermeister nennen, lange hold. 2005 wählten 39 Prozent der Bürger im Eismeerhafen Archangelsk den damals 34-Jährigen ins Amt. Zwei Gegenkandidaten der Kreml-Partei Vereinigtes Russland blieben auf der Strecke. Gemeinsam brachten sie es gerade einmal auf ebenso viele Stimmen. Donskoi finanzierte den Wahlkampf aus eigener Tasche und war als parteiloser Bewerber ins Rennen gegangen. 15 Geschäfte der Supermarktkette Saison hatte er zuvor für sieben Millionen Dollar verkauft. »Ich wollte etwas anderes machen«, meint der ehemalige Geschäftsmann, »und dem Vorwurf zuvorkommen, Geschäft und Politik zu vermischen.« Er wirkt bescheiden. Außer Politik hat er nur noch eine Schwäche, eine Sammelleidenschaft: Nashörner aus Silber, Malachit, Marmor und Keramik bevölkern sein Arbeitszimmer. Genügsame Einzelgänger, die niemanden fürchten müssen.

Donskoi ist mutig, aber eben doch kein Schwergewicht. Bevor er im November 2006 seine Kandidatur bei den russischen Präsidentschaftswahlen 2008 anmeldete, kannte in Moskau niemand den Mann aus dem hohen Norden. Dabei wäre es auch geblieben, wenn sich nicht eine unbarmherzige Maschinerie in Bewegung gesetzt hätte. Die Vertreter des Staates vom Kreml bis hinab in die Verwaltung der Oblast Archangelsk und die Staatsanwaltschaft fühlten sich brüskiert. Jemand wagte es, ein verbrieftes Recht in Anspruch zu nehmen und ohne Erlaubnis von oben eine Kandidatur anzukündigen.

Seither hat sich das Leben des *Mer* verändert. Die Organe nahmen die Arbeit auf. In Donskois Schule wurde überprüft, ob er sie vor 19 Jahren tatsächlich mit dem Abitur verlassen hatte. Bei einer Durchsuchung seines Büros und seiner Wohnung stellten Ermittler dann ein Diplomzeugnis sicher. Später sollte dieses den Strafverfolgern als Hauptbeweismittel im ersten Prozess dienen. Es sei gekauft und gefälscht, behauptete die Anklage. Nach achtstündigem Verhör soll der Universitätsdirektor das schließlich bestätigt haben. Überdies wurde wegen »Vorteilsnahme im Amt« ermittelt, obwohl Donskoi vor Amtsantritt das Unternehmen verkauft und Steuern bis auf die letzte Kopeke abgeführt hatte. Dem Rathaus wurde auch der Zugang zu den Medien gekappt.

Mitarbeiter wurden unter Druck gesetzt, sich von ihrem Chef zu distanzieren. Zwei Stellvertreter, die die örtliche Filiale der VR gründeten und zu Donskois Mannschaft zählten, wurden ohne Verfahren aus der Partei ausgeschlossen. Die Nomenklatura raste und schaffte Tabula rasa.

Im Frühjahr 2007, als wir Donskoi besuchten, begriff er noch nicht, womit er die alttestamentarische Rache provoziert haben könnte. Jedenfalls gab er das vor. Eigentlich wollte er ja nur auf die stiefmütterliche Behandlung der Region hinweisen, sagte er. Arbeitslosigkeit, Verwahrlosung und Alkoholismus grassieren in den Vorstädten, in denen seit Jahren Fabriken stillliegen. In Lesosawod 29, dem Stadtteil einer ehemaligen Holzfabrik, fristen 1000 Menschen ein erbärmliches Dasein. Sie hausen in Holzbaracken ohne fließendes Wasser, Heizung und Strom bei arktischen Temperaturen. Einzig florierender Handel ist der mit Wodka. Auf 50 Einwohner kommt ein Schnapskiosk.

Die Zentralmacht in Moskau wäre an der Provinz nicht interessiert, glaubte er. Eine Million Wählerstimmen aus der Region Archangelsk lohnten aus Sicht des Kreml den Aufwand nicht. Und der Gouverneur, sein härtester Gegenspieler und Vorgesetzter, wolle in Moskau gefallen und warte daher nur mit Erfolgsmeldungen auf.

Donskoi war ein politischer Quereinsteiger. Wohl einer der letzten, die das Wahlsystem noch zuließ. Intern warf man ihm vor, sich »nicht systemgemäß« verhalten zu haben. Im Kodex der Bürokratie bedeutet dies: Er ist ein Nestbeschmutzer. Dass dies reicht, um in Ungnade zu fallen, wollte der Jungpolitiker indes nicht einsehen, denn er war beileibe kein Gegner Wladimir Putins. Dessen autoritäre Herrschaftsrationale – die »Vertikale der Macht« – hielt er für richtig, sie müsse vielmehr noch rigoroser durchgesetzt werden, auch Bürgermeister sollten ernannt statt gewählt werden. Er war weder Dissident noch Demokrat. Westlichen Werten, dem Westen schlechthin, begegnete er distanziert. Russland sei nicht reif. Donskoi war ein russischer Patriot durch

und durch, der auch Verständnis für Moskaus außenpolitisches
Säbelrasseln aufbrachte. Eigentlich war er einer von ihnen, aber
eben doch nicht ganz:

Der Bürgermeister glaubte, dem Gesetz zum Durchbruch verhelfen zu können. Ihm schwebte ein Rechtsstaat vor, der auch
ohne Demokratie auskommt. Preußen war so ein Fall. Nur war
der Staat dort weder Popanz noch Selbstbedienungsladen der
Staatsdiener – wie in Russland.

Donskoi konnte sich nicht einfach zurückziehen und aufgeben. Er war mutig, aber auch er konnte die Angst nicht mehr
verbergen. Der einzige Feind des Nashorns ist der Mensch.

»Ich bin weder Wahhabit noch ein Westspion, trotzdem behandelt man mich wie einen Dissidenten«, sagte er leise. Er ahn-
te, was ihm drohte: das Ende der Karriere, Haft und vielleicht
auch ein familiäres Zerwürfnis.

Im Juli war es dann so weit: Ordnungshüter brachen gewaltsam in Donskois Wohnung ein, nahmen ihn fest und brachten
ihn ins Untersuchungsgefängnis. Zeit zum Anziehen ließ man
ihm nicht. Der Widerspenstige sollte erniedrigt werden. In Un-
terwäsche zerrte die Polizei den Stadtvorsteher auf die Straße.

Die besondere Demütigung hatte noch einen anderen Hinter-
grund: die Rivalität zwischen Bürgermeister und Gouverneur der
Region Archangelsk, der auch ein Mitglied des Parteirates der
Kreml-Partei VR war. Der fürchtete sein Amt zu verlieren, denn
Moskau machte ihn persönlich für Donskois eigenmächtiges
Vorpreschen verantwortlich.

In der Hoffnung, den Rachefeldzug des Gouverneurs doch
noch aufhalten zu können, stellte Donskoi im Juli ein Video ins
Internet. Dort nahmen der Gouverneur und ein Parteifreund einen verdächtigen Packen Geld in Empfang. Die Botschaft war
eindeutig. Donskoi glaubte, damit die fabrizierte Anklage gegen
sich noch abwenden zu können.

Wieder einmal hatte er sich im Kastengeist der Mächtigen
getäuscht, denn Folgen hatte die Veröffentlichung allein für ihn:

Im August 2007 wurde Donskoi wegen Urkundenfälschung zu einem Jahr Gefängnis auf Bewährung verurteilt. Der zweite Prozess wegen Vorteilsnahme schloss sich daran an, zog sich aber bis nach den Präsidentschaftswahlen im März 2008 hin. Donskoi wurde noch einmal zu drei Jahren auf Bewährung verurteilt, zwei Tage nachdem er seinen Rücktritt erklärt hatte.

»Ich möchte kein öffentliches Amt mehr wahrnehmen, weil dies in unserem Land ohne Segen des Kreml nicht möglich ist«, meinte der tapfere *Mer* nach der Haftentlassung. Nun will er sich der Familie widmen.

Inzwischen sind Dutzende Verfahren auch gegen andere Bürgermeister und Lokalpolitiker im ganzen Land eröffnet worden. Da sie nicht wie die Gouverneure in die Machtvertikale des Kreml integriert sind, stellen sie bislang eine noch unabhängige politische Kraft dar. Die Einschüchterungskampagne dient wohl als Warnschuss. Nicht ausgeschlossen ist, dass demnächst auch die Wahlen der Kommunalpolitiker abgeschafft und die Vertreter vom Kreml ernannt werden.

Kapitel 6
DER DEMIURG DER DEMONTAGE

Jeder Körper verändert unter anhaltendem Druck allmählich seine Form. In der Politik sei das nicht viel anders als in der Metallverarbeitung, meint Wladislaw Surkow. In den 1980er-Jahren hatte er einmal ins Studium der Metallurgie hineingeschnuppert, es dann aber sein lassen. Stahl und Leichtmetalle waren nicht seine Welt, das Austesten von Direktionskonstanten hingegen schon. Ermittlung von Bruchstellen, das Prüfen von Belastbarkeit und Widerstandsfähigkeit menschlichen Materials gehören vordringlich zu seinen Aufgaben. Heute ist der Mittvierziger Vizechef in der Präsidialadministration und zählt zur Troika der mächtigsten Männer im Staat. Putin schätzt den umtriebigen Mitarbeiter, dessen offizielle Zuständigkeiten rund zwei Dutzend Jobs umfassen – Bereiche, für die man sonst jeweils einen eigenen *natschalnik*, einen Chef, anheuern müsste.

Surkow dient dem Kreml-Chef als Ideenspender und Souffleur, seit dieser 2000 das Amt vom Vorgänger Boris Jelzin ererbte. Auch unter dem neuen Mann in Moskau, Dimitrij Medwedew, wird Surkow eine zentrale Rolle spielen. Präsident und Vizechef kennen sich seit Jahren, sie sind gleichaltrig, ehemalige aktive Komsomolzen und leidenschaftliche Heavy-Metal-Fans. Unter der Ägide des Neuen wird Surkow gar eine noch glänzendere Karriere vorausgesagt. Wenn es geht, meidet der hagere Vizechef die Öffentlichkeit. Interviews gibt er nur, wenn sie ins strategische Konzept passen. All das verstärkt seine opake Aura. Je geheimnisvoller der Nimbus, desto effektiver die Macht.

Geheimnisse umgeben den Sohn einer Russin und eines Tschetschenen schon seit seiner Geburt. Wurde Wladislaw 1962 oder 1964 geboren? Wuchs er im Kaukasus oder im russischen Lipezk auf? Wann änderte er den tschetschenischen Familiennamen Dudajew in den russischen Surkow? Vor allem: Warum? Surkow erfindet sich – wie Russland – immer einmal wieder neu.

Ohne den Einflüsterer wäre die Entwicklung in Russland nach Jelzin anders verlaufen, meinen Beobachter. Surkow ist eitel, arrogant und ein Virtuose der Macht. Niemals würde er öffentlich seinen wirklichen Einfluss preisgeben. Vorsichtig deutete er im Gespräch mit einem US-Magazin 2002 lediglich an: Wladimir Putin habe die »Vertikale der Macht« anfangs nicht für notwendig gehalten, ja sogar gezweifelt, ob die Straffung der Machtmechanismen wirklich die passende Therapie für Russland sei. Surkow und eine Handvoll Polittechnologen drechselten die »Vertikale«, die zur flächendeckenden Rezentralisierung des Staates führte und zum Synonym der Ära Putin wurde. Alleinige Entscheidungskompetenz liegt seither wieder beim Kreml-Chef als dem omnipräsenten Pantokrator. Hätten in den 89 Regionen der Föderation weiterhin 89 Provinzfürsten geherrscht, davon ist Surkow überzeugt, wäre Russland zugrunde gegangen. Der Architekt drückte das Modell durch. Damals ging das noch einfacher. Putin war ein Neuling im Kreml ohne eigene Hausmacht und ohne Erfahrungen. Auf den Baustellen draußen im Land setzte Surkow die Blaupausen um, freundlich ging es dabei nicht zu. Doch auch in der Rolle des Poliers mit grazilen Geigerfingern erwies er sich als unersetzbar. Die Ausdauer zum Formen brachte er mit … die »Vertikale der Macht« stand nach kurzer Zeit. »Gelenkte Demokratie« nannte der Chefideologe das architektonische Gesamtwerk zunächst.

Danach machte sich der lesehungrige Autodidakt an ein neues Megaprojekt. Die »souveräne Demokratie« will dem Staat eine geschmeidige Ideologie unterlegen und dem Volk frischen Glauben einhauchen. Seit das Imperium verloren ging, dürstet es Russland nach Erbauung und geistigem Halt. Rastlos hastet der Sinnstifter von Idee zu Idee. Das Land ist groß, die Probleme sind grenzenlos, und Russland war in den Augen der Obrigkeit immer eine Baustelle ohne Bauauflagen, die zu rücksichtsloser Selbstverwirklichung einlud.

Tatkraft und Eifer machen ihn nicht gerade beliebt bei der Bürokratie, in der Behäbigkeit und Gleichgültigkeit den Grundton angeben. Apropos Ton: Putins Gehilfe bevorzugt maßgeschneiderte Zegna-Anzüge. Der russischen Ausgabe der Zeitschrift *GQ* verriet er: »Das Schwierigste ist, aus 45 Grautönen fünf auszuwählen, die einem am besten stehen.« Grau ist auch der dominante Farbton der Bürokratie, nicht unbedingt in der Kleiderordnung, in der mentalen Beschaffenheit hingegen auf jeden Fall. Wer im Gräulichen zu differenzieren versteht, stellt eine Bedrohung dar. Masse bietet keinen Schutz mehr.

Obwohl gerade diese Masse erheblich gewachsen ist, seit das Gespann Putin/Surkow alle maßgeblichen Institutionen gleichgeschaltet hat. Die Parteien, die Duma, der Föderationsrat, die Ministerialbürokratie, die Gouverneure, die Medien, die Justiz und selbst die Zivilgesellschaft, die eine handverlesene »Gesellschaftskammer« doubelt, wurden auf Linie gebracht. Formal existieren die Institutionen noch, Funktion und Inhalt gingen verloren. Die Mitwirkenden wurden zu Statisten degradiert, werden aber gut bezahlt und erhalten mannigfaltige Möglichkeiten zu lukrativem Nebenerwerb.

Als Politkomparsen wurden sie angeheuert, und daher ist aus ihnen auch nicht viel mehr herauszuholen. Das stört den Spindoktor dann doch gelegentlich. »Streitet euch!«, ruft er Abgeordneten und Parteifunktionären zu. Das Vereinigte Russland, die Partei der Macht, ist seine Kreation und filigrane Handarbeit. Lebendig soll die Debatte sein und unterhaltsam, fordert er. In den 1980er-Jahren studierte Surkow am Kulturinstitut in Moskau die Fächer Regie und Organisation von Massenveranstaltungen im Kulturbereich. Er beendete das Studium aber nicht und übernahm stattdessen die Leitung einer Amateurbühne. Trotz ausgeklügelter Regieanweisungen rühren sich die meisten Marionetten nicht, sie bleiben einfach stumm. So wird der

Regisseur auch noch zum Strippenziehen genötigt. Manchmal macht er das aber auch aus freien Stücken. In problematischen Fällen dirigiert Surkow das Abstimmungsverhalten der Deputierten per SMS. Tritt der seltene Fall ein, dass ein Parlamentarier dennoch auf seinem eigenen Willen beharrt, so wird dies sofort geahndet. Die Puppen sollen nur tanzen. Anatoli Jermolin berichtete von einer Sitzung vor einer wichtigen Abstimmung. Dort wurde die Anweisung erteilt: »Stimmt ab, wie euch gesagt wurde.« Wer den Gehorsam verweigere, solle sich gut anschauen, was mit Yukos geschehen sei. Der Eigentümer des Ölkonzerns, Michail Chodorkowski, büßt in einem Arbeitslager eine neunjährige Strafe ab und wurde enteignet. Jermolin war über den »mafiösen Umgangston« bestürzt und beschwerte sich bei der Staatsanwaltschaft. Umgehend erhielt er die Quittung und wurde aus der Fraktion ausgeschlossen.

Je komplexer die Anforderungen und je geringer die Selbstregulierungskräfte eines Systems sind, desto störanfälliger wird es. Manchmal scheint der Schöpfer von der Volatilität seiner Kunstwelten etwas zu ahnen. Im privaten Kreis soll er ketzerisch gesagt haben, über dem Land schwebe eine »Illusion von Stabilität«. Oder, wie es Erich Dwinger formuliert: »Heute Hoffnung, morgen schwerste Depression – das ist Russland.«

Der Grund für diese Zweifel ist wohl, dass die Wirklichkeit in der russischen Politik nur eine Nebenrolle spielt und von einem utopischen Narrativ ohne Utopie ersetzt wird.

Kokettiert der Ideologe vielleicht nur? Wer will das schon wissen. Der Privatmann schreibt sich zumindest als Dichter dunkle Vorahnungen von der Seele. Der Rockfan und Schwermetaller verarbeitet apokalyptische Visionen in mystisch-schwermütigen Songtexten für die russische Rockformation Agata Kristi, mit der er seit Jahren befreundet ist. In den Liedern sehnt sich der Texter nach Vereinigung, Einswerden und Aufgehen in der Masse. Er wehrt sich gegen Verrat und Teufel, irrt im Nebel und harrt der Erlösung. 100 000 Judasse und Satan sind zugegen.

Eine Kostprobe:

»Unser Meister ist Denitsa (Satan; Anm. d. Verf.) / Wir kennen seine Art /
Zu Weihnachten schickt er Staub und keinen Schnee.
Sind deine Tage ungezählt / Gehört der Dezember wirklich dir? / War
dein Lachen wenigstens einmal / Wie Wasser so klar? /
Am Rande des Himmels du jagtest mir nach / Ohne Angst, zu fallen /
wusstest du nicht, wo wir sind / Direkt am Himmelsrand nahm ich An-
lauf und sprang / In Stücke brechend / Dich zu retten / Am Rand des
Himmels …
Wir ziehen am Ende dieser endlosen Herde / Ich werde sein wie du /
Du wirst sein wie ich / Wir werden sein wie alle / Bis wir uns im Himmel
treffen / Wo Eisblumen blühen.«

Lyrik für Teenager, aber auch damit hätte er Brot verdienen können, meint der Papst der russischen Rockkritik, Artemi Troitski,
die Texte seien auch nicht schlechter als andere dieses Genres.
Surkow erinnert ihn an einen in der russischen Literatur sehr verbreiteten Charaktertyp. »Eine dieser höchst widersprüchlichen
Persönlichkeiten, die Böses auf dem Kerbholz haben, darunter aber
auch schrecklich leiden.« Dostojewskis Werke – auch Romane
zeitgenössischer Schriftsteller wie die des Erfolgsautors Wiktor
Pelewin – leben von diesen Figuren, die zwischen Vergehen und
Demut, Hybris und zerstörerischen Selbstzweifeln oszillieren.

Surkow sieht in dem russischen Klassiker den Generalschlüs-
sel zum unverstandenen Russland: »Lesen Sie Dostojewski«,
empfiehlt er, wenn wieder mal Mahner im Westen den Kreml
kritisieren. Inkonsequenz, Widerspruch und Gegensätzlichkeit
gerinnen in Dostojewskis Helden zur Essenz des russischen We-
sens. Sie leben, ja zelebrieren den Widerspruch und halten ihn
auch aus. Da verschwimmen ethische Maßstäbe. Die ambiva-
lente Urwüchsigkeit der Protagonisten wird akzeptiert, keineswegs verurteilt. Grenzverletzungen sind erlaubt. Das Gesetz mag
sie verbieten, die pragmatischere Lebensphilosophie duldet sie.

In der Anregung zur Lektüre ist die Botschaft enthalten: Wer uns nicht versteht, soll uns auch nicht kritisieren. Denn bei uns ist erlaubt, was anderswo undenkbar wäre. Und doch sind wir Europäer! Gehört Dostojewski etwa nicht zum gemeinsamen Kulturgut? »Russlands Version der europäischen Kultur ist natürlich spezifisch, aber nicht mehr als die Deutschlands, Frankreichs oder Englands«, behauptet Surkow und verlangt deshalb einen Freibrief für Russlands Sonderstatus. Dass Zugehörigkeit auch zu etwas verpflichtet, übersieht die politische Klasse geflissentlich. Sie hätte es gern überall so bequem und leicht wie im Umgang mit dem eigenen Volk, das es den Herren nicht verübeln kann, wenn sie Land und Leute wie eine Kolonie behandeln. In der Tat ist es anderswo in Europa undenkbar, dass sich Wilderer zu staatlich geprüften Jägern ernennen.

Geht es um ihr persönliches Wohl, wissen sie Rechtsstaatlichkeit durchaus zu schätzen. Familien und Vermögen befinden sich längst im Westen, bevorzugt in England und der Schweiz. Auch die Familie des stellvertretenden Präsidialamtschefs gehört dazu. Das hält den Kreml jedoch nicht davon ab, gegen Großbritannien eine Fehde vom Zaun zu brechen. Erst im Dezember verfügte Moskau die Schließung des British Council, der auch in Russland Sprache und Kultur vermittelt. Neben den USA wurde England aufgrund seiner konsequenten Haltung gegenüber russischen Rechtsverletzungen zum Feindbild hochstilisiert.

Surkows Karriere begann als Mitarbeiter Michail Chodorkowskis, des späteren Yukos-Chefs und Ölmagnaten. Beide waren Jungfunktionäre im »Komsomol«, dem kommunistischen Jugendverband, als sich Mitte der 1980er-Jahre der Niedergang des Sowjetsystems abzeichnete. Der Generalsekretär der KPdSU, Michail Gorbatschow, wollte dem Zerfall des Systems noch durch Reformen entgegensteuern. Die Politik der Öffnung erschloss tatkräftigen Jungfunktionären ungeahnte Möglichkeiten. Als 1987 die ersten privaten Firmen, die Kooperativen, zugelassen wurden, waren Kontakte zu Partei und Ministerien Gold wert.

Die meisten der später steinreichen Oligarchen entstammen dieser Generation der kommunistischen Jugend, wo sie im Schutz der rechtschaffenen Organisation das Grundkapital für die Privatisierungsphase akkumulierten.

In Chodorkowskis Firma leitete Surkow ab 1987 die Werbung. »Kontakt mit der Öffentlichkeit« nannten sich solche Abteilungen damals. Da es Werbung im herkömmlichen Sinne in der UdSSR nicht gab, blieb es der Fantasie anheimgestellt, was sich tatsächlich dahinter verbarg. Die Firma florierte und bildete den Grundstock für das Unternehmen Menatep, das sich bald zum größten privaten Finanzinstitut mauserte. Chodorkowski erkannte die Fähigkeiten des Kommunikators und übertrug ihm die Kontaktpflege zu Regierungskreisen. Menateps kometenhafter Aufstieg beruhte darauf, dass Beamte öffentliche Gelder in Milliardenhöhe bei der Bank deponierten. Statt sie auszuzahlen, spekulierte Menatep mit den Guthaben – vor allem gegen den Rubel. Exkollegen rühmen den Kontaktmann als einen besonders gewieften Kundenwerber. Die Brücke zur Öffentlichkeit spielte jährlich Millionen Dollar Prämien ein. Dem Vorwurf der Korruption musste er sich nie stellen, obwohl es genau das war, womit er sich jahrelang beschäftigte. Das macht ihn aber auch erpressbar, und hierin liegt das Geheimnis des russischen Führungsstils. Solange der Delinquent sich loyal verhält, geschieht nichts. Wagt er unterdessen einen Seitensprung, wird ihm das »Kompromat«, das kompromittierende Material, das Genick brechen. Staatsbedienstete ohne Leichen im Keller gelten daher als unsichere Kantonisten und sind in Führungskreisen nicht gut gelitten.

Nach zehn Jahren stieg Surkow aus dem Finanzimperium aus und wechselte zum Oligarchen Michail Fridman, den er vom Metallurgie-Institut kannte. Surkow und Chodorkowski hatten sich im Streit getrennt: Der Milliardär war nicht bereit, dessen Forderungen nach mehr Einfluss, Beteiligung und Geld nachzukommen. Surkow sei es leid gewesen, »der ewige Dritte« zu sein, schrieben Zeitungen damals.

Auch in Fridmans Alfa Bank hielt es ihn nur ein Jahr. Danach wurde er Vizedirektor des TV-Senders ORT, der zum Imperium des Medienmoguls Boris Beresowski gehörte. Der windige Oligarch bekleidete zu jener Zeit die Rolle des grauen Kardinals im Kreml. Er gilt auch als Königsmacher Wladimir Putins, vor dessen Verfolgung er 2000 ins Londoner Exil floh.

Als sich 2003 der Kreml über den Yukos-Eigentümer Chodorkowski hermachte, war Wladislaw Surkow schon im dritten Jahr Putins Schattenmann. Der Öltycoon wagte es, sich als Rivale des Kreml-Zaren ins Gespräch zu bringen und dessen restaurativen Kurs zu hinterfragen.

Beteiligte sich der Vize an der Hetzjagd auf den früheren Chef? Surkow will sich herausgehalten haben, gab er zu Protokoll, er sei befangen und habe Achtung vor dem Menschen Chodorkowski. Indessen kursieren auch andere Gerüchte, wonach er hinter den Kulissen kräftig zur Jagd geblasen haben soll. Der ehemalige Partner des Yukos-Chefs, Wladimir Dubow, will von Surkow jedoch gewarnt worden sein. Wenn du nicht rechtzeitig gehst, »werden sie dir nachweisen, dass du schuldig bist, weil Putin nicht falschliegen kann«. Dubow emigrierte nach Israel.

Loyalität wird im Kreis der letzten Komsomolzen nicht großgeschrieben. Den Zynismus habe die Generation schneller erfasst als die Spielregeln der Demokratie, meint der frühere Menatep-Kollege Alexej Kondaurow.

Surkows große Stunde schlug 1999, als sich die Tore des Kreml endgültig öffneten. Russland steckte nach dem Rubelkollaps 1998 in einer tiefen Wirtschaftskrise. Deshalb entsandten ihn die Oligarchen als Frontmann in die Zentrale, wo er ihre Interessen vertreten sollte. Ende des Jahres standen Duma-Wahlen an. Die Stimmung im Land war schlecht, rechte und linke Radikale waren auf dem Vormarsch, deren Durchbruch er verhindern konnte, ohne dem demokratischen Reglement allzu sehr zuzusetzen. Mit bemerkenswertem Gespür wirkte er auf die verfeindeten Nomenklatura-Fraktionen ein, die am Ende tatsächlich in der fusio-

nierten Partei Einheit aufgingen, die die Keimzelle der späteren
Putin-Partei Vereinigtes Russland bildete – ein strategisches Ka-
binettstückchen.

Die Überraschung kam nach den Wahlen. Die demokratischen Parteien erwarteten, dass die zusammengeschusterte
Kreml-Partei sich mit ihnen zusammentun und eine Ära der
Reformen einläuten würde. Surkow entschied sich jedoch für einen anderen Bündnispartner. Die Verhältnisse im Kreml hatten
sich über Nacht verschoben. Boris Jelzin war zur Jahreswende
2000 überraschend zurückgetreten und hatte Premier Wladimir
Putin als Statthalter eingesetzt. Der frühere Geheimdienstchef
brachte seine Leute aus den »Organen« mit in den Kreml. Die
Atmosphäre schlug im Nu um. Surkow, der noch unter Jelzin
zum stellvertretenden Präsidialamtschef aufrückte, spürte die
Gegenströmung, richtete das Ruder neu aus und schwor die
Kreml-Partei auf ein Bündnis mit den Kommunisten ein, die
auch den Duma-Sprecher stellen durften. Die Demokraten waren nicht nur perplex, sie wurden auch noch aus allen wichtigen
Duma-Komitees verdrängt. Surkow gab sich ungerührt und rief
eine neue Leitidee aus: Nach Jahren des Rückzug vor der »Bourgeoisie« sei es nun an der Zeit, die Position von Bürokratie und
Staatsapparaten wieder auf- und auszubauen. Den Oligarchen,
vor allem Boris Beresowski, dem früheren Brotgeber, ließ er über
die russische Presse mitteilen, sie seien »Bakterien, die nur auf
einem verwesenden Körper überleben können«. Beresowski ergriff sofort die Flucht, einige zögerten, und beim Medienmag-
naten Gussinski musste nachgeholfen werden. Wenn Russland
sich von seiner zivilisierteren Seite zeigen will, erledigen Staatsanwaltschaft und Steuerinspektion die Order.

Surkow, ein reuiger Kommunist oder ein *gosudarstwennik* – ein
Etatist wie der Chef? Im spartanisch-funktional eingerichteten
Büro im alten ZK-Gebäude der KPdSU am Staraja Ploscht-
schad hängen zwei Porträts, eins von Che Guevara, das andere
von Wladimir Putin.

Gleichwohl ist der große Kommunikator weder Kommunist noch Ideologe. Zwar produziert er Ideologie, aber als ein von politischen Überzeugungen unbelasteter PR-Stratege. Ihn interessieren die Mechanismen der Macht, die Verkäuflichkeit des Produkts und die Käuflichkeit der Klienten. Einer der wenigen glaubwürdigen demokratischen Ex-Duma-Abgeordneten, Wladimir Ryschkow, erzählte, wie ihn Surkow 2000 in den Kreml einbestellte: »Was ich von ihm materiell bräuchte, um in die Einheit überzutreten, fragte er. Ich lehnte ab, und er war ziemlich überrascht.«

Ist Surkow ein russischer Macchiavelli? Moskaus Presse vergleicht ihn gern mit dem Florentiner. Auch wenn es ein schmeichelhafter Vergleich sein mag, in einem stimmen beide überein: Sie teilen das pessimistische Menschenbild, das jedem Individuum grundsätzlich Korrumpierbarkeit unterstellt. Dennoch entwickelte Macchiavelli aus der Krise der Republik Florenz das politische Denken der Neuzeit, während Surkow Mythen konstruiert, die die systemische Dauerkrise Russlands übertünchen.

Vor den Duma-Wahlen 2003 klonte Surkow wieder eine neue Partei, die den Kommunisten Stimmen abjagen und der Kreml-Partei die Mehrheit sichern helfen sollte. Der Kreml griff auf den talentierten Demagogen Dmitrij Rogosin zurück. Rodina – Heimat – hieß die Neuschöpfung. Rogosin war seit Jahren ein Guru im rot-braunen Spektrum und ein glänzender Organisator, der mit chauvinistischen Mobilisierungskampagnen locker mal tausend Patrioten an die Spaten ruft, wenn er wie im Herbst 2003 die Krim mithilfe eines Dammes durch das Asowsche Meer heim ins Imperium holen möchte – natürlich nur, um Schlagzeilen zu machen. Rogosin und Surkow verkörpern den Politiker neuen Typs. Sie sind effizient, elitär, elegant – so ganz unsowjetisch, könnte man meinen. Doch das täuscht, der äußerliche Stil hat sich geändert, im Denken sind sie Homines sovietici geblieben.

Rogosin trifft den patriotischen Nerv. Seine Popularität wurde gefährlich. Surkow stutzte ihn zurecht, indem er ihn aus dem

Fernsehwahlkampf nahm. »Was soll ich nur mit dir machen?«
Mit neun Prozent jagte der Verbannte den Kommunisten fast
die Hälfte der Wähler ab. Drei Viertel der Duma-Sitze fielen an
das Vereinigte Russland. Surkow hatte vollstreckt, er wurde für
Putin unersetzbar. Das Feld war gesäubert, denn auch von den
demokratischeren Parteien schaffte es keine ins Parlament. Surkows Kommentar: »Eine neue Ära beginnt.« Die Verlierer sollten
Ruhe bewahren und begreifen, dass sie ihre historische Mission
erfüllt hätten. Das war eine offene Drohung und die »neue Ära«
kein leeres Versprechen.

Surkow ist ein Aufsteiger aus der Provinz, ein Halbrusse zudem. Die politische Elite achtet sehr genau auf Herkunft. Eigentlich ist er keiner von ihnen. Das spürt Surkow, der Meister
der Mimikry, und betreibt ihre Sache umso ehrgeiziger.

Im Herbst 2004 nahm ein tschetschenisches Terrorkommando in der nordossetischen Kleinstadt Beslan eine ganze Schule
als Geisel. Bei der chaotischen Befreiungsaktion nach mehreren
Tagen starben mehr als 330 Menschen, hauptsächlich Kinder. Bis
heute sind die wahren Hintergründe der Tragödie offiziell nicht
geklärt. Bewusst wurden die Untersuchungen verschleppt und
die entscheidenden Ergebnisse unterm Deckel gehalten. Das hat
System. Alternative Ermittlungen belegen eindeutiges Staatsver-
sagen. Russlands »starker« Staat ist eigentlich schwach. Ja, in den
Tagen des Terroranschlags war er gar nicht existent. Die »Macht«
war schlichtweg abgetaucht. Wer Verantwortung übernimmt,
macht sich angreifbar. Die Logik der sogenannten »Machtvertikale« verbietet Eigenständigkeit und Verantwortungsbewusstsein. Unternimmt die Spitze im Kreml nichts, so bewegt sich die
gesamte Pyramide nicht.

Sollte jemand dennoch beherzt zupacken und sollten ihm
Fehler unterlaufen, zieht das Sanktionen nach sich. Vordergrün-
dig wird der Sünder für den Misserfolg bestraft, tatsächlich wird
der Verstoß gegen das Gesetz der »Vertikale« geahndet.

Nach wie vor bestimmen informelle Praktiken und ungeschriebene Verhaltenskodizes die Organisation des Sozialen, hinter die normiertes Recht zurücktritt.

Nach solchen Katastrophen schlägt regelmäßig die Stunde des Maulheldentums. Die Bürokratie nimmt meist durch weitere Restriktionen Revanche an der Gesellschaft, obwohl die Staatsdarsteller nicht in der Lage waren, rudimentäre Ordnungsfunktionen auszufüllen. In Momenten größter Bedrohung ist von ihnen nichts zu sehen. Unter Putin trat dieses Szenario gleich mehrfach ein: Im August 2000 beim Untergang des Atom-U-Bootes *Kursk,* zwei Jahre später, als tschetschenische Terroristen das Musicaltheater Nord-Ost in Moskau in ihre Gewalt brachten, und 2004 in Beslan. Der Staat erklärt sich durch Absenz für nicht zuständig. Jedes Mal kosten die verspätet eingeleiteten, jämmerlich vorbereiteten und schlampig durchgeführten Rettungsversuche Hunderte von Leben. Die Menschen nehmen das hin, denn sie begreifen den Staat nicht als ihre Schöpfung, die Gesellschaft versteht sich eher als Produkt des Staates.

Surkow blies nach Beslan auch in dieses Horn. Das Selbstvertrauen der Elite war bis ins Mark erschüttert. Jetzt gab es aber einen Anlass, die Demontage der demokratischen Restbestände endlich durchzuziehen, deren Pläne längst in der Schublade bereitlagen. Die Wahlen der Gouverneure wurden abgeschafft, und das Wahlgesetz wurde verschärft – mit der Begründung: Nur eine straffere Bündelung der Zuständigkeiten im Kreml könne derartige Tragödien verhindern.

Wer sich Putins Plänen der Stärkung des Staates widersetze, so Surkow, sei ein »Russlandhasser« und erfülle die Aufgabe einer »fünften Kolonne«. Die »falschen Liberalen und echten Nazis« würden von bösen Kräften aus dem Westen finanziert. Nicht dem »Russland Putins«, sondern »Russland als solchem« gelte ihr Hass. Die aggressive Rhetorik war neu, auch die offene Benennung von Freund und Feind, die Kritiker zu Verrätern stempelt. Die Obrigkeit reagierte über und verriet so, wie verunsichert sie doch war. Der Drang, bis ins letzte Detail alles kontrollieren zu wollen, bedeutet, dass die Kontrolle über das Ganze gescheitert ist. Derartige Überkompensationen sind keine Erfindungen der Putin-Bürokratie. Sie reichen bis in die *Wiren* (Blutgeldstrafe für Mord) des altrussischen Kirchenrechts zurück. Auch der Vorschriftenwahn der Planwirtschaft mag als ein besonderes Kuriosum dieses Mechanismus gelten. Ordnung soll dort suggeriert werden, wo einfach keine ist.[86]

Letztlich fällt auch Putins »Diktatur des Gesetzes« unter diese Form der rhetorischen Überkompensation. Da der russische Bürger Verordnungen von oben mit tiefem, anarchischem Misstrauen beäugt, greift der Staat, um Forderungen Nachdruck zu verleihen, zu politischer Gewalt – auch dies ist nur eine andere Stufe der Überkompensation. Ordnung ist in Russland lediglich in rhetorischer Form simulierbar.[87]

Surkow erkennt die Fragilität der Institutionen. Er weiß sich aber keine andere Lösung, als im alten Paradigma zu verharren: zentralisieren, gleichschalten, unterordnen. Ob Zaren, Generalsekretäre oder Präsidenten – sie alle wollten auf die gleiche Methode des Übels Herr werden. Auch das Ergebnis war immer dasselbe. Die Gesellschaft ignoriert den Staat, während die servilen Schergen so tun, als stünde alles zum Besten. Nur ad usum delphini gefilterte Nachrichten gelangen zum Zaren. Das System ist kopflastig und verschließt vor der Realität die Augen.

»In einer kritischen Situation verrottet der Staat wie eine Tomate; der Träger konstruktiver Funktionen verschwindet einfach«, meint der russische Historiker Alexander Achieser, der darin ein wiederkehrendes Motiv russischer Entwicklung sieht.[88] Ein totaler Staatskollaps sei im Westen fast undenkbar, da in kritischen Momenten die Gesellschaft zu Hilfe eilt, den Staat stützt oder das marode System durch alternative Strukturen eigenverantwortlich ersetzt. Nicht so in Russland: Dort gleicht der Staatsverfall einer nationalen Katastrophe. Die Untertanen sind gleichgültig, nehmen den Staat gar nicht zur Kenntnis. Je schwächer die Institution, desto geringer ist wiederum ihre Be-

reitschaft, sich zu engagieren. Als das Zarenreich unter Nikolaus II. 1917 sang- und klanglos unterging, standen nicht einmal
die Großherzöge dem Zaren zur Seite. Generalsekretär Gorbatschow machte 1991 dieselbe Erfahrung. Über Nacht verlor er
die Macht, die Institutionen der Supermacht und die KPdSU als
Staatspartei verschwanden im Orkus, und kaum jemand nahm
davon Notiz. Viermal in 500 Jahren verlief es ähnlich.

Das deckt sich natürlich nicht mit dem Mythos des revolutio-
nären und gewaltsamen Volkswillens, der in Russland gepflegt
wird. Die Opposition hat niemals einen Herrscher gewaltsam
beseitigt, noch taten sich die Gegner durch alternative Vorstellungen von Staatlichkeit hervor. Die Verwesung des Staates und
die Gemütsruhe der Bürger nötigten 1917 die Bolschewiken sogar
zu einer neuen Mythenbildung: Die Schüsse des Kreuzers *Aurora*
und die massenhafte Stürmung des Winterpalastes waren Mär-
chen, die Lenin erfand, um vor allem das westliche Verständnis
von Revolution zu befriedigen.

Für gewöhnlich machen sich die Russen erst dann an den
Wiederaufbau des Staates, wenn das Leben für die Mehrheit
unerträglich geworden ist. Die Reorganisation hält sich entweder an das alte Modell oder lässt Demagogen und folkloristische
Helden ans Ruder, so wie 1917.

Da das Volk den Staat nicht als Ergebnis eigenen Wirkens auf-
fasst, verhält es sich desinteressiert und teilnahmslos. Entweder
lehnt der Untertan alles Staatliche strikt ab, oder er verfällt in einen Zustand quasi religiöser Verhimmelung. Dazwischen existiere
einfach nichts, so Achieser. Im Gegensatz zur Wahrnehmung von
außen sind Staat und Staatsverständnis in der russischen Kultur
nur schwach verankert. Die Leistungsfähigkeit des Staates rechtfertigt auch nicht das Bild eines starken und potenten Leviathans.
Ein Staat, der sich im Laufe seiner Geschichte ohne Intervention von außen vier Mal buchstäblich in Luft auflöst und nicht in
der Lage ist, wachsender innerer Unruhe zu gebieten, geschweige
denn der Massenträgheit Herr zu werden, verdiene keineswegs,

stark genannt zu werden. Das Image beruhe vielmehr auf der
grimmigen und wilden Abstrafung von vermeintlichen Störern
und Schuldigen nach den selbstverschuldeten Desastern.

Auch Surkows demokratische Demontage fügt sich in dieses
Schema ein und belegt eigentlich nur die Impotenz der Omni-
potenz.

Souverän (gelenkte) Demokratie

»Wer ist die Spinne, wer die Mücke im internationalen System?«
Das ist die Ausgangsfrage des Ideologieentwurfs der »souveränen
Demokratie«. Der Chefideologe sorgte mit der Verknüpfung der
beiden Begriffe nicht nur unter Staatsrechtlern für Irritationen.
Sind demokratische Staaten nicht per definitionem souveräne
Mitwirkende auf der internationalen Bühne, und ist es nicht
der Souverän, das Volk, der Demokratie verbürgt? Was steckt
hinter diesem Kompositum, das unwillkürlich an den Pleonas-
mus der sowjetischen »Volksdemokratien« erinnert? Im Februar
2006 sprach Surkow vor Funktionären des Vereinigten Russland
erstmals über »Souveränität – ein Synonym für Konkurrenzfähigkeit«.[89] Damit begann eine umfassendere Debatte, die sich
auf die Suche nach dem nationalen Selbstverständnis, der Rolle
Russlands in der Welt und dem Wesen der russischen Demokratie begab. Über allem steht die Frage: Wie lassen sich die Elemente zusammensetzen?

Aus dem Referat wurde eine Vortragsreihe, die den gedanklichen Rohbau bezugsfertig machen sollte. »Russlands politische
Kultur. Ein Blick aus utopischer Perspektive«,[90] gehalten vor den
Philosophen der Akademie der Wissenschaften im Sommer
2007, war ein letzter kühner Denkanstoß, der das Land indes
nicht erschütterte.

Mit dem Konzept der »souveränen Demokratie« reagierte der
Kreml auf die farbigen Revolutionen in vier postsowjetischen

Nachbarstaaten. In der Selbstbehauptung des Volkswillens sah der Kreml »Populismus« am Werk, der sich nur mittels logistischer und finanzieller Westhilfe durchsetzen konnte. Kiew bezahle einen hohen Preis. Durch Abhängigkeit vom Westen habe es die Souveränität verloren. Denn souverän könne sich nur nennen, wer die politische Verfasstheit selbst bestimme und über die Potenz verfüge, andere in den eigenen Orbit hineinzuziehen.[91] Kleinere Staaten können nach Auffassung des Kreml mithin nicht souverän sein und sind dazu verdammt, sich einem der Machtzentren unterzuordnen. Wahrhaft souverän seien nur die mächtigsten, »ideell und politisch wagemutigsten« Staaten, zu denen eben Russland gehöre, meint Witalij Tretjakow. Der frühere Chefredakteur der *Mosowskii Nowostii* ist einer der Autoren[92] eines Sammelbandes mit dem Titel *Souveränität*, der, vom Kreml angeregt, wohl als künftiger programmatischer Lehrfaden gedacht ist. Gleichwohl ist der Grundriss von den Riesenauflagen früherer Lehrstoffe wie des *Manifestes der Kommunistischen Partei* und des Stalin'schen *Kurzen Leitfadens* noch weit entfernt. Neben Wladislaw Surkow und Wladimir Putin zählt auch schon Kreml-Neuling Dimitrij Medwedew zum Autorenkreis.

Tretjakows Quintessenz: Russland bestimmt sein Tun selbst, wird sich niemandem unterordnen und nur partnerschaftliche Beziehungen eingehen. Interessen der Weltgemeinschaft, kleiner Völker und schwacher Staaten wolle Russland nicht übergehen, sich aber vorbehalten, wie es jeweils verfahre. Souveränität ruhe auf drei Säulen: wirtschaftliche Unabhängigkeit, militärische Stärke und kulturelle Identität. Mit der Verknüpfung von Souveränität und Großmacht erhebt und erneuert Moskau sein Anrecht auf Einflusssphären und unterstreicht, dass sein Verständnis von Außenpolitik am Konzept des Nationalstaats festhält. Russland strebt keine multipolare Weltordnung an, wie es im Kampf gegen die amerikanische Hegemonie publikumswirksam vorgibt. Es baut schlicht auf Macht und Unilateralismus und ist davon überzeugt, dass die Verfolgung rein nationaler Interes-

sen dem Land langfristig zum Vorteil gereichen wird. Russland
denkt im nationalstaatlichen Paradigma des 19. und 20. Jahrhunderts. Es glaubt, ja hofft, die EU werde eines Tages an inneren
Widersprüchen zerbrechen und die Zukunft wieder europäischen Nationalstaaten gehören. »Unterordnen« erhält in diesem
Kontext eine andere Bedeutung. Es geht nicht um wirtschaftliche und territoriale Interessen, die Russland vonseiten der EU
bedroht sieht. Vielmehr sind es die suprastaatlichen Strukturen,
der rechtsstaatliche und ethische Anspruch von Bürger- und
Menschenrechten, die Russland Unbehagen bereiten. Davon
fühlt sich die »souveräne Demokratie« bedrängt, und dagegen
soll sie ein Bollwerk errichten.

Die Bildung des europäischen Selbstverständnisses ist die
Geschichte seiner Krisen, aber auch die Geschichte von Gesellschaften, die sich zu der Frage bekennen: Wie lässt sich gesellschaftliches Zusammenleben in größter Selbstbestimmung aller
Individuen unter Einhaltung eines zivilen Regelwerks möglichst
gerecht und friedlich organisieren? An die Stelle der Gemeinschaft in Russland tritt in Europa das Prinzip gesellschaftlichen
Zusammenhalts: gemeinsames Erlernen des Umgangs mit der
permanenten Nicht-Übereinstimmung (Richard Herzinger).
Dies mag eine gewagte Konstruktion sein. Sie funktioniert aber,
da sie ein Höchstmaß an Lernfähigkeit ermöglicht und aus Niederlagen Stärke zieht. So weit ist Russland noch nicht.

Daher verbietet sich Russland jegliche Kritik von außen und
nährt die Befürchtung, es wolle sich wieder abschotten. Dem tritt
Surkow zwar entgegen: »Souveränität – das bedeutet Offenheit,
Zugang zur Welt, Teilnahme am offenen Kampf … Souveränität
ist ein politisches Synonym für Konkurrenzfähigkeit.«

Diese Offenheit gilt aber nicht für die innenpolitische Sphäre. Die Furcht vor unvorhersehbaren innergesellschaftlichen
Entwicklungen und der vermeintlichen Allmacht des Westens
nimmt irrationale Züge an, wenn Surkow behauptet:

In vier Ländern sei dem Westen der Umsturz gelungen, »warum sollte er es nicht auch in einem fünften tun?« Dass der aktuelle Kampf um den souveränen Staat mit Eingriffen in den Demokratisierungsprozess verbunden sei, wird nicht geleugnet. Man habe einfach Angst. Das Volk sei für Demokratie nicht reif, befindet der stellvertretende Präsidialamtschef. Es klingt fast ein bisschen entschuldigend. Die tödliche Furcht vor Revolution und Instabilität begleitet russische Zaren seit Katharina II. Fast alle Herrscher verwandten immense Energien auf die Stärkung der Machtvertikale – Anstrengungen, die 1917 dann in der totalen Destabilisierung endeten.

Die Gesellschaft spielt in dem Konzept keine eigenständige Rolle: Souveränität wird vom Staat aus gedacht, dessen Nationalstaatlichkeit es vor dem Hintergrund der Globalisierung zu stärken gelte. Moskau will eine führende internationale Rolle übernehmen und russische Politik wieder global ausrichten.

Unschwer ist das alte Paradigma zu erkennen, in dem sich der Staat ausschließlich über seine äußere und imperiale Funktion begreift.

Ordnung im eigenen Haus zu schaffen, Staat und Gesellschaft zu modernisieren, sieht der Entwurf nicht wirklich vor. Das riesige Reich bescheidet sich nicht mit der Perspektive, irgendwann einmal ein normales Land zu werden. Russland will eine Spinne sein.

Dabei erkennt der Kreml-Philosoph durchaus, dass das »Aufholen, Einholen, Überholen« des Westens gewaltige intellektuelle und wirtschaftliche Anstrengungen erfordert. Zuletzt erhob der KPdSU-Generalsekretär Chruschtschow vor 45 Jahren dieselbe Forderung. Vergeblich. Surkow leugnet die strukturellen Schwächen der Wirtschaft keineswegs. Die Defizite veranlassen ihn jedoch zu der Forderung, die strategischen Bereiche Energie, Kommunikation, Verteidigung, Rüstung und Finanzwesen ausschließlich russischem Kapital vorzubehalten.

Das Land habe aber nur Zukunft, »wenn sich unsere Geschäftswelt in eine nationale Bourgeoisie verwandelt.« Unver-

hohlen warnt Surkow den russischen Geldadel, der sein Vermögen außer Landes geschafft hat und jederzeit auf dem Sprung
in die Emigration ist, sich nicht als »Offshore-Aristokratie« zu
gebärden. Der Kreml werde es nicht mehr dulden, dass sie auf
Kosten des nationalen Wohls Reichtümer scheffle. »Freiheit des
Individuums und Freiheit des Staates sind in der souveränen Demokratie ebenbürtig.«

Aufschlussreich wäre ein Hinweis, wie der Kreml mit den eigenen höchsten Funktionsträgern umzugehen gedenkt, die sich
die Filetstücke der Wirtschaft unter den Nagel gerissen haben
und nun ihre Stellung nutzen, um Geld ungestraft außer Landes
zu schleusen. Die sogenannte Kreml-AG, die die Renationalisierung im Privatinteresse der Bürokratie in den zurückliegenden
Jahren betrieben hat, ist die Errungenschaft der Putin-Ära und
ein Krebsgeschwür, das den Staat von innen auffrisst.

Sie verkörpert offensichtlich nicht die »national gesinnte Elite«, die Surkow für unverzichtbar hält, sondern fällt eher unter
die »halbsowjetische, halbkompetente« Bürokratie, die der Neu-
erer durch eine »effiziente, wettbewerbsfähige Gemeinschaft von
Staatsdienern« ersetzen möchte.

Doch wo soll die rekrutiert werden? Wer soll sie ausbilden
und nach welchen Vorbildern? Unter der ideell-praktischen
Ägide des Kreml wurde die Gesellschaft bewusst in einen hilflos schizophrenen Zustand versetzt. Nachdem Zivilgesellschaft
und Rechtsbewusstsein untergraben wurden, hat der Kreml nur
»Sonderweg« und »Eiserne Faust« als Alternativen im Angebot.
Parteien, Parlament, Justizwesen, Medien und Opposition sind
absichtlich diskreditiert worden. Wieder impft die Obrigkeit
den Bürgern Angst vor Freiheit und Eigenverantwortlichkeit ein.
Erfolg winkt heute vor allem dem, der korrupt und amoralisch
handelt. Die politische Elite ist zur alten Matrix zurückgekehrt.

Die wahre Bedeutung des Wortes Demokratie

»Der Präsident hat den demokratischen Institutionen die wahre Bedeutung des Wortes Demokratie zurückgegeben.«

Wladislaw Surkow

Ungeachtet der Bekenntnisse zur Demokratie hat Russlands System mit dem demokratischen Grundkonsens Europas nichts gemein. In Politik und Gesellschaft gehen beide unterschiedliche Wege. Das Interesse am Westen beschränkt sich auf instrumentelle Teilhabe und Aneignung des Modernisierungspotenzials. Surkow macht daraus gar kein Hehl:

»Wenn wir keine offene demokratische Gesellschaft sein werden, uns nicht umfassend in die Weltwirtschaft und das weltweite System von Wissen integrieren, erhalten wir keinen Zugang zur modernen Technologie des Westens, ohne die eine Modernisierung Russlands unmöglich ist.«[93]

Effizienz steht im Vordergrund. Recht plastisch umschrieb Surkow in einer Geheimrede vor Geschäftsleuten auf dem Wirtschaftsforum Delawaja rossija das nachbarliche Verhältnis:

Feinde seien die Europäer nicht. »Sie sind einfach Konkurrenten. Das ist jedoch noch beleidigender, als Feind zu sein. Im Krieg – wenn sich Feinde gegenüberstehen – stirbt man als Held. Darin liegt etwas Schönes und Heroisches. Unterliegst du im Konkurrenzkampf, bist du ein Verlierer. Das ist doppelt demütigend. So wäre es doch besser, wir wären nicht diese zweideutigen Freunde, wie zurzeit, sondern Feinde. Das ist es, was wir irgendwie wollen.«[94]

Surkow polarisiert und spitzt zu. Sein Diktum entbehrt nicht einer gewissen Originalität. Nicht zuletzt ergibt sie sich auch aus dem Gefälle zum moderateren Umgangston moderner Demokratien, die auf Schärfe und Polarisierung verzichten, da sie um permanenten Ausgleich bemüht sein müssen. Auch eine gewisse Verächtlichkeit ist nicht zu überhören, der wir schon im ideologischen Disput der Slawophilen gegenüber der routinierten Langeweile im Westen begegneten.

An der Einsicht führt nichts vorbei: Russland grenzt sich von der EU und den in ihr verkörperten überstaatlichen Prinzipien ab. Die Europäer müssen reagieren, wenn sie sich Moskauer Störmanövern nicht ausliefern wollen, eine neue Linie im Umgang mit dem Nachbarn entwerfen, die für alle EU-Mitglieder dann auch verbindlich sein muss. Der Kreml verfolgt eine Strategie der asymmetrischen Interdependenz, die die EU von Russland abhängiger machen soll als umgekehrt. Eine geschickte Politik des divide et impera gegenüber einzelnen EU-Mitgliedern trägt überdies schon Früchte. Russland kann man daraus keine Vorhaltungen machen, die Schwäche der EU und das Verhalten einzelner Mitglieder ermutigen Moskau geradezu. Solange es in der EU Trojanische Pferde (Zypern, Griechenland) und strategische Partner (Deutschland, Frankreich, Italien, Spanien) gibt, die Russland aus wirtschaftlichen Interessen Rechtsverletzungen nachsehen und an der Idee einer allmählichen Annäherung festhalten, ist eine Kurskorrektur des Kreml nicht zu erwarten. Verlierer kann nur die EU sein.[95]

Grundsätzlich reklamiert Surkow einen gleichberechtigten Platz für Russland in Europa und begründet dies mit ähnlichem Geschichtsverlauf. So habe Russland die Phasen Absolutismus und Reformation ebenso absolviert wie Europa, zeitgleich den Parlamentarismus eingeführt und sei auch dem Totalitarismus anheimgefallen. »Ein ganz normales Land«, befindet der Kreml. Historiker würden dem widersprechen. In der Tat stellt Russland in der Weltgeschichte einen Normalfall dar. Doch gründet diese Normalität darauf, dass sich das Moskau des späten Mittelalters von der in ihrer Art einmaligen Entwicklung Westeuropas entfernte und einen Pfad einschlug, den auch zentralisierte bürokratische Großreiche wie China, das Byzantinische und das Osmanische Imperium beschritten. Die Faktologie hat in Russland einen schweren Stand.

Freund und Feind — Der Begriff des Politischen

»Die Duma ist nicht der Platz für Diskussionen.«

Boris Gryslow,
Vorsitzender der Duma und der Partei Vereinigtes Russland

Erheblich geschickter wird die Zugehörigkeit zu Europa jedoch im Rückgriff auf zwei Klassiker des konservativen kontinentalen Denkens vertäut.

Dem Entwurf der »souveränen Demokratie« standen Carl Schmitt, Kronjurist des Dritten Reiches, und der französische Philosoph und Politiker François Guizot (1787–1874) Pate. Guizot wird im Leitfaden *Souveränität* mit einem Beitrag zum Thema »Politische Philosophie: Über Souveränität« großzügiger Platz eingeräumt. Den theoretischen Wegbereiter des Führerstaates, Carl Schmitt, als geistigen Vater auszuweisen schien den Kreml-Strategen dann doch etwas zu gewagt. Zumal der Sieg über den Faschismus eine der wenigen ideologischen Säulen des Regimes und der nationalen Idee darstellt.

Der antirevolutionäre Impetus und das fundamentale Misstrauen gegenüber allen Formen der modernen Demokratie machen beide Theoretiker für Moskau attraktiv. Die repräsentative Demokratie als Ausdruck pluralistischer Interessen lehnen sie genauso entschieden ab wie die Rolle des Volkes als Souverän und die Demokratie als Äußerung eines souveränen Willens. Verführerisch mag aus Moskauer Sicht auch Guizots Plädoyer für das Konstrukt eines Souveräns klingen, den die nationalen Eliten als Inkarnation des »gesunden Menschenverstandes« verkörpern. Beide halten die seit der Fanzösischen Revolution einsetzende Emanzipation der Gesellschaft vom Staat für einen Irrweg.

Schmitt hegt Verachtung gegenüber allen korporativen Arrangements der westlichen Gesellschaft. Parlamentarismus ist für ihn eine »unechte Fassade«. Wahlen als Instrument legitimer Repräsentation unterschiedlicher Interessen erkennt das anti-

liberale Denken nicht an. Es verzichtet jedoch nicht auf Wahlen, sondern erhebt sie zu einem Mechanismus, in dem sich die
»Identität der Herrschenden und Beherrschten« oder der »Be-
fehlenden und Gehorchenden« abbildet. Das Prinzip der Volksvertretung verkehrt sich so in einen Modus, in dem sich die Obrigkeit vor dem Volk lediglich präsentiert. Zum Schlüsselbegriff
des Schmitt'schen Demokratieverständnisses gerinnt die »Identität«. Sie ist Inbegriff und Wesen der Demokratie, weil sie ein
»politisch geeintes« Volk unbedingt voraussetzt. Um »politisch
geeint« zu sein, reicht es nicht, dass sich die Gesellschaft auf ein
Verfahren des Regierens und der Herrschaftsausübung verständigt wie im liberalen Verfassungsstaat. Das Idealziel ist die absolute Identität zwischen Herrschenden und Beherrschten; der
demokratische Charakter eines Staates besteht nur, wenn auch
Gleichheit, Einheit und Identität zunehmen.

Demokratie basiert bei Schmitt auf den absoluten Prinzipien
von Gleichheit und Gleichartigkeit, sie machen ihr Wesen aus.
Doch sind diese Begriffe nicht mit liberalen und rechtsstaatli-
chen Kategorien gleichzusetzen. Der demokratische Staat des
Antiliberalismus stützt sich nicht auf einen Vertrag, sondern
beruht allein auf der Homogenität des Volkes: »Weil die subs-
tanzielle Gleichartigkeit des Volkes so groß ist, dass aus der gleichen Substanz heraus alle das Gleiche wollen«, schreibt Schmitt
in der Verfassungslehre.

Verfassungsmäßig verbriefte Rechte, die dem Bürger private
Sicherheit garantieren, sind auf dem Weg zur »reinen« Form
der Demokratie nur eine Behinderung. Ebenso störend wirken
organisierte Interessen, die Einfluss auf die Willensbildung aus-
üben, denn sie verkörpern den Sieg egoistischer Privatinteressen
über die Einheit der Staatsgewalt. Schmitts Demokratie erklärt
in einem Akt dezisionistischer Setzung alle Bürger zu Gleichen.
Das Entscheidungsdenken steht über dem Recht.

Angst vor der sozialen Dynamik in der Weimarer Republik,
die zu einem Bürgerkrieg führen könnte, lenkte Schmitts Theo-

riebildung. Ebendiese Furcht vor den »unreifen Massen« lässt auch das russische Regime auf dieses Gedankengut zurückgreifen. So geht es Schmitt darum, die Souveränität des Staates bei gleichzeitiger Negation gesellschaftlicher Interessen zu begründen. Denn die homogene Gesellschaft ist eine unpolitische Gesellschaft.

Je totaler sich die Gleichartigkeit einer Nation manifestiert, die Identität hergestellt ist, desto härter kann und darf der Staat gegen abweichende Elemente durchgreifen. Das Fesselnde oder besser der Taschenspielertrick des Entwurfes liegt im Verschwimmen der Grenzen zwischen Demokratie und Diktatur. Letztere erweist sich so lediglich als eine intensivere Form demokratischer Identität, die als plebiszitäre Demokratie verkauft wird.

Die Wahlen zur Duma im Dezember 2007 waren bereits ein Plebiszit. Oppositionelle Parteien wurden entweder von der Teilnahme ausgeschlossen oder in der Agitation und im Zugang zur Öffentlichkeit so behindert, dass sie keine Chancen auf einen Duma-Sitz hatten. Nach innen verhehlte der Kreml den plebiszitären Charakter nicht, nach außen bemühte er sich, die Wahlen echt aussehen zu lassen. Der Urnengang wurde auch dadurch zu einem Plebiszit für Wladimir Putin, dass der Kreml-Chef als Spitzenkandidat des Vereinigten Russland auftrat, ohne Parteimitglied zu sein. In der neuen Duma sitzt kein einziger Opponent des herrschenden Regimes. Die Volksvertretung ist ein reines Akklamationsorgan. Das Plebiszit erhob den Kreml-Chef zu einem über der Gesellschaft thronenden »nationalen Führer« und sollte ihn mit der Legitimation ausstatten, auch nach dem Ende der Amtszeit die Politik weiter zu bestimmen. Sein verlängerter Arm, Dimitrij Medwedew, wurde im März 2008 als Nachfolger im Kreml gewählt. Obwohl die Bürger dem Regime den Wahlgehorsam nicht versagt hätten, waren selbst chancenlose Kandidaten der Opposition nicht zugelassen.

Eine wichtige Funktion übernimmt bei Schmitt der »Begriff

des Politischen«.[96] Er beruht auf einer Trennung von Freund und
Feind, die alle Lebensbereiche durchwirkt, und darauf, »den äu-
ßersten Intensitätsgrad einer Verbindung oder Trennung… zu
bezeichnen«.

Wenn die Spannung zwischen den beiden Polen, die alle
Bereiche des öffentlichen Lebens durchdringt, unterhalb der
Schwelle eines offenen Konfliktes bleibt, besteht Ordnung. An-
sonsten droht Krieg oder Bürgerkrieg, lautet die Grundannah-
me verkürzt. Rechtsphilosophisch begründet Schmitt damit das
Primat der Politik. Staatliche Ordnung geht dem Recht grundsätzlich voraus, das nur noch regulative, verfahrenstechnische
Funktionen zu erfüllen hat. Die Ordnung wiederum garantiert
und stellt der Souverän her, der auch das Monopol zur letzten
Entscheidung besitzt. Denn der »Souverän ist, wer über den
Ausnahmezustand entscheidet«. Im Interesse der Ordnung kann
der Souverän einen Gegner zum Feind erklären und ihn auch
vernichten, ohne sich an rechtliche Auflagen zu halten. Denn an
diese ist der Souverän nicht gebunden. Trifft der Souverän im
Ausnahmezustand Entscheidungen, sind diese »unabhängig von
der Richtigkeit ihres Inhaltes« auch nicht anfechtbar. Kriterien,
wann ein Gegner die Schwelle zum Feind überschreitet, bleibt
Schmitt schuldig.

Die politische Ordnung à la Schmitt entzieht sich normati-
ver Wertung und besitzt rein existenziellen Charakter. Das Ent-
scheidungsmonopol (Dezisionismus) entkoppelt die Ordnung
auch von höheren Werten wie Freiheit und Gerechtigkeit, denn
das höchste Gut stellt die Existenz dieser Ordnung selbst dar.
Universelle Menschenrechte, die dem Staat vorausgehen, sieht
diese Ordnung gar nicht erst vor.

Die Bedeutung des Souveräns, die beinahe metaphysische
Rolle des russischen Präsidenten, ist ein Motiv, das den Aufstieg
Schmitts zum Hoftheoretiker sicherlich mit befördert hat. In
der zweiten Amtszeit schälte sich auch die Freund-Feind-Di-
chotomie als Leitmotiv politischen Handelns deutlich heraus.

Die Innenpolitik probt unaufhörlich den Ernstfall, der erst mit einem Bürgerkrieg eintreten würde. Das Szenario eines Umsturzversuches in Gestalt des »orangen« Gespenstes war ständig präsent. Bewusst wurde die Wirklichkeit manipuliert, als befände sich der Staat permanent am Rande eines Notstands oder Ausnahmezustands. Innenpolitik wurde auf einen latenten, jederzeit möglichen Bürgerkrieg reduziert. »Echte« Politik im Frieden ist laut Schmitt Probehandeln für den Ernstfall. Politik wurde in der Ära Putin zu einer existenziellen Frage verengt, die weder Inhalte noch Ideen verfolgte, sondern die auf die abstrakte oder auch konkrete Vernichtung des potenziell »Anderen« zusammenschrumpfte.

Außenpolitisch ist die Vorlage noch leichter zu erkennen. Von einer partnerschaftlichen Politik wechselte Moskau zur Konfrontation gegenüber dem Westen und den ehemaligen Sowjetrepubliken. Bei Schmitt läuft Außenpolitik auf einen »Krieg in Permanenz« hinaus, da es sich beim Gegenüber immer um einen »existentiell und wesensmäßig Fremden« handelt. Entscheidend ist der Unterschied: Wird der Krieg offen oder verdeckt, auf Nebenschauplätzen, geführt? Macht sich nicht auch der staatliche Konzern Gasprom die Logik des Freund-Feind-Denkens zu eigen, wenn er Nachbarstaaten die Versorgung kappt? Eine Logik, die letztlich für alle staatlichen Konzerne Gültigkeit hätte.

Die Abkehr von der EU und von universalen Werten ist unterdessen beschlossene Sache. Auf der Münchener Sicherheitskonferenz im Februar 2008 unterstrich Sergej Iwanow dies noch einmal unmissverständlich. Niemand könne erwarten, dass europäische und amerikanische Werte der ganzen Welt als Eichmaß dienten, sagte der Vizepremier, die Erfahrung der westlichen Welt sei etwas Einmaliges.[97]

Will sich Russland im Rückgriff auf altes, europäisches konservatives Denken als das »andere« Europa, eine Alternative zur EU, empfehlen, wie es Ivan Krastev nahelegt? Wenn das alte Europa des 19. Jahrhunderts in Gestalt des heutigen Russlands auf

das supranationale der EU träfe, sei ein Konflikt vorprogrammiert, vermutet der Chef des Centre for Liberal Strategies in So-
fia. Denn aus Moskauer Sicht bedeute Souveränität nicht zuletzt
das Recht, seine Feinde auch im Zentrum Londons abstrafen
zu dürfen. So geschehen im Herbst 2006, als der flüchtige FSB-
Mitarbeiter Alexander Litwinenko in England an einer Poloni-
umvergiftung zugrunde ging.

Im Innern zielt die »souveräne Demokratie« auf eine möglichst breite Verstaatlichung der Lebenswelten ab. Der Staat wird
seinen Bürgern weiterhin Reiserecht und Verbraucherrechte garantieren, im Gegenzug jedoch das Wahlrecht auf einen Akt der
Akklamation der herrschenden Elite zurückstutzen und nach
und nach Bürger- und Menschenrechte kassieren.[98] Es steht zu
befürchten, dass auch die Normen des Rechts und der Rechts-
verwirklichung noch weiter auseinanderdriften. Schon jetzt
gleicht Russland einem »Doppelstaat«. Den Begriff prägte der
Staatsrechtler Ernst Fraenkel am Beispiel des Nationalsozialismus, wo der Normen- vom Maßnahmenstaat, der auf rechtliche
und formale Bindungen verzichtet,[99] verdrängt wurde.

Bis zum nächsten (unfreiwilligen) Machtwechsel wird die
»souveräne Demokratie« neben »Stabilität« das Mantra der politischen Elite bleiben.

Ein vom Kreml in Auftrag gegebenes Lehrerhandbuch für
Geschichte behandelt die Ära Putin seit 2000 bereits als den
Einstieg in das Zeitalter der »souveränen Demokratie«.[100]
Ihr Nutznießer ist wieder Russlands souveräne Bürokratie.

Surkows Kinder — Überalterte Kreml-Partei auf
der Suche nach bravem Nachwuchs

»Politsawod« steht über dem Tanzklub Kreuzweg in Lipezk.
»Politikwerkstatt« oder auch »Kaderschmiede« heißt das auf
Deutsch. Angehende Politiker werden an diesem Nachmittag in

der Disco ermittelt. 16 Kandidaten gehen in die Endrunde eines dreiteiligen Wettbewerbs. Organisatoren und Teilnehmer stehen unter Hochspannung. Es ist eine Premiere.

Auf die Sieger warten weder Kleinwagen noch Kreuzfahrten. Viel mehr steht auf dem Spiel. Wer alle drei Runden übersteht, dem winkt eine sorgenfreie Zukunft. Die Kreml-Partei Einiges Russland (ER) vergibt als Hauptgewinne sichere Listenplätze für Parlamentssitze, von der Kreisebene bis in die Staatsduma. Die junge Staatspartei hat längst alle Kommandohöhen besetzt. Vor Bewerbern aus dem Establishment kann sie sich kaum retten. Doch bei der Jugend hapert es. Das Durchschnittsalter im Wahl-verein der Macht liegt um die 60, die Partei ist eher Nachhut denn Avantgarde. Frisches Blut muss her, beschloss die ER und verschrieb sich eine Frischzellenkur: Jedes fünfte Mandat ver-sprach sie den Jungen zwischen 21 und 28 Jahren.

Lipezk ist eine Industriestadt rund um ein Metallhüttenkom-binat, errichtet 450 Kilometer südlich von Moskau. Bis zuletzt hängen Aktivisten noch Banner mit dem stilisierten Zahnrad der Politfabrik auf. Dann übernehmen zwei stadtbekannte DJs die Moderation.

Ausrichter ist die Jugendorganisation von ER. Letztes Jahr gab sich die Junge Einheit den knackigeren Namen »Junge Gar-de«, auf Russisch »Molodaja Gwardia« (MG). Dahinter verbirgt sich eine Widerstandsgruppe des kommunistischen Jugendver-bandes im Zweiten Weltkrieg. Ob das nun Legende oder wahre Geschichte ist, ist strittig. Solange es dem martialisch patrio-tischen Image dient, um das die Putin-Jugend bemüht ist, spielt das keine Rolle. Neben dem »Politsawod«-Symbol am Eingang hängt noch ein Schild: »Einberufungsstelle« – genau so wie bei der Armee.

Spät entdeckten Russlands Sozialingenieure die Jugend, erst nach den Revolutionen in Georgien und der Ukraine, die die alte Macht hinwegfegten. Mit »Naschi« – die Unsrigen – schuf der Kreml eine antirevolutionäre Vorhut, die fürs Gröbere zuständig

ist und auch einmal gemeinsam mit Skinheads politische Gegner
aufmischt. Die MG kommt eher bieder daher.

»Du bist jung, aktiv und willst nach vorn. Die Türen zur Macht
öffnet dir die Politsawod!« Die DJs heizen dem Saal, in dem sich
über hundert stimmberechtigte Fans der Kandidaten versammelt
haben, richtig ein. Die Wähler im Saal quittieren den Slogan, der
als Jingle im lokalen Radio rauf und runter lief, mit Johlen und
Schwenken des handförmigen Stimmzettels »Ich bin dafür«. Sie
sind Juroren und Cheerleader in einem.

Das Konzept ist der beliebten Fernsehmusikshow *Fabrik der
Stars* abgeschaut. MG-Chef Iwan Demidow stammt aus der
Branche. »Es ist der erste Schritt zur Erneuerung der Elite«,
meint die TV-Größe, die ihr Rambo-Image auch der Kirche
leiht, um die Attraktivität eines orthodoxen Klerikalsenders zu
erhöhen. Wo der russischen Seele Flügel wachsen sollen, darf er
nicht fehlen. Er garantiert die Mischung aus angesagtem Äußeren und der ewigen russischen Vormoderne.

Jeder kann bei dem Wettbewerb, der zunächst in neun Regionen läuft, die im Herbst an die Wahlurnen gehen, teilnehmen.
Parteizugehörigkeit spielt zunächst einmal keine Rolle. Im ersten Durchgang beantworteten die Bewerber schriftlich Fragen.
»Sind die USA unsere Freunde, Feinde oder Handelspartner?«
Differenzierte Antworten kamen zustande. Auch im Fall des
enteigneten Ölbarons Chodorkowsky vertrat die Jugend Kreml-
fremde Positionen. Wirtschaftlicher Erfolg eines Einzelnen?
Nicht für die russische Mentalität. Oder, so ein anderer kurz und
bündig: »Wer anders denkt, ist wieder verdächtig.« Auch Mu-
tigere schafften es in die zweite Runde, in der dritten sind sie
nicht mehr dabei.

»Wir suchen selbstbewusste Führungsfiguren«, sagt Dimi-
dow. Von den 16 Kandidaten fühlen sich alle berufen. Aber Elite?
Ein Mix aus patriotischen Formeln, Heilsvisionen und ewigen
russischen Vorurteilen wird von der Bühne verbreitet, erschre-
ckend simpel angesichts der vielen Hochschulabsolventen. Ori-

ginell präsentieren sich lediglich Alexej und Swetlana. Alexej ist mit 16 Jahren in der umweltbelasteten Metallhüttenstadt in die Ökobranche eingestiegen. Mit jetzt 24 hat er ein kleines Unternehmen, acht Angestellte und wird zum dritten Mal Vater. Ein Modellfall, wie ihn Putin als Vision hätte beschwören können. In die Endrunde schafft es Alexej nicht. Er ist konkret, verzichtet auf ideologischen Ballast und ist sich seiner sicher. Von den USA oder Brüssel fühlt er sich nicht bedroht wie so manch anderer Kandidat. Auch Swetlana fällt auf. Die 21-Jährige stammt vom Lande, studiert Jura und ist ein Energiebündel. Sie will unbedingt politisch arbeiten, auch gegen den Willen der Eltern. Swetlana lehnt radikale nationalistische Parteien ab, ist aber auch eine flammende Patriotin und Wladimir Putin, der Präsident, ihr Idol. So einen wünsche sie sich als Mann, schwärmt sie. Swetlana stellt den Konkurrenten provokante Fragen, die auch im Publikum nicht gut ankommen: Werden Frauen in Russland jemals eine Chance haben?

Swetlana gehört nicht dazu. Vielleicht sei sie noch nicht reif?, meint sie. Den Grund erklärt ein MGler später: Sie sei »emotional instabil«. In der Parteisprache ein vernichtendes Urteil: Sie hat einen eigenen Kopf. Von den sieben Gewinnern stammen alle entweder aus der Partei, der Verwaltung oder sind Verwandte von einflussreichen Lokalgrößen. Die Gerontokratie hat sich eine verlässliche Avantgarde gewählt.

Wer Karriere machen will, daran ließ Surkow im September 2006 vor den Delegierten des Forums für junges Führungspersonal in Moskau keinen Zweifel, kommt an Partei und Obrigkeit nicht vorbei.

Kreml-Partei Vereinigtes Russland wird Massenbewegung

Wer Mitglied werden möchte, muss schon Geduld haben. 500 Aufnahmeanträge gehen täglich bei der Kreml-Partei Vereinigtes Russland ein. Dem Ansturm der Bürger ist sie kaum gewachsen. Auch mit dem Drucken der Mitgliedskarten kommt die Partei nicht hinterher. Im März feierte Jedinnaja Rossija (VR) den millionsten Neuzugang und ist mit Abstand Russlands größte Partei. Die Kommunisten zählen nur noch 180 000 Genossen, demokratische Parteien wie Jabloko und Union der Rechtskräfte können bestenfalls auf 50 000 Aktivisten bauen.

Der enorme Zuspruch sei ein Beweis für »Demokratie in Aktion«, meinen VR-Funktionäre. Kritiker sehen in den Erfolgen eher einen Versuch, die Gesellschaft nach Vorstellungen des Kreml Schritt für Schritt gleichzuschalten. In der Duma verfügt die VR über eine komfortable Mehrheit, und auch in der Provinz hat sie die Hälfte der Regionalparlamente bereits erobert. Von 89 Chefs der russischen Gebietsverwaltungen sind inzwischen 70 zu Parteigängern geworden. Um die VR komme man einfach nicht mehr herum, meinte der jüngste prominente Neuzugang, Kareliens Gouverneur Sergej Katanandow – durchaus nicht ohne Hintersinn. »Eine Partei, die staatliche Ressourcen kontrolliert, wird zu einem Machtfaktor. Niemand will sich mit ihr anlegen«, sagt Alexej Muchin vom Moskauer Zentrum für politische Informationen.

Noch bildet die VR keine eigenständige politische Kraft. Sie wurde als Wahlverein des Kreml gegründet und hängt ganz an dessen Tropf. Darin unterscheidet sich die VR von der KPdSU, die als Staatspartei alle Macht in sich vereinigte und vom allmächtigen Generalsekretär geführt wurde. Davon kann der VR-Vorsitzende, Boris Gryslow, bislang nur träumen. Das Sagen hat Kreml-Herr Wladimir Putin, der der Partei jedoch nicht angehört.

Abgesehen vom Einfluss wird die VR der KPdSU immer ähnlicher. Auch sie ist ein Interessenverband der Bürokratie und ein Networking-Instrument, übernimmt die Propagandaaufträge des Kreml und fungiert als dessen Mobilisierungsverein. Demokratische Prinzipien spielen innerhalb der Organisation nur formal eine Rolle.

»Wer politische Karriere machen will, für den ist Mitgliedschaft bald ein Muss, langfristig sogar für jede Karriere«, meint Politologe Dmitri Furman in der *Nesawissimaja Gaseta*. Schon jetzt hilft das Parteibuch Beamten beim Aufrücken. Und so mancher Streit mit den Behörden ist für einen »vereinigten Russen« einfacher zu überstehen.

Besonders enthusiastisch sind die Einwohner im sibirischen Abakan, der Hauptstadt Chakassiens. Am Jenissei erreichen monatliche Zuwachsraten Rekordhöhen von bis zu 670 Prozent. Familien drängen geschlossen in die Partei. Den ersten Schritt machen meist Frauen, die mit 58 Prozent landesweit in der VR ohnehin überdurchschnittlich vertreten sind. Sie agitieren die Ehemänner, dann folgt der Rest der Familie. Auch Firmen und Arbeitskollektive treten gemeinsam bei. Ist der Chef erst einmal von der Partie, setzt eine Sogwirkung ein. Angestellte glauben, als Parteifreund gegen Entlassungen besser geschützt zu sein. Für die Bürger steht weniger Politik als Dabeisein im Vordergrund. Natalia Blankowskaja wollte sich einfach »einer guten Sache anschließen« und stellte, nachdem ihr trostloser Wohnbezirk in Abakan begrünt worden war, einen Aufnahmeantrag.

Wer nach zukunftsweisender Programmatik Ausschau hält, sucht bei der VR vergeblich. »Ein Programm, mit dem man ins Volk gehen kann, ohne sich schämen zu müssen, wäre nicht schlecht«, meint ein kritischer Aktivist. Bislang besteht die Lehre aus einem eklektischen Amalgam von Funktionärsweisheiten, angereichert mit Sowjetnostalgie, halbgaren Weltdeutungen und einem Schuss Stammtischsoziologie, das in unbeholfenem Parteikauderwelsch dargereicht wird. Wie die Botschaft, so das Personal. Die Amtsträger gleichen einander wie eineiige Zwillinge, nehmen sich aber sehr wichtig und achten peinlichst auf die Wahrung feinster hierarchischer Unterschiede.

Mit dem Beitritt erkläre man sich bereit, den Machthabern auf Gedeih und Verderb zu dienen, meint die *Nesawissimaja Gaseta*. Die *Gaseta.ru* reduziert die Botschaft der Staatspartei auf eine simple Formel: »Leidenschaftliche Liebe zum Genossen Wladimir Putin und unserem mit Öl und Gas gesegneten Vaterland!«

Trotz des Erfolgs fehlt den Kadern noch das nötige Selbstbewusstsein. Fragen beantwortet die Parteizentrale nur auf schriftlichen Antrag oder – wie in unserem Fall – nach wochenlangen Korrespondenzen gar nicht.

Schon hat sich Vereinigtes Russland ein neues Ziel gesteckt: Bis zu den Duma- und Präsidentschaftswahlen 2007/2008 will sie jeden vierten Bürger oder 30 Millionen Sympathisanten werben. Wird sich die Partei dann aber noch Vorschriften machen lassen? Der Soziologe Boris Kargelistky fürchtet: Lernen die Darsteller erst einmal laufen, wird das Marionettentheater zur Horrorshow.

Kapitel 7
GESCHICHTE UND MYTHOS

Oktoberrevolution

»Oktober-Preis-Revolution« verheißen gestählte Matrosen auf
rotem Banner der Parfümeriekette Prestige-Arbat. Neunzig Jahre nach der Revolution lässt sich mit dem »Roten Oktober« in
Moskau wieder trefflich werben. Dem Agitprop der 1920er-Jahre
sind die Plakate nachempfunden. Damals agitierte die Kommunistische Partei in Hygienekampagnen die ländlichen Massen noch
für Seife und regelmäßige Körperpflege. Heute finden *duchi* –
Düfte – aus den führenden Modehäusern der Welt in Moskau
reißenden Absatz, auch ohne großartig beworben zu werden.
Kosmetik boomt in Russland, buchstäblich und im übertragenen
Sinn.

Die Werbestrategen haben etwas Wichtiges erkannt: Revolu-
tionsästhetik und Formensprache des sozialistischen Realismus
sprechen den Käufer nicht nur an. Nach wie vor ist dies die einzige Sprache, in der sich alle Bürger miteinander verständigen
können. Russland sucht ein neues Medium, hat es aber auch
16 Jahre nach dem Zusammenbruch des Kommunismus noch
nicht gefunden. Was bisher herauskam, ist ein Hybrid: die Verquickung von Nostalgie, Revolutionsromantik und knallhartem
Kapitalismus.

Am 90. Jahrestag werden keine Paraden mehr abgehalten, und
auch die Führung winkt vorbeiziehenden Massen nicht mehr
von der Tribüne des Lenin-Mausoleums zu. Die große Feier
findet nicht mehr statt. Einst war es einer der Höhepunkte der
sowjetischen Feiertage: ein Fest, das der kommunistischen Nomenklatura Gelegenheit bot, die Einheit von Volk und Führung
zu inszenieren. Inzwischen feiern beide getrennt. Die Nostalgie

nach dem Herzstück der sowjetischen Vergangenheit hat sich bei den Bürgern aber bewahrt. Seit 2005 gibt es nun einen anderen historischen Anlass und einen neuen Feiertag, der am 4. November begangen wird. Die Wahl des Termins geschah mit Rücksichtnahme auf die lieb gewordene Tradition, Anfang November ein wenig auszuspannen. Bei der Auswahl kam Wladimir Putin der orthodoxe Kirchenkalender zur Hilfe.

Nun ist es der »Tag der Einheit«, der auf das Jahr 1612 zurückgeht. Damals hatte eine Volkswehr unter dem Kommando des Bürgers Kosma Minin und des Fürsten Dmitrij Poscharski den Moskauer Kreml von der polnischen Besatzung befreit. Die russische Duma erhob dieses Ereignis rückwirkend zum entscheidenden Datum, mit dem die Zeit der politischen Wirren *(smuta)* ein Ende fand. Dahinter verbarg sich eine jahrzehntelange dynastische und nationale Krise. Ein Jahr später bestieg der erste Romanow den Thron und legte das Fundament der aufstrebenden russischen Staatsmacht.

Präsident Wladimir Putin würdigte das Ereignis als eine »Befreiung durch den Zusammenschluss des Volkes«. Solange man eine solche Einheit im Innern spüre, werde Russland unbesiegbar bleiben.

Auch Putin versteht sich als Garant der Stabilität, der mit den »Wirren« seines Vorgängers Boris Jelzin aufräumte und Russland in die Liga der respektierten Großmächte zurückführte. Der Tag der Einheit ist somit auch sein Tag. Nur wenige Bürger können mit dem Datum jedoch etwas anfangen. Noch findet sich der feierliche Anlass in keinem Geschichtsbuch und ist historisch auch nicht genau belegt.

Das entspricht aber durchaus der Handhabung und dem lockeren Umgang mit Geschichte in Russland, das auf der Suche nach einer nationalen Idee zwischen sowjetischen und russischen Anknüpfungspunkten oszilliert und sich dabei hemmungslos des Arsenals nationaler Mythen bedient. Das Ergebnis ist die Konstruktion einer russisch-sowjetischen Mischidentität.

Die Oktoberrevolution und die Geschichte des Kommunismus sind unterdessen aus dem öffentlichen Diskurs verschwunden. Im Umfeld des 90. Jahrestags befassen sich weder eine zentrale Ausstellung noch ein Kongress von Fachhistorikern mit der Geschichte des Kommunismus und Stalinismus. Historiker, die sich der Aufarbeitung der sowjetischen Geschichte widmen, sind eine Minderheit, die im akademischen Betrieb keine Karrierechancen hat. Jene Zeit bleibt weitestgehend unerforscht. Ehemalige KPdSU-Parteihistoriker sattelten um und bearbeiten nun historische Felder, die sich für die Konstruktion der nationalen Großmachtgeschichte eignen. Die Resultate erinnern oftmals mehr an Hagiografie denn an solide Geschichtswissenschaft. Im Sinne des englischen Historikers Eric Hobsbawm sehen sie ihre Aufgabe in der »Erfindung von Tradition« und einer »nützlichen Vergangenheit«.

Das erleichtert der Politik den eklektischen Zugriff auf die sowjetische Symbolik. Wladimir Putin führte 2001 die alte sowjetische Nationalhymne wieder ein, die sein Vorgänger durch Michail Glinkas Melodie *Ein Leben für den Zaren* ersetzt hatte. Den Wünschen der Armee entsprach Putin ebenfalls und gab ihr das Sowjetbanner mit sowjetischem Stern zurück. Verschiedene Vorstöße, Revolutionär Lenin aus dem Mausoleum zu holen und zu bestatten, wie er es gewünscht hatte, verliefen ergebnislos.

»Weder mit meinem Herzen noch mit meinem Kopf kann ich akzeptieren, dass unsere Mütter und Väter umsonst gelebt haben sollen«, lautet das Credo des Kreml-Chefs. In seiner Wahrnehmung war auch der Zusammenbruch der Sowjetunion 1991 – wie für viele russische Bürger – »die größte Katastrophe des 20. Jahrhunderts«. Putin ist ein Mann aus dem Volk, und er denkt auch wie seine Untertanen. Nicht das sowjetische System, sondern dessen Untergang empfindet die Mehrheit der russischen Bürger heute als Katastrophe.

In den 1990er-Jahren wurde der Kommunismus aus der Geschichte Russlands ausgeklammert. Der Staat suchte damals nach symbolischen Traditionslinien und Legitimation im Zarenreich. Unter Putin muss sich niemand mehr schämen, der die kommunistische Vergangenheit würdigt. Allerdings wurden Oktoberrevolution und Kommunismus seit Putins Amtsübernahme im Rückgriff erfolgreich entideologisiert: so als hätte die Revolution weder mit der Verfügung über die Produktionsmittel noch mit Antikapitalismus etwas gemein. Das entspricht den Interessen der neuen Bourgeoisie im Kreml, die keine schlafenden Hunde wecken möchte. Das einzig Negative am Kommunismus sei die Ablehnung des Privateigentums gewesen, lässt sich einer Anordnung des Kreml an ein Kollektiv von Historikern entnehmen, das den Auftrag erhielt, ein neues Geschichtsbuch zu entwerfen.

Von der antikapitalistischen Ideologie gesäubert, bleibt von der Vergangenheit nur mehr Positives übrig, woran der Putinismus anknüpfen möchte und worauf er sich beruft. Da wäre zunächst der sowjetische Patriotismus. Er entstand in den Schützengräben des Großen Vaterländischen Krieges im Kampf gegen den Nazismus. Es war die eigentliche Geburtsstunde der UdSSR. Mit dem Sieg des Generalissimus Stalin über Hitler konnte die traumatische Vergangenheit des Großen Terrors in den 30er-Jahren übertüncht werden. Der Tag des Sieges am 9. Mai gilt inzwischen als der wichtigste Feiertag. Das ist kein Zufall. Die UdSSR ging als zweite Supermacht aus dem Zweiten Weltkrieg hervor. Keinem anderen war dies zu verdanken als Josef Stalin, der als Schöpfer der Supermacht und universeller Befreier in jüngster Zeit wieder in die Schulbücher aufgenommen wurde. Glaube an Russlands Größe, imperiale Mission und russischer Messianismus sind ideologische Versatzstücke, die den Diskurs des Putinismus beherrschen. Nach einem Schwächeanfall in den 1990er-Jahren, so präsentiert sich der Kreml, ist es gelungen, die Linie der historischen Kontinuität wieder aufzunehmen. Der Staat ist wieder stark.

Der Kommunismus gehört in Russland der Vergangenheit an. Aber nicht dessen russisches Kernelement: die Verhimmelung

des Staates und seiner führenden Kaste. Schon im Kommunismus war der Etatismus, die Staatsfixierung, nur eine andere
Spielart des zaristischen Absolutismus.

Putin hat diese Tradition erfolgreich wiederbelebt. Die Gesellschaft muss sich mit der Rolle eines Statisten begnügen, während sich der korrupte Staat zum wichtigsten Wirtschaftssubjekt
aufschwingt und seinen Bürgern erneut einen besonderen Hang
zum Kollektivismus andichtet. Das soll die Russen gegen An-
griffe des westlichen Individualismus immunisieren und den
außenpolitischen Isolationskurs rechtfertigen. Äußern einige
Bürger dennoch gelegentlich einmal Kritik, wird gegen sie mit
willfährigen Kohorten mobilgemacht.

Die Restauration ist abgeschlossen, der Kommunismus ist tot,
und dennoch lebt er im Putinismus ein zweites Leben – ein wenig modernisiert und parfümiert. Hierzu gehört auch die Verdrängung der stalinistischen Verbrechen.

»Wie lange wollen Sie noch an den Gulag erinnern und die
Menschen aufwühlen? Es ist an der Zeit, zu verzeihen und zu
vergessen.« Unzählige Briefe empörter Bürger immer mit demselben Tenor gingen Jahr für Jahr bei Alexander Jakowlew ein. Bis
zu seinem Tod 2005 leitete der Architekt der Gorbatschow'schen
Perestroika die Kommission zur Rehabilitierung stalinistischer
Opfer in Russland, die im Kreml beim Präsidenten angesiedelt
ist. Der Reformer kümmerte sich über ein Jahrzehnt um die Rehabilitierung von Hunderttausenden von Opfern. Die Politik
mischte sich nicht ein. Gleichwohl klagte Jakowlew auch damals schon über Gleichgültigkeit und Desinteresse, mit denen
der Staat den Millionen Opfern begegnete. Als Jakowlew starb,
hinterließ er 400 000 unerledigte Fälle. Um die Kommission ist
es seither noch ruhiger geworden. Auch der 70. Jahrestag des
Großen Terrors hat daran nichts geändert.

Im Juli 1937 hatte der Volkskommissar, Nikolai Jeschow, den
Erlass mit der Nummer 00 447 unterzeichnet. Hinter der un-
scheinbaren Zahl verbarg sich der Befehl, mit dem der KPdSU-

Generalsekretär Josef Stalin die Zeit des Großen Terrors einleitete. Noch im selben Jahr vollstreckten Stalins Schergen 353 074
Todesurteile, 328 000 Menschen wurden 1938 liquidiert. »Volks-
feinde« und »Schädlinge« verschwanden zu Hunderttausenden
in den 30 000 Lagern des staatlichen Gulagsystems. Zwischen
1928, der Zweiten Revolution, und dem Todesjahr des Diktators
1953 waren 18 Millionen Menschen durch die Lager gegangen
und sechs Millionen als »Sondersiedler« in unwirtliches Exil geschickt worden. Kaum eine Familie in der Sowjetunion ist vom
Terror verschont geblieben.

Der Kreml überging den Jahrestag zunächst. Kein Politiker äußerte sich öffentlich. Erst Ende Oktober, am Tag der Opfer des
Stalinregimes, erschien Präsident Wladimir Putin überraschend
auf einer Gedenkfeier in einem Waldstück am Rande Moskaus,
wo 20 000 Opfer der ersten Hinrichtungswelle verscharrt wurden.
Der russische Menschenrechtsbeauftragte Wladimir Lukin soll
es dem Kreml-Chef dringend nahegelegt haben. Ein schwerer
Gang muss dies für den Präsidenten gewesen sein, unter dessen
Ägide die sowjetische Vergangenheit, eine Geschichte der Gewalt, wieder als ein gelungenes Projekt mit unvermeidlichen
Kollateralschäden ausgelegt wird. Putin hätte es auch sein lassen
können. Niemand hatte sich über das Schweigen der politischen
Führung empört, denn es deckt sich mit dem Bedürfnis der meis-
ten Menschen, die sich einfach nicht erinnern möchten.

Russland wehrt sich gegen eine Aufarbeitung der Geschichte.
Wer Fragen stellt, forscht und gar von außen kommt, kein Russe
ist, maße sich etwas an, was ihm eigentlich nicht zustehe. Die
Autorin der *Geschichte des Gulag,* Anne Applebaum, bekam dies
zu spüren, als sie anlässlich des Jahrestages einen kleinen Kreis
der Intelligenzija in Moskau davor warnte, die Geschichte nicht
unerledigt ad acta zu legen. Misstrauisch reagierte selbst das
eingeweihte Auditorium, das der US-Historikerin unterstellte,
mehr dem Ansehen Russlands schaden, als der Historie dienen
zu wollen. Der Horizont ist eng geworden.

Der Konsens des Verschweigens hat fast alle Gesellschafts-schichten erreicht. Ein euphorischer, manchmal paranoid anmu-tender Jubel erweckt den Eindruck, als solle mit aller Kraft die Tragik übertönt werden. Dabei wird nicht die menschenverach-tende Politik der Sowjetunion als eine Katastrophe empfunden, sondern der Zusammenbruch des Sowjetsystems. Das Funda-ment dafür schuf Putin, der auch half, die narzisstische Krän-kung zu vergessen – vorübergehend, denn dem Pathos des neuen Selbstbewusstseins haftet etwas Autosuggestives an.

Dieses Pathos durchzieht auch ein aktuelles Lehrerhandbuch zur Geschichte, das der Kreml in Auftrag gab. Heraus kam ein historischer Leitfaden zum Wohlfühlen: Im Rückblick stellt das Autorenkollektiv um den Historiker Alexander Filippow die Entwicklung der UdSSR seit dem Zweiten Weltkrieg als eine unbefleckte Erfolgsgeschichte dar, die 1991 durch unglückliche Umstände ein unverdientes und nicht selbstverschuldetes Ende fand. In diese Nachkriegshistorie kehrt Diktator Stalin als he-rausragender Staatsmann zurück. »Einerseits sieht man in Sta-lin den erfolgreichsten Staatsführer der Sowjetunion … in seiner Herrschaftszeit vergrößerte sich das Territorium, es wurden die Grenzen des russischen Imperiums wieder hergestellt oder gar erweitert. Im größten aller Kriege wurde ein Sieg errungen, und es fand eine industrielle, wirtschaftliche und kulturelle Revolu-tion statt.«

Terror und Millionen von Toten werden nicht ganz verschwie-gen, aber an den Rand verbannt. Sie erscheinen als Materialein-heiten, die der Staatsräson auf dem Altar der Modernisierung dargebracht werden mussten und ohne die die UdSSR nicht zur Supermacht aufgestiegen wäre. »Unter Stalins Herrschaft erlebte das Land einige Wellen großer Repressionen. Initiator und Theo-retiker der ›Verschärfung des Klassenkampfes‹ war Stalin selbst. Ganze Gesellschaftsschichten wurden vernichtet.« Von einem Leben ohne Gefahr könne keine Rede gewesen sein, räumen die Autoren ein. Dennoch: »Die Sowjetunion hatte das beste Bildungssystem der Welt, gehörte zu den führenden Ländern in der Wissenschaft und hatte die Arbeitslosigkeit fast besiegt.«

Dies ist eine Rechtfertigung, die die Täter bewusst übergeht und verschweigt. Auch Josef Stalin ist davon betroffen, der als Modernisierer zwar gepriesen wird, jedoch nicht in der Rolle des Demiurgen, sondern in der bescheideneren – der des Vollstreckers eines höheren Willens. Damit erübrigt sich die Frage nach der Schuld, und auch die Suche nach dem schuldhaften Subjekt führt ins Leere.

Im Grunde hatte ja alles seine Berechtigung: »Ergebnis der Stalin'schen Säuberungen war die Bildung einer neuen Verwaltungsklasse, die den Aufgaben der Modernisierung unter Bedingungen defizitärer Ressourcen auch gewachsen war – selbstverständlich verhielt diese Klasse sich der obersten Macht gegenüber loyal und war vom Standpunkt der Disziplin der Exekutive frei von Tadel.« Mit Stalins Tod indes habe die Epoche des stürmischen Aufstiegs zu ökonomischen und sozialen Höhen ein Ende gefunden.

Der Mensch kommt in dieser Konstruktion weder als Individuum noch als handelndes Subjekt vor. Die Opfer werden in einem Morast historischer Tragik entsorgt, die das Subjekt der Schuld schützen und nicht benennen will.

Das war einmal anders. In der Umbruchzeit der Perestroika rissen sich die Medien um Erinnerungen von ehemaligen Gulaghäftlingen; kaum ein Tag verging, an dem nicht neue Gräueltaten der Todesschwadronen des Geheimdienstes NKWD angeprangert wurden. Kristallisationspunkt der Aufarbeitung des Terrors war ab 1988 die Bürgerrechtsorganisation Memorial, die sich zu einer politischen Bewegung mauserte und den Untergang des kommunistischen Systems begleitete. Heute ist Memorial nur noch ein Schatten ihrer selbst, deren Arbeit wenig Resonanz findet und nur dank westlicher Finanzhilfe überlebt. Oleg Chlewnjuk, der Historiker und Autor der umfassendsten russischen Gulaggeschichte, ist bis heute auf westliche Stipendien angewiesen. Wer sich der sowjetischen Vergangenheit kritisch nähert, bleibt im akademischen Betrieb chancenlos. Ähnliche Erfahrungen machte auch der frühere Dissident und Mitbegründer Memorials, Nikita Petrow. Das Interesse an der sowjetischen Geschichte sei minimal, meint er. Jahrelang hat er einen russischen Verlag für seine Biografie des Volkskommissars Jeschow gesucht, die in westlichen Sprachen längst verlegt worden war. Auch der Zugang zu sensiblen Archiven wird nach und nach erschwert. Ängstliche Bürokraten behindern die Forschung, von der sie fürchten, dass sie dem nationalen Hochgefühl abträglich sein könnte. Eine unkritische Sehnsucht nach der Stalinzeit hat die Gesellschaft erfasst, glaubt Petrow. Das sei vor 15 Jahren schlicht undenkbar gewesen.

Die Aufarbeitung der Geschichte wird aber auch durch die beispiellose Willkür des Sowjetterrors erschwert. Auf dem Höhepunkt der Repressionswelle gab es keine Kriterien mehr, die jemanden als Opfer prädestinierten. Buchstäblich jeden konnte es treffen. Darin unterscheidet sich der Stalinismus auch vom Totalitarismus der Nazis. Dem wahllosen Terror trug Memorial in den 1980ern auf besondere Weise Rechung: Es unterschied nicht zwischen Tätern und Opfern und bezog beide in die Erinnerung mit ein. Oft hatten Täter keine andere Wahl und wurden über Nacht selbst zu Opfern. Alle fünf Hauptleiter des Gulagsystems wurden in den 30er-Jahren nacheinander erschossen. Eine verlässliche moralische Zuordnung von Gut und Böse fällt in diesem Umfeld schwer. Nicht selten lebten Überwacher und Bewachte nach der Lagerzeit in derselben Stadt als Gefangene desselben Systems, das ihnen eine freie Wahl des Wohnorts untersagte. Schweigen konnte auch Kompromiss und Versuch eines neuen Anfangs sein. Der Wunsch, Teil des Kollektivs zu sein, führte jedoch auch zu dem verbreiteten Phänomen, dass ehemalige Häftling die vorsichtige Haltung der Mehrheitsgesellschaft bis in Sprache und Ritual verinnerlichten, als wäre die eigene Erfahrung etwas Äußerliches.

Das allumfassende Leugnen der Vergangenheit, das Massen-
phänomen, deutet jedoch auf tiefere kollektive Ängste hin. Gerd
Koenen hält in der *Utopie der Säuberung* die intellektuell kaum
zu bewältigende Vorstellung der Selbstverschuldung des Verbrechens für ein entscheidendes Motiv der Verweigerung; die Gewissheit nämlich, dass »ein Volk – aus seiner Mitte heraus – das
alles sich selbst zugefügt haben könnte«. Schon um sich selbst zu
schützen, führe die Suche nach Schuldigen nach »draußen« oder
zu »inneren Feinden«, die sich wiederum auch nur als »Fremde«
entpuppten.

Die Jagd nach Sündenböcken, Verschwörern und geheimen
Drahtziehern stellte immer ein unverzichtbares Moment russischer Politik dar. Vom Stigma des »inneren Feindes« konnten
sich die Lagerinsassen nie richtig befreien. Drei Phasen der Rehabilitierung erlebte Russland seit den 1950er-Jahren. Das Pen-
del der Liberalisierung konnte auch wieder zurückschwingen.
Wer sich einmal öffnete, lief Gefahr, eines Tages wieder margi-
nalisiert zu werden. Sehr viele Häftlinge waren auch nicht bereit,
den Staat als Rechtsnachfolger des Terrorsystems um Rehabilitierung zu bitten. Das kam einer erneuten Unterwerfung gleich.
Sie schwiegen lieber.

Das Schicksal Antonina Golowinas steht für das von Millionen: Die Tochter eines in den 1930er-Jahren zwangskollek-
tivierten Kulaken fälschte Papiere und legte sich eine neue Legende zu, um sich von dem Fluch, Kind eines Volksverräters zu
sein, zu befreien und einen Ausbildungsplatz zu erhalten. Fast
50 Jahre behielt sie alles für sich, vertraute sich auch ihrem Mann
nicht an. Erst als sich das politische Klima Ende der 1980er-Jah-
re änderte – nach mehr als 20 Jahren Ehe –, erfuhr sie, dass auch
ihr Mann die Jugend wie sie in Lagern und Sondersiedlungen
verbracht hatte.

Die psychischen Folgen von Verdrängung und Haft sind nie
systematisch untersucht worden. Posttraumatische Behand-
lungen, wie sie für Überlebende des Holocaust eine Selbstver-

ständlichkeit darstellen, sind in Russland unbekannt. Das liegt
auch daran, dass Traumata und psychische Krankheiten in der
Gesellschaft generell tabuisiert werden. Der russischen Vorstellung von Leben, Tod und individuellen Bedürfnissen ist ein indi-
vidualistischer Zugang noch fremd. Ein Leben mit Geheimnis-
sen entspricht daher in dem atomisierten Kollektiv der russischen
Gesellschaft auch heute eher noch der Norm. Gleichwohl gab es
auch andere handfeste Gründe: In den schwierigen materiellen
Lebensbedingungen erschienen psychische Probleme schlicht
wie überflüssiger Luxus. In der UdSSR praktizierten auch nur
wenige Psychologen, die sich als Angestellte im Staatsdienst
nicht unbedingt als Vertrauenspersonen empfahlen.

In dem neuen Geschichtsbuch steht von alldem nichts. »Heutige Lehrbücher sollen, statt Erinnerung zu wahren, die Verbrechen an den Rand des Bewusstseins drängen«, sagt Arsenij Ro-
ginskij von Memorial. Das erklärt vielleicht auch, warum es kein
zentrales staatliches Mahnmal für die Opfer gibt und nicht eine
Moskauer Gedenktafel, die einen Hinweis auf gewaltsamen Tod
enthielte.

Von der eigenen Historie hat die Mehrheit der Bevölkerung
nur verschwommene Kenntnisse, stellten Soziologen vom Lewada-Zentrum fest: Viele Bürger seien nach wie vor in mytho-
logisierten Darstellungen der Sowjetzeit befangen, die auch die
jüngere Generation unhinterfragt übernimmt, obwohl sie die
Zeit nicht mehr erlebt hat.

Verdrängung beschränkt sich jedoch nicht allein auf die Wahrnehmung der Geschichte, behaupten die Soziologen. Insgesamt
habe sich eine »neurotische Kollektivpersönlichkeit« herausge-
bildet, die für Egozentrismus, Xenophobie und Aggression nach
innen wie nach außen sehr anfällig sei – eine unreife, frustrierte
und autoritäre Persönlichkeit, die das Angebot der politischen
Führung, für Gegenwart wie Vergangenheit Verantwortung ab-
zulehnen, bereitwillig aufgreife.

Sieg und Legende

An jedem 9. Mai feiert Russland heiter den Sieg über den Hitler-
faschismus, als wäre er erst gestern errungen worden. 2005 hat
der Kreml indes noch mehr Anlass zum Jubeln. Die führenden
Staatschefs der Welt sind zugegen, zum ersten Mal. Eine Geste
der Versöhnung, mit der auch die fünfzigjährige Konfrontation
des Kalten Krieges der Geschichte überantwortet werden soll.

Für Moskau ist dieser 9. Mai aber noch mehr: eine späte Wür-
digung der sowjetischen Auslegung, dass die UdSSR durch den
ungeheuren Blutzoll den Krieg fast allein entschieden hat. Es ist
kein Zufall, dass der Zweite Weltkrieg in Russland der Große
Vaterländische Krieg genannt wird und erst 1941 mit dem deutschen Überfall auf die Sowjetunion begann. Putins Russland hält
daran so eisern fest, wie es ungeniert Insignien des Totalitarismus sinnstiftend wiederbelebt.

Der 9. Mai ist der einzige nationale Feiertag, der aus dem letzten Jahrhundert der sowjetisch-russischen Geschichte überdauert hat. Nach dem Zusammenbruch der UdSSR fand das neue
Russland kein anderes würdiges Datum. Für eine kurze Zeit
beging Moskau den Tag mit etwas weniger Pomp. Die Einsicht,
dass der Sieg über den Faschismus die stalinistische Diktatur erst
mit Legitimation versah und den Totalitarismus zementierte,
trübte die Freude. Hitlers Vernichtungskrieg hatte das Stalinre-
gime gestärkt. Nach 1945 wurde der Sieg geschichtsphilosophisch
umgedeutet und mit einem teleologischen Unfehlbarkeitsdogma
der KPdSU versehen. Dank ihrer konsequenten Führung als
welthistorisches Gewissen war der Sieg vorprogrammiert. Die
historischen Fakten, die in den ersten beiden Kriegsjahren eher
Hilflosigkeit und Desorganisation der Führung belegen – und
dass dies horrende Menschenopfer kostete –, waren auch um
1990 noch nicht einmal als Randnotiz zugelassen.

Die kritische Auseinandersetzung überlebte die kurze Phase
des demokratischen Aufbruchs nicht. Die jahrzehntelange ka-

nonisierte Erinnerungskultur bewies, wie hegemoniefähig sie doch noch war. Viele empfanden das Ende der Sowjetunion 1991 nicht als Chance zu einem Neuanfang, sondern als eine verspätete Niederlage, zumal sie nicht auf dem Schlachtfeld beigebracht wurde, sondern die Volkswirtschaft in der Systemkonkurrenz nicht bestehen konnte.

Damals trat Russland in eine lange Periode der Niederlagenverarbeitung ein, die bis heute anhält. Frankreich nach dem Debakel 1870/71 und Deutschland 1918 durchlebten ähnliche Zyklen. Die Phase der Verliererdepression ist kurz. Ihr folgt die Heilserwartung eines Traumlandzustandes, die Wolfgang Schivelbusch in seinem oben bereits erwähnten Buch *Kultur der Niederlage* analysiert hat, einer Euphorie, in der der Verlierer sogar bereit ist, das System des Siegers zu übernehmen und den Rückzug der Vertreter des alten Systems noch als Befreiung empfindet. Doch macht sich allmählich schleichende Desillusionierung breit, die mit moralischer Entrüstung einhergeht. Der Gedemütigte zieht sich in die Bastion des Nationalismus zurück, setzt Fantasien frei und steckt Schutzzonen ab – als die schon erwähnten *citadelles sentimentales* –, in denen sich die Realität besser ertragen lässt.

Die nationalistische, zum Teil chauvinistische Rückbesinnung setzte schon Mitte der 1990er-Jahre ein. Doch damals verfing der Vorstoß, über den ersten Tschetschenienkrieg Patriotismus und Remilitarisierung anzukurbeln, noch nicht. Dies änderte sich erst mit Wladimir Putin, der bezeichnenderweise sofort nach Amtsantritt 2000 die Leitung des 60-Jahre-Festkomitees übernahm. Putin hat die Deutungshoheit über den Krieg wieder zur Staatssache gemacht. Stalins Hymne, rote Fahne und Sowjetmemorabilia, die der Kreml-Chef in die Sinngebung zurückholte, sind unterdessen nur Äußerlichkeiten.

Ex post facto dient die Interpretation des Krieges einer Katharsis des stalinistischen Systems. Versuche, die Schattenseiten des Krieges und seiner Vorgeschichte zu beleuchten, werden unterdrückt, die Macht des Kollektivs wird herausgestrichen. Die leidvollen Erfahrungen der Individuen, die Nichtachtung der Kriegsinvaliden in der Sowjetgesellschaft, die Verbannung von Millionen heimgekehrter Kriegsgefangener und Zwangsarbeiter in die Gulags Sibiriens – all das existiert im öffentlichen Diskurs nicht. Mit seelischen Traumata müssen die Soldaten damals wie heute allein fertig werden. Die Gesellschaft kennt keine Fürsorgepflicht. Wer dies fordert, gehört nicht dazu. Die Dichotomie von »wir« und »sie« – die Fremden – ist ein Wesensmerkmal des russischen vormodernen Zivilisationstyps. Individuelles Sterben kennt diese Erinnerungskultur nicht. Sie verweigert auch den Gefallenen in Tschetschenien individuelle Andacht. Ja, es gilt sogar als unästhetisch und im öffentlichen Raum fehl am Platz, daran zu gemahnen. Anstelle dessen rückt ein monumentaler Totenkult, der den kollektiven Helden ewiges Gedenken verspricht. Trauer verwandelt sich in Stolz, der zuweilen ekstatische Züge annimmt.

Oft gleichen sich die Erzählungen der Kriegsveteranen wie ein Ei dem andern. Das Gedächtnis wurde vom totalitären Staat okkupiert, der das eine monumentalisierte, anderes verschwieg. Diese Art des Gedenkens schafft Traditionslinien und nimmt Gegenwart wie Zukunft durch den Rückgriff auf eine bereinigte Vergangenheit in die Pflicht. Daran will Putin anknüpfen. Unter KPdSU-Generalsekretär Leonid Breschnew wurde Erinnerungsarbeit noch strikt eingegrenzt. 5000 literarische Kriegsverarbeitungen steckten den thematischen Raum ab, in dem sich neue Schriftsteller bewegen mussten. Neuland zu betreten war verboten.

Putin glaubt, wie schon Breschnew, dass sich Stolz und Patriotismus nur durch die Darstellung einer lupenreinen Vergangenheit fördern lassen. So ließ er ein Schulgeschichtsbuch aus dem Verkehr ziehen, das die Erschießung von 150 000 Offizieren und Soldaten 1941/42 wegen angeblicher Feigheit erwähnte, Stalins Massensäuberungen nicht unterschlug und die Annexion der baltischen Staaten als »Besetzung« beim Namen nannte. Auf Missbilligung stieß auch, dass der Autor die Westfront erwähnte, insbesondere Hitlers Krieg gegen England seit 1939, während Stalin und Hitler Osteuropa noch gemeinsam unter sich aufteilten. Der fehlgeschlagene Eroberungsfeldzug gegen Finnland, Polens Teilung und die Annexion der Kurilen nach Kriegsende im August 1945 und dass Japan sich strikt an den Nichtangriffspakt hielt und der UdSSR für die Westoffensive den Rücken frei hielt, sind Fakten, die russische Abiturienten nie erfahren. Verschwiegen wird auch die Rolle der Partisanen, die mit Rückendeckung des Generalissimo Stalin auch gegenüber der eigenen Bevölkerung kein Pardon kannten.

Warum? Fürchtet der Staat, das Volk könnte den gesamten Sieg in Zweifel ziehen, sollte er Geheimnisse lüften? Die Angst ist unbegründet, sagt aber viel über das Misstrauen, mit dem der Staat seinen Bürgern begegnet. Dieser Staat hat sie im Verdacht, eines Tages doch die kollektive Vereinnahmung gegen Individuation einzutauschen.

Über alldem thront Wladimir Putin als Hauptverwalter der Abteilung Mythenpflege. Im Februar rechtfertigte er den Molotow-Ribbentrop-Pakt von 1939, in dem Hitler und Stalin Polen und das Baltikum aufteilten, als Maßnahme zur Sicherung der Westgrenze und von Staatsinteressen. Der Kreml geriet in Rage, als die leidtragenden Balten dem widersprachen. Der imperiale Komplex leuchtete wieder auf. Räumlich kann er sich nicht mehr ausbreiten. Jetzt tritt er die Flucht in eine idealisierte und mystifizierte Vergangenheit an.

Stalingrad

Nur die weißen Zopfbändchen bewegen sich, die exerzierenden Mädchen verziehen keine Miene. Auch nicht, als sie auf Kommando in zackigem Stechschritt und mit präsentiertem Gewehr

vor dem Mahnmal des unbekannten Soldaten aufeinander zu-
marschieren.

Jeder zwölfjährige Schüler in Wolgograd muss dieses zehntä-
gige Exerzitium einmal absolviert haben, Höhepunkt der Unter-
weisung ist eine einmalige Ehrenwache vor einem Kriegerdenk-
mal.

Russlands sonst so modebewusste Mädchen tragen einfachste
Uniformen, die selbst auf den bescheidenen Zierrat der Nach-
kriegszeit, Sterne und Litzen, verzichten. Nur die Schleifchen
im Haar erinnern an einen feierlichen Anlass.

Das Mahnmal des unbekannten Soldaten steht in der Wol-
gastadt am Platz der gefallenen Krieger, auf dem seit Tagen Arbeiter weiße und rote Lamellen in ein riesiges Gerüst hängen.
Steckelemente statt großflächiger Plakate werden hier benutzt,
weil in Wolgograd häufiger der Vergangenheit gedacht wird als
anderswo. Wenn die Arbeiter nach drei Tagen ihr Werk getan
haben, wird zu lesen sein: »1943–2003: 60 Jahre Stalingrad«.

Vor dieser Kulisse werden Russlands Präsident Wladimir Putin und die Honoratioren der Stadt sprechen; auf die Zusage des
Ersteren warten die Stadtväter schon ungeduldig. Der Patriarch
der russisch-orthodoxen Kirche, Alexej II., hat seine Teilnahme
am 60. Jahrestag der Schicksalsschlacht des Zweiten Weltkrieges
schon fest zugesagt.

In der Uliza Wolodarskij, die nach einem bolschewistischen
Revolutionär der ersten Stunde benannt ist, befindet sich der
»Posten Nummer 1 für patriotische Erziehung« in einem Keller-
geschoss. Ein tiefrotes gewienertes Schild hängt an der Haus-
wand. Unten öffnet ein uniformierter Schüler salutierend einen
Türspalt, bis ein Lehrer eintrifft. Seit vier Jahren leitet der pen-
sionierte Militär Wladimir Reschetnikow den Hort der Vater-
landsliebe, durch den seit Gründung 1966 über 200 000 Kinder
geschleust wurden. Seit Wladimir Putin die militärisch-patriotische Erziehung an den Schulen wieder zum Pflichtprogramm
erklärt hat, sind die Erfahrungen des »Postens Nummer 1« sehr

gefragt. Der hochgewachsene Militär, ein ruhiger Typ, kein chauvinistischer Heißsporn, legt Wert darauf, dass die Kinder keine
Kriegsausbildung erhalten. »Disziplin, Moral, Anstand, kurzum
zu Bürgern eines freien Landes sollen die Kinder erzogen werden«, sagt er. Nur, Patriotismus ohne Militarismus in Russland,
gibt es so etwas?

Den Kindern gefällt es aber. An der Wandzeitung schreibt die
Pressesekretärin des letzten Kurses: »Danke für die schönsten
Tage meines Lebens«, ein anderer kommt schon etwas altklug
daher und schreibt über die Zeit, die sich tief eingeprägt habe,
und Verpflichtungen, die Erinnerung wachzuhalten. Nun ja.

Am 23. August 1942 warf die deutsche Luftwaffe 1000 Tonnen
Bomben auf die sozialistische Musterstadt ab. Heinkel-Bomber,
Stuka-Geschwader und Junkers verwandelten sie in ein Flam-
menmeer. 40 000 Frauen und Kinder starben in einer Nacht.
Fünf Monate später ging die 6. Armee General Paulus' in Ge-
fangenschaft und mit ihr der Mythos des unbesiegbaren Nazi-
deutschlands unter. Auf den blutgetränkten Schlachtfeldern
blieben Millionen von Toten zurück, zwei- bis dreimal so viele
sowjetische wie deutsche Soldaten, deren Gebeine mit jeder
Schneeschmelze noch heute an die Oberfläche gespült werden.

Danach begann der Marsch der Roten Armee auf Berlin.

Stalingrad steht seither für den Sieg, die Rettung der Heimat,
Mut, Opferbereitschaft – und alles zusammen.

Daran änderte auch die Umbenennung 1961 in Wolgograd
nichts. In den Köpfen seiner Bewohner lebt Stalingrad weiter,
überall mahnt die Erinnerung, die auch die nachwachsenden
Generationen nicht entlässt. Der Totenkult verbindet; wer ihn
missachtet, begäbe sich wohl außerhalb der Gemeinschaft.

Einigen reicht das nicht, allen voran den Kommunisten, die in
Wolgograd noch das Sagen haben. Aber auch die Veteranen und
ein beträchtlicher Teil der älteren Generation sind nicht zufrieden. Wladimir Andropow, der stellvertretende Vorsitzende der
Gebietsduma, gründete mit Gleichgesinnten daher das Komitee

»Geben wir der Mutter Heimat Stalingrad zurück«. Im Russischen schwingt da Ressentiment mit, als hätte jemand – vermutlich der Westen – dem Land die Erinnerung gestohlen. Das
Komitee baut darauf, noch in diesem Jahr die Umbenennung zu
erreichen. Andropow hat alte Mitstreiter in sein weiträumiges
Büro in der Duma geladen, die heute nur noch an der Propa-
gandafront kämpfen. Veteran Fjodor Fjdorowitsch (78) hat die
militärisch-patriotische Ausbildung in Wolgograd aufgebaut und
hält ein ausführliches Referat über die Rolle des Staates bei der
Formierung der jungen Persönlichkeit. An seiner gepflegten blau-
en Uniformjacke und der des Majors a. D. Drupin drängen sich
Auszeichnungen und Medaillen. Mit von der Partie ist auch der
Vorsitzende des internationalen Kuba-Komitees, der als Einziger
so aussieht, als würde er über allem Patriotismus auch gern einmal eine gute Zigarre schmauchen. Zwischen den Männern sitzt
noch die fast 80-jährige Proskowia Geraschtschenka, die als Sa-
nitäterin 1945 bis nach Wien gelaufen ist. Sie ist noch immer eine
Schönheit und muss die Frontkämpfer um den Verstand gebracht
haben. Ob sie deren Avancen erwiderte? Sie scheint nur einen
je geliebt zu haben, Josef Dschugaschwili, der sich später Stalin
nannte und dessen Namen die Stadt seit 1925 trägt. Für Proskowia war der sowjetische Diktator ein untadeliger Kommunist, der
die Menschheit vor der Verderbnis rettete. Was ihm vorgeworfen
werde, hätten deutsche Geheimdienste verübt. Punkt, fertig, aus.
Die Gulag-Lüge steht. Hier weht ein eisiger Wind, so eisig wie
vor 60 Jahren, als 91 000 Wehrmachtssoldaten bei Temperaturen
von minus 35 Grad auf ein Ende warteten. Das Feindbild hat sich
in diesem Kreis gehalten, ganz anders als sonst in Russland, das
keinen Hass kennt und sehr genau zwischen Nazis und Deutschen zu unterscheiden weiß, zu genau manchmal.
    Dass Wladimir Putin im Dezember vor Militärs und Vete-
ranen in Moskau der Umbenennung erst zustimmte und dann
einen Rückzieher machte, bringt ihm keine Sympathien ein. Der
Komiteevize Alexander Pantschenko, auch ein ehemaliger, dem

Auftreten nach hartgesottener Offizier Mitte vierzig, meint kurz und bündig: »Auf Stalin war Verlass, Putin ist wankelmütig.« Die Runde stimmt nickend und schnaufend zu. Nur KP-Politiker Andropow regt sich nicht, für ihn ist das Ganze ein Spektakel, ein PR-Gag, um seiner Partei Aufmerksamkeit zu sichern.

Für den ganzen demokratischen Klimbim – Gesetzesvorlagen, Verfahren, gar Referenden – hat sie nichts übrig. Damals hat KP-Chef Nikita Chruschtschow Stalingrad per Dekret in Wolgograd umbenannt. Das soll Putin nun auch machen. Mit einem Federstrich, und die Sache sei vom Tisch. Seltsamerweise sieht es der Historiker Popow von der privaten Humanistischen Universität ähnlich, der dem schillernden Kreis von Ewiggestrigen nicht angehört und über jeglichen Extremismusverdacht erhaben sein dürfte. »Schließlich ist auch Leningrad in Sankt Petersburg umbenannt worden, und die Monarchie ist nicht zurückgekehrt«, meint Popow, der als Kind den deutschen Luftangriff miterleben musste und seitdem auf einem Ohr taub ist.

Stalingrad – eine Frage des Alters und der Generation?

Von der Duma über die Allee der Helden hinunter an den Fluss ist es nicht weit. Nur vierhundert Kilometer hat die Wolga, die mütterliche Seele Russlands, bis zur Mündung ins Kaspische Meer noch vor sich. Sie lässt sich daher Zeit, räkelt sich träge im breiten Bett – so unendlich weit, dass in der Vorstellung der Deutschen am gegenüberliegenden Ufer Asien begann. Stalin sah es ähnlich: Wer sich zurückziehen wollte, dem drohte die Todesstrafe. 13 500 Rotarmisten wurden in Stalingrad von den eigenen Leuten erschossen.

Am Ufer im Zentrum steht nur noch eine als Mahnmal erhaltene Ruine neben dem Panorama-Museum, das ein monumentales rundläufiges, 2000 Quadratmeter großes Schlachtengemälde beherbergt. Die unzähligen Leichen lassen sich nicht nach Freund oder Feind identifizieren, dafür aber einige Helden der Roten Armee, die Legende geworden sind. Ansonsten duldeten weder die sowjetische Geschichtsschreibung noch die des Gegners individuelles Heldentum. Die Russen erklärten pauschal alle Soldaten, die in die Kämpfe verwickelt waren, zu Heroen. Schwer umkämpfte Städte erhielten den Ehrentitel »Heldenstadt«. Meist verbarg sich dahinter das unausgesprochene Eingeständnis, dass die Befreiung kolossale Opfer gekostet hatte. Opfer, die hätten vermieden werden können, wenn Menschenleben etwas gezählt hätten.

Gerade die kollektive Heroisierung, die nicht an selbstloses und vorbildliches Handeln des Individuums geknüpft ist, garantiert die Mythenbildung um den Vaterländischen Krieg und dessen nachhaltiges Hineinwirken in die Gegenwart.

Swetlana Argaszewa, die stellvertretende Museumsdirektorin, hält den erbitterten Streit um die Umbenennung für ein Altersproblem. »Die abtretende Generation hat Angst vor dem Vergessenwerden.« Die Ängste sitzen indes tiefer. Es ist eine böse Ahnung, das Sakrale der kulturellen Erinnerung könnte eines Tages von der nüchternen Geschichte erobert werden. Mit der haben die Museumsmacher arge Probleme, deutet die Expertin für Schlachtgemälde vorsichtig an. Sie wollen zum Jahrestag erstmals zeigen, dass und wie Westalliierte der bedrängten Sowjetunion geholfen haben …

In Umfragen sprechen sich zwischen 60 und 80 Prozent der Wolgograder gegen die Rückbenennung aus. Ab einem Alter von 45 Jahren wächst die Zustimmung hingegen deutlich.

Einer, der die Debatte ein für alle Mal beenden möchte, ist Boris Pylin. Der Sozialdemokrat und Mitstreiter Michail Gorbatschows ist auch ein pensionierter Militär. Mit ein paar Getreuen sammelte der ehemalige Pilot 3500 Unterschriften für ein Referendum. Danach könnte Wolgograd ein ganz normales Leben beginnen, meint er.

Vor der ewigen Flamme des unbekannten Soldaten findet wieder ein Wachwechsel statt. Ob die jungen Wachen manchmal auch an das Schicksal des zerbombten Grosny denken? Die patriotische Erziehung hätte sich dann schon ausgezahlt.

Kapitel 8
DER ERWÄHLTE —
DIMITRIJ MEDWEDEW, »LILIPUTIN«

Zum Sieg verdammt

Dem Kandidaten blieb der aufreibende Wahlkampf erspart. Dimitrij Medwedew, Russlands neuer Präsident, klinkte sich einfach aus, und niemand nahm ihm das richtig übel. Statt als Wahlkämpfer Zeit zu verplempern, trug der Putin-Nachrücker die noch unerledigte Agenda des Vizepremiers gewissenhaft ab. Er zog durch Schweineställe und Hühnerfarmen, besuchte Forschungslabors und inspizierte in Geburtenkliniken die ersten Früchte staatlicher Nachwuchsförderung. *Business as usual,* bis zum letzten Tag, diszipliniert und sachorientiert. Als Vizepremier war Medwedew seit 2005 Russlands Mann für Soziales. Eine undankbare Aufgabe, die wohl Aufmerksamkeit, aber keine großen Erfolge garantiert. Glücklich sah der Sozialdezernent dabei nie aus. Die Resultate waren auch eher bescheiden.

Für Mätzchen — wie die parallel zur russischen Präsidentenkür verlaufenden amerikanischen Primarys — hatte der Mann auf der Schwelle zum Kreml keine Zeit. Russland ist keine Spaßgesellschaft und schon gar nicht Hollywood, war eine der unterschwelligen Botschaften der Vorwahlzeit. Für Diskussionen und Fernsehauftritte stand er daher auch nicht zur Verfügung. Staatsvertreter sind im Selbstverständnis des Kreml keine öffentlichen Politiker, die sich mit der Menge gemeinmachen müssten.

Die kräftezehrenden Vorwahlen hatte Wladimir Putin ohnehin mit sich allein ausgemacht. Fast die gesamte zweite Amtszeit des Präsidenten verstrich mit Spekulationen über den potenziellen Nachfolger. Als der Kreml-Chef, zweieinhalb Monate vor dem Wachwechsel, dem Volk schließlich den Erwählten präsentierte, war die Wahl gelaufen. Die meisten Bürger nahmen

die Vorentscheidung erleichtert auf und fühlten sich keineswegs
entmündigt. Denn gern hätten sie Wladimir Putin noch für eine
weitere Amtszeit verpflichtet. Die Verfassung sieht eine dritte
Runde in Folge jedoch nicht vor. Dem Präsidenten ist es hoch
anzurechnen, dass er in das Grundgesetz nicht eingriff und eine
turnusmäßige Machtübergabe organisierte. Für Russland ist allein dies schon ein Erfolg und vielleicht eine neue Norm. Ansonsten gibt es über die Wahl nicht viel Rühmenswertes zu berichten.
Der Wähler wurde an die Urne geholt wie einst der Bürger Ost-
roms ins Hippodrom, um den neuen Kaiser durch Akklamation
zu bestätigen. So war es wohl auch kein Zufall, dass das staatliche
Fernsehen just vor dem Urnengang dem Oströmischen Reich
noch eine Sendung widmete: »Die Zerstörung des Reiches: eine
byzantinische Lektion«. Regie führte Wladimir Putins orthodoxer Beichtvater Tichon Schewkunow. Mit dem tatsächlichen
Verlauf der Geschichte Konstantinopels hatte der Beitrag nicht
viel gemein. Die Botschaft war entscheidend: Moskau steht in
der Tradition von Byzanz, das sein leichtfertiges Vertrauen zum
Westen mit dem Niedergang bezahlte. Der Wähler hätte Dimitrij
Medwedew allerdings auch ohne diesen Wink seine Stimme gegeben, denn der 42-jährige Jurist ist als Putins Wunschkandidat
auch ein Gewährsmann für Stabilität. Um das zu unterstreichen,
erklärte sich der Kreml-Chef bereit, unter der Ägide Medwedews
das Amt des Premierministers zu übernehmen. Für den eitlen Ex-
präsidenten dürfte dies keine leichte Entscheidung gewesen sein.
Aber auch die Machtverhältnisse im Kreml verlangten den Kompromiss. Die einflussreiche Gruppe der Silowiki, Vertreter der
Machtstrukturen aus Polizei, Militär und Geheimdienst, hätten
es auch lieber gesehen, wenn Putin im Amt geblieben wäre. Die
Ernennung Medwedews zum Nachfolger stieß keineswegs auf
ihre Zustimmung. Der Neue zählt zwar seit acht Jahren mit zur
Führungsspitze, aber er gehört keinem der mächtigen Klans an.
Jede Verschiebung innerhalb der Machtstrukturen wird in die-
sen Kreisen als potenzielle Bedrohung empfunden. Der Zugriff

auf Ressourcen und Pfründe, vor allem aber die Kontrolle über die Finanzströme, könnten verloren gehen. Premier Putin garantiert erst einmal, dass alles beim Alten bleibt. Er übernimmt die Rolle des Schiedsrichters, der die Interessen seiner Paladine schützt, gleichzeitig aber auch über das Wohl des neuen Präsidenten wacht. Denn ohne ihn, den »nationalen Líder«, würden die Sicherheitsapparate seinen Zögling zerfleischen.

Medwedew — Der Antityp

Der sanft und nachdenklich wirkende Nachrücker verkörpert den Antityp des russischen Machtpolitikers. Schon äußerlich passt der schmächtige Dimitrij nicht in die polternde Riege der Muschiks aus den Geheimdienst- und Sicherheitsorganen. Statt Schulterklappen trug er Schulterpolster unter den marineblauen Maßanzügen. Auch die Körpergröße von 1,62 Meter stärkt nicht gerade seine Autorität, sondern brachte ihm sogar den Spitznamen »Liliputin« ein. Seit der Ziehvater ihn zum Garanten der Stabilität erkor, geht Medwedew zweimal täglich schwimmen und hat sichtbar an Statur gewonnen. An Sportskanone Putin, der sich mit entblößtem muskulösen Oberkörper präsentierte, reicht er gleichwohl noch nicht heran. Doch ist der leichte Gang einem kräftigeren Tritt gewichen, der das Vorbild nicht verhehlt. Auch in Sachen Timbre und Intonation ahmt er den Schrittmacher nach. Dimitrij zog auf dem Putin-Ticket in den Kreml ein, das verlangt eine passgenaue Kopie des Ideals. Fürs Erste.

Putin ist einsam. Der ehemalige Spion traut in seiner Umgebung niemandem über den Weg. Nur Dimitrij Medwedew scheint eine Ausnahme zu machen, und das empfahl ihn scheinbar auch als Nachfolger. Er verfügt weder über eine eigene Hausmacht, noch gehört er einer der dominanten Machtgruppierungen an. Außerdem kennen sich beide seit 17 Jahren. Medwedew steht für Loyalität. Er war immer ein treuer Diener seines

Herrn und gab nie Anlass zur Klage. Nach der akademischen Karriere lernten sich die beiden in der Stadtverwaltung Sankt Petersburgs kennen. Russlands Vorzeigedemokrat der ersten Stunde, Anatoli Sobtschak, war Anfang der 1990er-Jahre Bürgermeister in der Stadt an der Newa. Juraabsolvent Medwedew wurde dem stellvertretenden *Mer*, Wladimir Putin, zugeteilt und erledigte juristische Kärrner- und Laufarbeiten für den Chef. Auch eine Korruptionsaffäre, in der es sich um etliche Millionen verschwundene Dollars drehte, schaffte der Jurist mit Prädikatsexamen dem Vorgesetzten vom Hals. Putins Karriere hing damals am sprichwörtlichen seidenen Faden. So etwas verbindet, beide sind sich treu geblieben. Als Putin 1999 überraschend zum Thronprätendenten Boris Jelzins aufstieg, holte er engste Freunde aus Sankt Petersburg in den Kreml nach. Denn auch er hatte am Anfang weder Hausmacht noch Seilschaften in Moskau. »Großwesir« hieß Medwedew bald – wegen seiner Nähe zum Präsidenten. Putin ernannte ihn zum Chef des Präsidialamts und schickte ihn als Vorsitzenden in den Aufsichtsrat des staatlichen Gasgiganten Gasprom. Der kleine Mann mit steiler Karriere drängte sich dennoch nicht in den Vordergrund.

Wie sehr sich Medwedew auch bemühen mag, dem Vorbild zu gleichen – das Image eines netten, aber verklemmten Musterschülers, der er übrigens auch war, wird er über Nacht nicht los. Das macht ihm zu schaffen. »Ich bin kein fader Zwieback«, vertraute er der Zeitschrift *Itogi* in einem »Human-touch«-Interview an, das der Kreml schaltete, um dem Bild des drögen Apparatschiks etwas Farbe beizumischen. Auch Grafologen beteiligten sich an einer Imagekorrektur des angehenden Präsidenten. Sie gelangten beim Schriftvergleich des Schülers und Thronanwärters zu einem eindeutigen Befund: Der Anstieg an Entschlossenheit sei markant. Die Psychologin Jelena Schestopal will in den Monaten zwischen Ernennung und Wahl ebenfalls einen deutlichen Profilwechsel beobachtet haben. Von der Fürsorge des »älteren Genossen« mache sich Medwedew langsam frei, meint die Dozentin für Politische Psychologie. Einmal im Amt, würde er sich weder als »Sitz-Präsident« noch als Prügelknabe hergeben.

Loyalität muss nicht ewig währen. Zumal es ohnehin ein Rätsel ist, was die beiden so eng aneinander bindet. Schon äußerlich sind sie höchst unterschiedliche Typen. Hier der Kampfsportler Putin mit versteinertem Pokerface, dort der Knuddelbär Medwedew (*medwed*, russisch für »Bär«), der keine Regung verbergen kann. Hier der im Straßenslang Zoten reißende Präsident, dort der mit Bedacht formulierende Sohn einer Russischlehrerin. Sozialisation, Alter und Herkunft trennen sie. Putin wuchs als Arbeitersohn auf den Hinterhöfen Sankt Petersburgs auf, trieb sich mit Jugendbanden herum und jagte Ratten. Medwedew war behüteter Sprößling einer Intelligenzlerfamilie in einer ruhigen Vorstadt und bestenfalls eine Leseratte. Eine Deep-Purple-LP und echte Westjeans seien unerschwingliche Jugendwünsche gewesen, äußerte er gegenüber *Itogi*. Putin schob damals schon Dienst an der Westfront in der DDR und hielt lückenlose Versorgung mit Bockwurst und Radeberger für die Verwirklichung des Sozialismus. Als Jurastudent Dimitrij für Anatoli Sobtschak heimlich Wahlzettel von Matrizen abzog, saß Wladimir Putin noch in Dresden und beobachtete, wie der Untergang der UdSSR, die »größte geopolitische Katastrophe des 20. Jahrhunderts«, seine KGB-Karriere bedrohte.

Wie Macht und Aufgaben zwischen Premier in spe und Präsident verteilt werden, wenn es denn so weit ist, gibt bislang auch den mutigsten Analysten und Kreml-Astrologen Rätsel auf. Kann Expräsident Putin sich zurückhalten und mit den Kompetenzen des Premiers bescheiden? Ordnet sich Medwedew dem Mentor freiwillig unter und hütet für ihn nur das Atomköfferchen im Kreml?

Als Angela Merkel zum Antrittsbesuch in Moskau weilte, sah es noch nicht so aus, als hätte sich das Tandem über die reibungslose Verteilung der Aufgaben verständigt. Putin warnte die Kanzlerin vor Tauwetterillusionen: Auch unter seinem Nachfolger werde der Umgang mit Russland keineswegs leichter. Das war nicht nur taktlos, sondern auch eine Kompetenzüberschreitung, wo doch die Außenpolitik eigentlich der Präsident bestimmt.

Wie lange wird diese Doppelspitze von Bestand sein, in einem Land, dessen Bürokratie und Bürger gewohnt sind, nur einem Herrscher zu huldigen? Russland vertrage »keine zwei Sonnen«, meinte Diktator Stalin. Seine Sentenz galt bislang als Axiom, und nun soll sich das auf einmal ändern, nur weil die Chemie zwischen den beiden Himmelskörpern stimmt ...

Die Tandemlösung, starker Premier und schwacher Zar, gab es in der russischen Geschichte schon einmal. Unter Nikolaus II. wollte der Reformpremier Stolypin Russland Anfang des 20. Jahrhunderts in einen modernen Staat verwandeln. Stolypin wurde ermordet, bald darauf folgte der Zar. Auch Boris Jelzin versuchte es im demokratischen Aufbruch der 1990er-Jahre zunächst mit einem Vizepräsidenten. Das Unternehmen scheiterte kläglich in einem Aufstand der Volksvertreter mit Vizepräsident und Parlamentsvorsitzendem an der Spitze. Mit Gewalt ließ der Kreml den Widerstand im Keim ersticken.

Was macht beide so sicher, dass das Experiment diesmal gelingt? Zumal der Erfolg nicht von ihrem guten Willen allein abhängt. Russlands Beamtenschar ist darauf konditioniert, selbst die geringsten Entscheidungen der Obrigkeit zu überlassen. An wen soll sie sich wenden? Und wer hat das letzte Wort, wenn sich die Staatsapparate bekriegen?

Unwägbarkeiten bleiben. Auch ein unscheinbarer Apparatschik und treuer Gefolgsmann ohne eigene Ambitionen ist gegen die Versuchung der Machtfülle des Kreml auf Dauer nicht gefeit: Vorgänger Putin war auch ein Niemand, als er 1999 an die Macht katapultiert wurde.

Insofern beginnt in Russland in der Tat eine neue Ära. Beide betreten Neuland. Gleichwohl hat es den Anschein, als seien sie für die Neulandgewinnung von den Strategen nicht ausreichend trainiert worden. Haben die Machttechnologen im Kreml die Konsequenzen wirklich in allen Feinheiten bedacht? Es sieht eher danach aus, als hätte das *awos!* – »aufs Geratewohl« – in letzter Minute wieder die Entscheidung herbeigeführt.

Zwar betont Putin, an Funktion und Rolle des Präsidenten nicht rütteln zu wollen, gleichzeitig erhebt er aber weiter Anspruch auf die strategische Führung und entwertet damit das Präsidentenamt.

Er demontiert das System der »Vertikale« und untergräbt die personifizierte Herrschaft, die er in acht Jahren auf Kosten der Demokratie errichtet hat. Paradox. Um das System zu retten und die vermeintliche Stabilität zu sichern, hält der vormalige Präsident es für unumgänglich, sein eigenes Werk zu zerlegen. Das klingt in der Tat nach Abenteuer. Sollte die Doppelherrschaft indes gelingen, wäre das ein bahnbrechender Fortschritt für Russland – ein Stück Pluralität kehrte zurück.

Zum Ruf Dimitrij Medwedews, dem nachgesagt wird, etwas liberaler zu sein als der Rest der raubeinigen Entourage im Kreml, würde es passen. Bislang erschöpft sich sein Ruf lediglich in der Reputation eines Liberalen. Weder Karriereverlauf noch seine Rolle unter Putin stützen jedoch das wohlwollende Image. Ein Umgang, der etwas ziviler und freundlicher ist, macht den neuen Präsidenten nicht gleich zu einem Demokraten. Denn Medwedew war in alle unappetitlichen Konflikte der Ära Putin verstrickt, nur wurde er nicht direkt damit in Verbindung gebracht. Als der Kreml 2001 den Privatsender NTW gleichschaltete und damit die elektronischen Medien unter seine Kontrolle brachte, saß auch er mit am Tisch. Als 2003 die Jagd auf den Yukos-Ölmilliardär Michail Chodorkowski begann, bekleidete Medwedew bereits eine Schlüsselrolle im Kreml. Schließlich war es unter der Ägide des Aufsichtsratsvorsitzenden Medwedew, dass der Energiekonzern Gasprom zur Schaltzentrale russischer Außenpolitik mutierte. Kurzum, den Rückbau des Staates nach autoritärem und zentralistischem Muster hat er federführend mitbetrieben.

Auf einem Wirtschaftsforum in Krasnojarsk kurz vor den
Wahlen knüpfte er geschickt an seine Reputation eines welt-
offenen Liberalen an. Was die in Sibirien versammelten Wirt-
schaftsbosse an liberaler Programmatik zu hören bekamen, hätte
genauso gut aus einem Manuskript der verteufelten Opposition
stammen können. Sein Gegenwartsbefund fiel vernichtend aus.
Der Redner geißelte die Korruption als schwerste Krankheit
Russlands und bescheinigte seinem Land einen in Europa
beispiellosen »Rechtsnihilismus« – nach zwei Amtsperioden
Putin'scher »Diktatur des Gesetzes«. Er forderte die Entflech-
tung von Politik und Wirtschaft, die unter dem Vorgänger zu
siamesischen Zwillingen verwachsen sind, und sprach von der
Notwendigkeit, Medien und Justiz aus dem Würgegriff der Politik zu befreien. Quintessenz der Geschichte sei, so Medwedew:
»Freiheit ist besser als Unfreiheit.« Die Vision des Präsident-
schaftskandidaten entwarf das Gegenprogramm dessen, woran
er und sein Mentor in den letzten Jahren gearbeitet hatten. Medwedews Befund glich der Bilanz einer vernichtenden Niederlage.
Das Freiheitszitat war Katharina der Großen entlehnt, die mit
den französischen Aufklärern Ende des 19. Jahrhunderts rege
Korrespondenz pflegte. Auf die restriktive Politik des Zaren-
reiches hatte der anregende Diskurs indes keine Auswirkungen.
Im Gegenteil, auch damals ging es um die Sicherung von Macht
und Pfründen.

Wollte Medwedew nur Profil gewinnen, um sich vom Über-
vater abzuheben? Dessen Zustimmung dafür wird er zuvor ein-
geholt haben müssen. Oder sollten beide eingesehen haben, dass
das starre System die Entwicklung endgültig blockiert? Niemand
weiß es. Die Aussichten auf eine Tauwetterperiode sind jedoch
eher unwahrscheinlich.

Und es sei zusätzlich auf eine kulturelle Eigenart Russlands
hingewiesen: Das Wort zählt oft mehr als die Tat, die selten auf
das Wort folgt oder sich mit diesem nicht in Einklang bringen
lassen muss.

Die ersten Tage »Putinismus mit menschlichem Antlitz«?

Ein Witz kursiert derzeit in Moskau: Putin und Medwedew sitzen im Restaurant. »Für mich ein Steak«, sagt Putin. Der Ober daraufhin: »Und das Gemüse?« »Das nimmt auch eins.«

Hermetik der Macht und Hofintrigen haben wieder sowjetisches Format erreicht. Mit der Entrücktheit der Herrschenden kommen auch Witz und Satire zurück, die schon dem kommunistischen System als Ventil dienten. Auch das Rätselraten hält an. Wird der neue Präsident aus dem Schatten des Vorgängers heraustreten und für ein milderes Klima sorgen?

Die ersten Ereignisse nach der Wahl deuten vielmehr auf eine Fortsetzung des alten Kurses hin. Kaum war Medwedew gewählt, gingen in Moskau Sicherheitskräfte brutal gegen einige Dutzend Demonstranten der Opposition »Anderes Russland« vor. Tags darauf drehte Gasprom der Ukraine den Gashahn zu, was erneut dem Image Moskaus in Europa schadet, denn noch sitzt der Nachrücker dem Aufsichtsrat des Energiekonzerns vor. Einen Tag später sickerte durch, dass der Kreml ausländischen Internetbetreibern und Verlagshäusern den Zugang zum russischen Markt versperren wolle. Als Urheber des Projekts zeichnet Präsidialamtsvizechef Wladislaw Surkow.

Der »gewählte, aber noch nicht inaugurierte Präsident«, wie Putin per *Ukas* den Neuen bezeichnen lässt, ist noch nicht im Amt. Dennoch stellt sich die Frage, ob das künftige Staatsoberhaupt nicht ein paar gewichtige Worte mitreden sollte, sobald Entscheidungen fallen, die in dessen Amtszeit hineinreichen. Niemand weiß, ob er konsultiert wurde. Was lässt sich daraus ableiten? Entweder denkt auch der Neuling nicht daran, eine andere politische Linie einzuschlagen, oder er hat es versucht, kann sich aber nicht auf die Rückendeckung der maßgeblichen Apparate stützen. Die wahrscheinlichste Version lautet, das Vorgehen ist als eine Warnung der Sicherheitsapparate gemeint: Hier ist dein Platz, wir haben das Sagen, und daran wird sich nichts ändern.

Alle Szenarien entbehren jeglicher frohen Botschaft. Sowohl innen- als auch außenpolitisch wäre nicht mit einer Kurskorrektur zu rechnen, allenfalls in Stil und Manier.

Auf Dauer muss das nicht so bleiben. Dennoch wird sich Medwedew nicht so leicht durchsetzen können wie sein Vorgänger. Als Putin in den Kreml kam, folgten ihm die Sicherheitsapparate. Der ehemalige FSB-Chef war einer von ihnen, er dachte, lebte und fühlte wie sie. Vor allem hatte er der Gefolgschaft etwas zu bieten – die nach außen hin getarnte Renationalisierung der Energie- und Rohstoffindustrie, die Umverteilung der Pfründe von den Konten der Oligarchen auf die der Staatskamarilla. Inzwischen ist so gut wie alles verteilt, und die an die Kandare genommenen Justiz- und Sicherheitsorgane sprechen Recht im Interesse der neuen Klasse, an deren Rändern sie sich einnisteten.

Die Bekämpfung von Rechtsnihilismus und Korruption dürfte schnell an Grenzen stoßen, sollte Medwedew diese auch tatsächlich in Angriff nehmen wollen. Er müsste gegen ein System zu Felde ziehen, das ihn hervorbrachte, gegen Staatsapparate, die auf eigene Rechnung arbeiten. Wer da etwas ändern will, wird nicht willkommen geheißen. Putins Erbe ist furchterregend.

Als er und Medwedew sich am Wahlabend auf einer Jubelfeier am Rande des Roten Platzes für das Wählervertrauen bedanken wollten, ergab das eine gespenstische Szene. Die Claqueure skandierten »Putin, Putin« – »Medwedew« brachten selbst die Jubelperser nicht über die Lippen. Das ist ein schlechtes Omen für jemanden, der etwas verändern will. Putin erhielt in freien und fairen Wahlen im Jahr 2000 überwältigenden Zuspruch. Dem Nachfolger fehlt eine solche Legitimation: im Volk, den eigenen Kreisen und der Bürokratie, die sehr wohl wissen, wie viel Manipulation für die Inthronisierung des neuen Präsidenten vonnöten waren. Das ist kein Polster für einschneidende Eingriffe.

Eins steht zumindest fest. Medwedew freut sich auf die Macht: »Der Präsident lenkt, das kann laut Verfassung nur einer sein.« Es wird aufregend in Russland.

Endnoten

1   Felix Phillip Ingold: *Russische Wege. Geschichte, Kultur, Weltbild,* München 2007, S. 239.

2   Ebd. S. 240, zitiert nach Vladimir Nabokov: »Philister und Philistertum«, in: *Die Kunst des Lesens,* Frankfurt am Main 1984, S. 411f.

3   Perry Anderson: »Wohin Russland treibt«, in: *Lettre International* 77.

4   Fürst Dolgorukow: *Wahrheit über Russland,* 1861.

5   Astolphe de Custine: *Russische Schatten (Rossija v 1839 godu),* Bd. II, Moskau 1996, S. 351.

6   Ebd.

7   60 % geben alle Einkünfte aus, 40 % legen etwas in den Sparstrumpf oder unterstützen Kinder und Enkel. Die niedrige Lebenserwartung von Männern (59 Jahre) und Frauen (72 Jahre) ist auch ein Grund geringer Rücklagen. Angaben aus: »Rossiane tratiat«, in: *Nowoje wremja* 31/2007.

8   Geoffrey Hosking: *Russland. Nation und Imperium 1552–1917,* Berlin 2003, S. 287ff.

9   Manfred Hildermeier: *Bürgertum und Stadt in Russland, 1760–1870,* Köln, Wien 1986, S. 120f.

10 Lewada-Zentrum: *www.levada.ru/economic.html*; die Russische Akademie der Wissenschaften (RAN) veranschlagt die Mittelschichten mit 20 Prozent.

11 RIA-Nowosti-Meldung vom 23.10.2007 (*www.rian.ru*).

12 Eugene B. Rumer: *Russian Foreign Policy Beyond Putin,* Institute for Strategic Studies, 2007.

13 Die Daten sind folgenden Quellen entnommen: Andrej Illarionow: »Silowaja model gosudarstwa: predwaritelnie itogi«, in: *Kommersant,* 2.4.2007; *russland-analysen.de* Nr. 128; *World Bank Report,* Juli 2007; *OECD Economic Surveys Russian federation* 17/2006; Bryan D. Taylor: *Russia's Power Ministries: Coercion And Commerce,* Syracuse 2007.

14 »Rating stran so swobodnoi ekonomikoi« (»Länderindex ökonomische Freiheit«), in: *Kommersant-Dengi,* 15.1.2008.

15 Die Artikel Natalja Morars sind in folgenden Ausgaben der Zeitschrift *The New Times erschienen:* 15–17, 20, 28, 31, 35, 40 und 46 des Jahres 2007.

16 *www.bmi.gv.at,* März 2007.

17 Wiktor Schenderowitsch im Interview mit der *taz,* 4.10.2007.

18 A. Kolesnikow: »Wladimir Putin prischel w Chabarowskij krai truboi«, in: *Kommersant,* 26.9.2006.

19 Carsten A. Holz: »Im Bett mit der Mafia«, in: *Merkur,* Juli 2007.

20 Zu den Parallelen zwischen mittelalterlichen Feudalstaaten und postsowjetischem Russland vergleiche Vladimir Shlapentokh: *Contemporary Russia as a Feudal Society,* New York 2007.

21   Interview mit Fjodor Lukjanow, in: *taz*, 13.2.2007.

22   Sergej Lawrow: »Sderschiwanie rossii: nasad w buduschtschee?«, in: *Rossia w globalnoj politike* 4/2007.

23   Auch Moskau hat ein Problem mit dem Umbetten sterblicher Überreste sei-
      ner Helden aus dem Großen Vaterländischen Krieg. In Chimki, auf dem Weg
      zum Flughafen Scheremetjewo, erinnern zwei Denkmäler an die Ereignisse des
      Zweiten Weltkriegs. Vor der Megamall Ikeas markieren Panzersperren den Ort,
      wo der Vormarsch der deutschen Truppen aufgehalten wurde. Wenige Hundert
      Meter schräg gegenüber steht ein Fliegerdenkmal mit den Gebeinen von sechs
      gefallenen Piloten.
      In den frühen Morgenstunden des 19. April fuhren Bulldozer auf und hoben
      die Gräber aus. Tadschikische Gastarbeiter sammelten die Gebeine eilig in Plas-
      tiksäcken zusammen. Einige wurden übersehen, stellten Veteranen nach der
      Exhumierung fest. Niemand hatte die Baustelle nach dem Eingriff gesichert.
      Erst als sich die Sache herumsprach und vorsichtig Parallelen zu den Tallin-
      ner Ereignissen gezogen wurden, reagierte die Behörde. Noch vor Russlands
      wichtigstem Feiertag, dem des Sieges am 9. Mai, sollen die Toten auf einem
      Friedhof beigesetzt werden. Doch sind die Gebeine verschwunden. Chimkis
      Behörden verweisen auf das Leichenhaus in Schodnja, das jedoch nichts von
      der Zwischenlagerung weiß, und der Bestatter »Ritual« verweigert die Auskunft,
      berichtete *newsru.com*.
      Stattdessen sind protestierende Bürger erheblichem Druck von Miliz und Be-
      hörden ausgesetzt. Kommunistische Demonstranten seien in einem Vortortzug
      von der Polizei zusammengeschlagen worden, berichtete die *Nowije Iswestija*.
      Moskau ist bemüht, den Fall vor der eigenen Haustür nicht an die große Glocke
      zu hängen.
      Der Umbettungsbeschluss liegt zwei Jahre zurück, wegen anhaltender Proteste
      wurde die Umsetzung aber verschoben. Das Kulturministerium des Moskauer
      Umlands genehmigte die Verlegung und Pläne, am selben Ort ein Technologie-
      und Innovationszentrum zu errichten, will die Initiative »Russland – gesunder
      Menschenverstand« in Erfahrung gebracht haben.
      Die Erweiterung der Leningrader Chaussee und das Treiben von Prostituierten
      rund um das Denkmal, die ihre nächtlichen Abfälle dort liegen ließen, seien
      Anlass für die Maßnahme gewesen, sagt die Behörde. Die Gegner zweifeln an
      der nachgereichten Erklärung. Die Chaussee werde sicherlich nicht um 15 Spu-
      ren verbreitert, und auch die Prostituierten hätten längst einen anderen Ort des
      Stelldicheins gefunden.
      Chimki boomt, unzählige Einkaufszentren haben sich dort niedergelassen. Bau-
      grund, direkt an der Stadtgrenze, gehört zu den teuersten Immobilien im Mos-
      kauer Einzugsbereich. An Steuereinnahmen hat der Vorort die Metropole längst
      überholt.
      Nicht alle Veteranen sind indes gegen die Umbettung. Der Vorsitzende des lo-
      kalen Veteranenvereins, Petr Kostin, unterstützt die Behörden ohne Wenn und
      Aber: »Nach den Normen christlicher Moral war es notwendig, die Überreste an
      einen würdigeren Ort zu verlegen.« Mit den Angehörigen und Veteranen sei das

Vorgehen abgestimmt worden. Verhaltenen Missmut gegenüber der Bürokratie äußerte unterdessen der Vorsitzende des Duma-Komitees für internationale
Beziehungen: »Ich verstehe ihre Entscheidung nicht, ausgerechnet in dem Moment, da wir versuchen, das Andenken der Helden des Vaterländischen Krieges
in Estland zu verteidigen«, sagte Konstantin Kosatschow. Der Patriot aus dem
Bilderbuch warnte aber gleich vor falschen Schlüssen: Chimki hätte nichts mit
dem »politischen Kampf« zu tun, der um den »Bronzenen Soldaten« zwischen
Estland und Russland entbrannt sei. Der Abgeordnete plauderte unfreiwillig aus,
was sonst niemand offen benennt. Nicht das Andenken steht im Vordergrund,
sondern der verhasste Nachbar. So erfahren die Bürger nur wenig aus Chimki.
Staatliche TV-Stationen schweigen, nur Radio Echo Moskau, zwei, drei Zeitungen und Internetdienste griffen das Thema auf. (Klaus-Helge Donath, in: *taz*,
2.5.2007.)
Stattdessen berichten staatliche Medien über die Blockade der estnischen Botschaft in Moskau, die Stoßtrupps der Kreml-Jugend »Naschi« seit vier Tagen
belagern. Dass sie damit nicht nur gegen internationales Recht, sondern auch
gegen russische Gesetze verstoßen, stört weder die Ordnungshüter noch verantwortliche Politiker. Das Vorgehen der Jugendhorden scheint sogar erwünscht.
Sie kontrollieren Passanten und agieren wie parastaatliche Organisationen. Zum
Schulterschluss zwischen Mob und Macht ist es dann nicht mehr weit.

24 Alexej Lewinson: »Amerika kak snatschimij drugoj«, in: *Pro et contra* 2/2007.

25 Ebd.

26 Zitiert nach Felix Phillip Ingold, S.384.

27 Ebd.

28 Lilija Schewzowa: »Russlands Wille zur Weltmacht«, in: *Osteuropa* 4/2007, S.48.

29 Perry Anderson: »Wohin Russland treibt«.

30 Hannes Adomeit: »Russlands Rückkehr auf die Weltbühne«, in: *Internationale Politik* 7/2006.

31 Nitin Pai: »Voices from Afar: Russian Arm-twisting?«, in: *National Interest online*, 25.9.2007.

32 Pavel Baev: »Russia's Race for the Arctic and the New Geopolitics of the North Pole«, in: *www.jamestown.org/docs*, Oktober 2007.

33 Alexander Motyl: »Der eingebildete Starke«, in: *Internationale Politik*, März 2007.

34 Hanns W. Maull: »Russland, inc.: Nachzügler oder Vorreiter postmoderner Machtpolitik«, in: *www.swp-berlin.org*.

35 Gespräch mit Andrej Illarionow in der Sendereihe *Zena pobedy (Preis des Sieges)* auf Echo Moskwy am 4.12.2007. Eine Abschrift auf Russisch ist zu lesen in: *www.echo.msk.ru*.

36 Heinrich Vogel: unveröffentlichtes Manuskript.

37 Wolfgang Schivelbusch: *Die Kultur der Niederlage*, Frankfurt am Main 2003, besonders die Kapitel 1 und 4.

38 Heinrich August Winkler: *Der lange Weg nach Westen,* Bd. II, München 2000, S. 645f.

39 Thomas Mann: »Betrachtungen eines Unpolitischen«, in: *Aufsätze, Reden, Essays,* Bd. II, Berlin und Weimar 1983, besonders die Seiten 191–196.

40 Leonid Heller und Michel Niqueux: *Geschichte der Utopie in Russland,* Bietigheim-Bissingen 2003, S. 163.

41 Nikolaj Berdjaev: *Die russische Idee, Texte zur Philosophie,* Bd. V, St. Augustin 1983, S. 29.

42 Jutta Scherrer: *Kulturologie: Russland auf der Suche nach einer zivilisatorischen Identität,* Göttingen 2003.

43 Thomas Mann: »Betrachtungen eines Unpolitischen«.

44 Wladislaw Surkow, in: *www.edinoros.ru.*

45 Tagung der orthodoxen Kirche, Dezember 2006.

46 Wladislaw Surkow, in: *www.edinoros.ru.*

47 Wladislaw Surkow: »Russkaja polititscheskaja kultura. Wsgljad is utopii«, in: *www.edinoros.ru,* 21.6.2007.

48 Iwan Iljin: »O gosudarstwennoi forme«, in: *Nationalnaja Rossija, naschi sadatschi,* Moskau 2007, S. 288.

49 Iwan Iljin: *O grjaduschtschei Rossii,* Moskau 1993, S. 149f.

50 Leonid Heller und Michel Niqueux, S. 269.

51 Zitat aus einem Mitschnitt von Echo Moskwy.

52 Felix Phillip Ingold, S. 16.

53 Peter Tschaadajew: *Apologie eines Wahnsinnigen,* Leipzig 1992, S. 17. (Der Band enthält auch die philosophischen Briefe.)

54 Ebd.

55 Zitiert nach Felix Phillip Ingold.

56 N. I. Zimbajew: »Do gorisonta – semlja!« (»Land – bis zum Horizont«), in: *Woprosij filosofii* 1/1997.

57 Alexander Achieser, Igor Kljamkin und Igor Jakowenko: »Time To Decide on Russia's Identity«, in: *Russia in Global Affairs* 3/2006.

58 Michail Heller und Alexander Nekrich: *Geschichte der Sowjetunion,* Bd. II, Königstein/Taunus 1982, S. 385.

59 Alexander Achieser, Igor Kljamkin und Igor Jakowenko: *Die Geschichte Russlands: Ende oder Neubeginn,* Moskau 2005 (nur russisch).

60 Perry Anderson: »Wohin Russland treibt«.

61 Generalsekretär Nikita Chruschtschow hatte es da noch einfacher. Als er 1959 vom Maisbau begeistert aus den USA zurückkehrte, ordnete er Zucht von Mais statt Weizen an und schlug die Bedenken der Agrarexperten in den Wind. Klima und Bodenverhältnisse sabotierten den Erfolg.

62 Anatolij Wischnewskij: *Serp i rubl (Sichel und Rubel),* Moskau 1998, S. 103.

63   Anatolij Wischnewskij: »Modernization and Counter-Modernization in Russia«, in: *Russia in Global Affairs* 2/2006.

64   Zitiert nach Michail Ryklin: *Räume des Jubels, Totalitarismus und Differenz*, Frankfurt am Main 2003, S. 152.

65   Anatolij Wischnewskij: *Serp i rubl*, S. 100.

66   Felix Phillip Ingold, S. 17.

67   Igor Jakowenko: »Ziwilisazija i warwarstwo w istorii Rossij. 1: Varvarstvo: Soziologitscheskaja model«, in: *Obschestwennije nauiki i sowremennost (ONS)* 4/1995; »Ziwilisazija i warwarstwo w istorii Rossij. 2: Rossija – varvarskaja zivilisazija?«, in: *ONS* 6/1995; »Ziwilisazija i warwarstwo w istorii Rossij. 3: Kasatschestvo«; in: *ONS* 3/1996; die *ONS* werden von der Russischen Akademie der Wissenschaften herausgegeben.

68   Igor Jakowenko: »Ziwilisazija i warwarstwo w istorii Rossij. 1: Varvarstvo: Soziologitscheskaja model«, S. 66ff.

69   Alexander Achieser: *Rossija: Kritika istoritscheskogo opyta*, Bd. 1, Moskau 1991.

70   Michail Ryklin, S. 59.

71   Zitiert nach Sonja Margolina: »Die Vernichtung der Zukunft«, in: *Neue Zürcher Zeitung*, 8.9.2005.

72   Ebd.

73   Boris Uspenski und Jurij Lotman: »Rol dualnych modelei w dinamike russkoj kultury«, in: *Semiotika istorii – semiotika kultury*, Moskau 1996, S. 338.

74   Alexander Prochorow: *Russkaja model uprawlenija*, Moskau 2002, S. 317f.

75   Alla Sergejewa: *Russkije*, Moskau 2006, S. 166ff.

76   Lew Gudkow: »Russlands Systemkrise«, in: *Osteuropa* 1/2007; und Natalja Morar: »Tschego bojatsja rossijane«, in: *The New Times* 32/2007.

77   Ebd.

78   Lew Gudkow: »Ideologema wraga«, in: ders.: *Negatiwnaja identitschnost*, Moskau 2004, S. 646f.

79   Oleg Dusajew: »Segodnja urowen xenofobii w rossii primerno wdwoe wysche, tschem w ewrope«, in: *The New Times* 29/2007.

80   Sonja Margolina: »In der Falle des Fremdenhasses«, in: *Internationale Politik*, Januar 2007.

81   Paul Goble: »Russia is the ›Most Racist Country‹ in the World, Researcher Says«, in: *windowoneurasia.blogspot.com*, 30.1.2008. Goble zitiert Wladimir Iljuschenko, den Autor des Buches *National Radicalism in Contemporary Russia – From Nationalism to Neo-Nazism*, herausgegeben vom Moscow Bureau of Human Rights.

82   *Interfax*, 30.1.2008.

83   Lew Gudkow, Boris Dubin, Jurij Lewada: *Problema elity w segodnjaschei rossii*, Moskau 2007, S. 362ff.; und Lew Gudkow und Boris Dubin: »Illusija modernisazii: rossiskaja bjurokratija w poli elity«, in: *Pro et contra* 3/2007.

216

Endnoten

84   Yelena Biberman: »Children of the Revolution – A New Generation of Russians tries to become Politically Active«, in: *Russia Profile*, 5.2.2008.

85   Jurij Lewada: *Ischtschem tscheloweka*, Moskau 2005, S.335; Interview mit Lew Gudkow: »Rituelle Bezeugung von Solidarität«, in: *taz*, 28.2.2008.

86   954 verschiedene Tarifregelungen existierten, die geradezu umgangen werden mussten. Generalsekretär Leonid Breschnew fasste dies in dem zum Bonmot gewordenen Diktum zusammen: »Wirtschaft muss wirtschaftlich sein.«

87   Dirk Uffelmann: »Oikonomia – ikonomija/ėkonomija/ėkonomika. Die doppelte Geschichte des Ökonomiebegriffs in Russland zwischen Wirtschaftstheorie und orthodoxem Kirchenrecht und einige literarisch-kulturelle Weiterungen«, in: Peter Thiergen (Hg.); *Russische Begriffsgeschichte der Neuzeit*, Köln 2006, S.507.

88   Alexander Achieser, *Rossija: Kritika istoritscheskogo opyta*.

89   Wladislaw Surkow: »Suwerenitet – eto polititscheskij sinonim konkurentnospo-sobnosti«, in: *Polititscheskij klass* 3/2006; siehe auch *www.edinoros.ru*.

90   Ebd., siehe auch das Kapitel »Weimarer Syndrom«.

91   Die »gelenkte Demokratie«, mit der der Kreml die Politmechanik im eigenen Haus über Jahre vorteilhaft beschrieben hatte, verlor unmittelbar nach der Orangen Revolution ihre ursprüngliche Bedeutung. Als »gelenkte Demokratien« figurieren seither nur noch Staaten, die sich gegen fremde Einmischung nicht widersetzen können. Surkow, ein »großer Verdreher« – so kommentierte eine kritische Zeitung daraufhin.

92   Witalij Tretjakow: »Rossija byla, est i budet krupneischej evropejskoj naziej«, in: Nikolai Garadscha: *Suwerenitet*, Moskau 2006.

93   Wladislaw Surkow: »Suwerenitet – eto polititscheskij sinonim konkurentnospo-sobnosti«; siehe auch *www.edinoros.ru*.

94   Wladislaw Surkow: »Wie Russland internationale Verschwörungen bekämpfen soll«, in: *Radio liberty*, 11.7.2005 *(www.svobodanews.ru)*.

95   Mark Leonard und Nicu Popescu: »A Power Audit of EU-Russia Relations«, in: *European Council On Foreign Relations*, November 2007 *(www.ecfr.eu)*. Die Studie teilt die EU-Staaten in fünf Kategorien ein: trojanische Pferde, strategische Partner, freundliche Pragmatiker, kühle Pragmatiker und kalte Krieger.

96   Carl Schmitt: *Der Begriff des Politischen*, Berlin 1979, S.26ff.

97   Sergej Iwanow: »Vizepremier Sergej Iwanow obesnil evropeizam w Miunchene kuda idet Rossija«, in: *newsru.com*, 10.2.2008.

98   Ivan Krastev: »Rossija kak ›drugaja Ewropa‹«, in: *Rossija w globalnoi politike* 4/2007; vergleiche auch »›Sovereign democracy‹, Russian Style«, in: *opendemocracy.net* 16.11.2006.

99   Ernst Fraenkel: *Der Doppelstaat*, Hamburg 1974 (2001).

100 Alexander Fillipow: *Noweischaja istorija rossii 1945–2006*, Moskau 2007.

Chronologie der politischen Ereignisse in Russland seit 1989

1989

26.3. Boris Jelzin wird Abgeordneter des Volksdeputiertenkongresses der UdSSR.

29./30.7. Die interregionale Abgeordnetengruppe als erste demokratische Opposition formiert sich im neuen sowjetischen Parlament.

1990

28.5. Boris Jelzin wird Vorsitzender des Obersten Rates des Volksdeputiertenkongresses.

1.8. Abschaffung der Zensur.

12.12. Die USA bewilligen einen Kredit von 1 Mrd. US-Dollar für Lebensmittel.

1991

14.1. Sowjetische Truppen stürmen in Wilnius (Litauen) das Fernsehzentrum. 14 Tote.

23.4. In Nowo-Ogarjowo verhandelt Michail Gorbatschow mit neun sowjetischen Republiken über einen neuen Unionsvertrag.

12.10. Wahl Jelzins zum ersten Präsidenten Russlands.

1.7. Auflösung des Warschauer Paktes und offizielles Ende des Kalten Krieges.

19.–21.8. In Moskau putscht das GKTschP (Notstandskomitee) gegen Gorbatschow. Die sowjetische Nomenklatura versucht, die UdSSR zu retten.

24.8. Gorbatschow tritt als Generalsekretär der KPdSU zurück.

29.8. Das Parlament löst die KPdSU auf.

2.–5.9. Der 5. Kongress der Volksdeputierten erteilt Jelzin die Vollmacht, ökonomische Reformen durchzuführen.

6.9. Unabhängigkeit der Baltischen Republiken.

1.12. Unabhängigkeitsreferendum der Ukraine.

8.12. *Beloweschskaja Puschtscha*, Vereinbarung zwischen Jelzin, dem ukrainischen Präsidenten Leonid Kutschma, dem Weißrussen Stanislaw Schuschkewitsch und dem Kasachen Nursultan Nasarbajew hat die Auflösung der Sowjetunion zur Folge.

25.12. Gorbatschow verlässt den Kreml.

1992

29.1.	Beginn der Schocktherapie, Freigabe der Preise.
6.4.	Die Opposition missbilligt Jelzins Reformkurs.
1.12.	Die Opposition fordert den Rücktritt des Reformpremiers Jegor Gaidar.

1993

25.4.	Präsident Jelzin erlangt in einem Vertrauensreferendum einen hauchdünnen Sieg.
Mai/Juni	Eine Verfassungsversammlung erörtert eine neue Verfassung.
21.9.	Jelzin löst das Parlament auf und führt die Präsidialherrschaft ein. Das Parlament widersetzt sich.
3./4.10.	Offene Konfrontation zwischen Präsident und Opposition. Jelzin setzt Panzer gegen das Parlament ein.
10.12.	Dumawahlen und Verfassungsreferendum. Die neue Verfassung baut die Vollmachten des Präsidenten zu einer Superpräsidentschaft aus.

1994

16.1.	Gaidar verlässt die Regierung aus Protest gegen das Ende der Reformen. Jelzins Bodyguard, Alexander Korschakow, und mit ihm der Geheimdienst gewinnen an Einfluss im Kreml. Beginn der Klanherrschaft der sogenannten »Oligarchen«.
11.10.	»Schwarzer Dienstag«, Rubelkollaps.
26.11.	Russische Truppen erleiden beim Einmarsch in Tschetschenien eine schwere Niederlage.
1.12.	Ausbruch des ersten Tschetschenienkrieges.

1995

8.2.	500 000 Bergarbeiter streiken. Jelzins Regime verliert die Unterstützung der Bevölkerung.
Juni	Tschetschenische Terroristen nehmen im südrussischen Budjonowsk Hunderte von Geiseln. Premierminister Viktor Tschernomyrdin akzeptiert die Forderungen der Separatisten.
August	Bosnische Serben beschießen Sarajewo, die NATO bombardiert Jugoslawien. Beziehungen zwischen Russland und dem Westen verschlechtern sich.
17.12.	Parlamentswahlen in Russland.

1996

Februar	Oligarchen unter Führung Boris Beresowskis beschließen auf dem Wirtschaftsforum in Davos, Jelzin bei den Präsidentenwahlen im Sommer zu unterstützen.
16.6./3.7.	Jelzin ist krank, aber gewinnt in der zweiten Runde.
30./31.8.	General Lebed schließt mit dem tschetschenischen Separatistenchef Aslan Maschadow in Chasawjurt einen Friedensvertrag.
5.11.	Herzoperation Jelzins, danach kehrt er in die Politik zurück.

1997

27.3.   Der junge Gouverneur von Nischni Nowgorod, Boris Nemzow, tritt in die Regierung als Vizepremier ein und versucht mit Anatolij Tschubais einen Neustart der Reformpolitik.

27.5.   Auf dem NATO-Gipfel in Paris unterzeichnet Jelzin den NATO-Russland-Gründungsakt.

1998

23.3.   Jelzin feuert Premier Tschernomyrdin und ernennt den jungen Sergej Kirijenko zum Nachfolger.

16./17.5.   Russland wird G-8-Mitglied.

August   Schwere Finanzkrise in Russland, der zweite Kollaps des Rubels.

24.8.   Jelzin entlässt Regierung und Premier Kirijenko.

1999

Frühling   Innenpolitische Lage gespannt, Krieg aller gegen alle. Kreml verliert Kontrolle. Staatsanwalt Juri Skuratow unterstützt Anklagen gegen die Jelzin-Familie. Duma und Föderationsrat bereiten Misstrauensvotum gegen Jelzin vor.

17.3.   Kreml-Neuling Wladimir Putin wird zum neuen Sekretär des Sicherheitsrates ernannt.

18.3.   NATO bombardiert Belgrad. Beziehungen zwischen Russland und dem Westen werden immer schlechter.

19.3.   Erste NATO-Erweiterung. Die früheren Warschauer-Pakt-Staaten, die Tschechische Republik, Ungarn und Polen, werden aufgenommen.

23.3.   Premier Primakow dreht auf dem Flug nach Washington aus Protest gegen das Vorgehen der USA gegen Serbien um.

7.8.   Tschetschenische Terroristen unter dem Kommando Schamil Bassajews dringen in die nordkaukasische Republik Dagestan ein.

16.8.   Duma bestätigt die Ernennung Wladimir Putins zum neuen Premier.

9.9./13.9.   In Moskau sterben bei Bombenanschlägen auf Wohnhäuser Hunderte von Menschen.

16.9.   Anschläge auf Wohnhäuser in Wolgodonsk. Russen fühlen sich bedroht und verlangen nach Sicherheit.

30.9.   Russische Truppen rücken in Tschetschenien ein. Beginn des Zweiten Tschetschenienkriegs.

14.11.   Jelzin umarmt Putin in der Öffentlichkeit und nennt ihn »die einzige Wahl«.

14.12.   Jelzin informiert Putin über geplanten Rücktritt und ernennt Putin als Nachfolger.

31.12.   Jelzin tritt zurück.

2000

Januar/ Februar	Putin flickt die Beziehungen zum Westen und bekundet Russlands Interesse, sich der NATO anzuschließen.
26.3.	Putin wird zum Präsidenten gewählt.
13.5.	Putin beginnt mit der Rezentralisierung Russlands und bildet sieben Superregionen, die er mit seinen Leuten (Okrug) besetzt. Erster Schritt zur Konstruktion der »Vertikale der Macht«.
12.8.	U-Boot *Kursk* in der Barentssee gesunken, Putins erste Bewährungsprobe, die er nicht besteht. Kreml-Chef taucht mehrere Tage ab.
13.6.	Verhaftung des Oligarchen Wladimir Gussinski, Eigentümer des einflussreichsten privaten Medienkonzerns.
Oktober	Putin tritt Kampagne gegen Oligarchen los.
November	Rückkehr zur sowjetischen Hymne und zu Versatzstücken sowjetischer Symbolik, unabhängige Medien werden unterdrückt.

2001

Frühjahr	Putin säubert die politische Bühne von Vertretern der Oligarchie. Auftakt der »gelenkten Demokratie«.
3.4.	Unabhängiger TV-Kanal NTW gleichgeschaltet.
12.4.	Fusion der »Partei der Macht« – Vereinigtes Russland – aus den zwei Parteien Einheit und Vaterland.
30.5.	Kreml übernimmt Gasprom. Putins Freund, Alexej Miller, wird Vorsitzender.
Sommer	Putin streckt Fühler nach Peking und Nordkorea aus.
11.9.	Putin telefoniert als Erster nach dem Terroranschlag auf die Twin-Towers mit Bush und bietet Hilfe an.
16.11.	Tony Blair schlägt Gründung eines Russland-NATO-Rates und die Aufwertung der russischen Rolle im Verhältnis zur Allianz vor.

2002

Januar	Letzter unabhängiger Fernsehsender wird geschlossen. Alle TV-Kanäle stehen unter staatlicher Kontrolle.
Sommer	Washington preist, die Beziehungen zu Moskau seien »so gut wie nie zuvor in der Geschichte«.
23.10.	Terrorrakt im Moskauer Theater an der Dubrowka. Tschetschenische Separatisten nehmen 800 Geiseln. Bei der Befreiung setzen die Sicherheitskräfte ein unbekanntes Giftgas ein, durch das 120 Geiseln sterben.

2003

5.10.	Präsidentenwahlen in Tschetschenien. Achmad Kadyrow, ein ehemaliger Separatist, wird Präsident von Gnaden des Kreml.
25.10.	Verhaftung Michail Chodorkowskis.
22./23.11.	Rosenrevolution in Georgien.
9.12.	Russische Dumawahlen, Niederlage der liberalen Parteien. Einschätzung des Europarats: Wahlen waren frei, aber nicht fair. Kreml-Partei Vereinigtes Russland geht als Sieger hervor.

2004

24.2.	Putin feuert Premierminister Michail Kasjanow, der später in die Opposition geht.
13.2.	Tulpenrevolution in Kirgisien.
14.3.	Putin zum zweiten Mal mit überwältigender Mehrheit zum Präsidenten gewählt.
9.5.	Moskaus Statthalter in Tschetschenien, Präsident Achmad Kadyrow, wird bei einem Attentat getötet.
Sommer	Letzter Schlag gegen Ölkonzern Yukos und dessen Vertreter Chodorkowski und Lebedew. Regierung verkauft das Filetstück des Konzerns, Yuganskneftegas.
Sommer	Spannungen zwischen Russland und Georgien.
1.9.	Terroristen nehmen mehr als tausend Menschen in einer Schule in Beslan (Nordossetien) als Geiseln. Mehr als 300 Geiseln kommen bei der unkoordinierten Befreiungsoperation ums Leben. Die wahren Schuldigen werden nie ermittelt.
26.9.	Putin schafft die Wahl der Gouverneure und Republikspräsidenten ab und führt Verschärfungen des Wahlrechts ein. Das Blutbad von Beslan dient als Vorwand für die Stärkung der »Machtpyramide« des Präsidenten.
November/ Dezember	Orange Revolution in der Ukraine. Verschlechterung der Beziehungen zur Ukraine. Moskau sieht in dem friedlichen Massenprotest eine westliche Verschwörung.

2005

Frühjahr	Der Kreml gründet loyale Jugendbewegungen (»Naschi«, »Molodaja Gwardija« und »Mestnije«).
31.5.	Ölmilliardär Michail Chodorkowski und Platon Lebedew zu neun Jahren Lagerhaft verurteilt.
4.11.	Aufmarsch russischer Nationalisten in Moskau bezeugt den wachsenden Nationalismus.
29.12.–1.1.	Gasprom erhöht Gaspreise und kappt Versorgung der Ukraine.

2006

22.1.	Erste Sitzung der vom Kreml formierten Gesellschaftskammer, die die russische Bürgergesellschaft repräsentieren und ersetzen soll.
11./12.7.	Konferenz des oppositionellen Bündnisses »Anderes Russland« ruft bittere Reaktion im Kreml hervor.
15.–17.7.	G8-Gipfel in Sankt Petersburg.
30.8.	Ethnische Konflikte in Kondopoga (Karelien) zwischen Tschetschenen und Russen, Ausländerfeindlichkeit und Rassismus haben ein gefährliches Ausmaß erreicht.
13.9.	Blockade Georgiens. Moskau deportiert Georgier als Retourkutsche für die Verhaftung von russischen Spionen in Tiflis. Der stellvertretende Vorsitzende der Zentralbank, Andrej Koslow, wird ermordet. Erster Mord an einem hochrangigen Beamten in der Putin-Ära.

7.10.	Mord an der Journalistin und Putin-Kritikerin Anna Politkowskaja.
9.10.	Gasprom-Chef Alexej Miller erklärt, Gasprom werde ohne ausländische Beteiligung das Shtokman-Gasfeld erschließen.
14.11.	Dimitrij Medwedew wird mit der Leitung von vier strategischen Aufgabenfeldern, den sogenannten »nationalen Projekten«, betraut.
23.11.	Alexander Litwinenko, früherer FSB-Geheimdienstoffizier, wird im Londoner Asyl mit Polonium-210 ermordet. Unter Mordverdacht steht der ehemalige Geheimdienstler Andrej Lugowoi.
24.11.	EU-Russland-Gipfel in Helsinki. Russland weigert sich, die Energy Charter zu unterschreiben.

2007

9./10.2.	Sicherheitskonferenz in München. Putins Rede sorgt für Aufregung im Westen.
26.4.	Putin droht, die Vereinbarung über die Konventionellen Streitkräfte in Europa (KFE) aufzukündigen.
30.4.–5.5.	Zuspitzung in den Beziehungen zu Estland. Ursache ist die geplante Verlegung des Denkmals des »Bronzenen Soldaten«.
4.6.	Putin warnt vor Vergeltungsmaßnahmen, sollte Washington Raketenabwehrsysteme in Osteuropa aufstellen.
17.7.	Russland verhängt Moratorium über den KFE-Vertrag.
20.–24.7.	Nach Ermittlungen im Litwinenko-Mord verlangt London die Auslieferung des Tatverdächtigen Lugowoi.
1.8.	Russische Expedition zum Nordpol deponiert die eigene Trikolore auf dem Seeboden.
8.8.	Strategische Bomber nehmen Kontrollflüge wieder auf.
12.9.	Regierung Michail Fradkows tritt zurück. Putin schlägt seinen alten Bekannten, Wiktor Subkow, als Nachfolger vor.
Oktober/ November	Fraktionskämpfe innerhalb der Gruppe der Silowiki im Kreml dringen nach außen. Zeichen der Unsicherheit vor dem Machtwechsel.
4.12.	Dumawahlen, Kreml-Partei Vereinigtes Russland erhält im Parlament eine Zweidrittelmehrheit nach einem hochgradig unfairen Wahlkampf.
11.12.	Putin lüftet Geheimnis: Dimitrij Medwedew wird zum Nachfolger im Kreml erkoren.

2008

2.3.	Dimitrij Medwedew wird in Wahlen, die demokratischen Standards widersprechen, zum Präsidenten gekürt.

Personenregister